U0017010

The Rebel of Rangoon

A Tale of Defiance and Deliverance in Burma

Delphine Schrank

黛芬妮・史藍克——著

高平唐——譯

# 緬甸

追求自由民主的反抗者

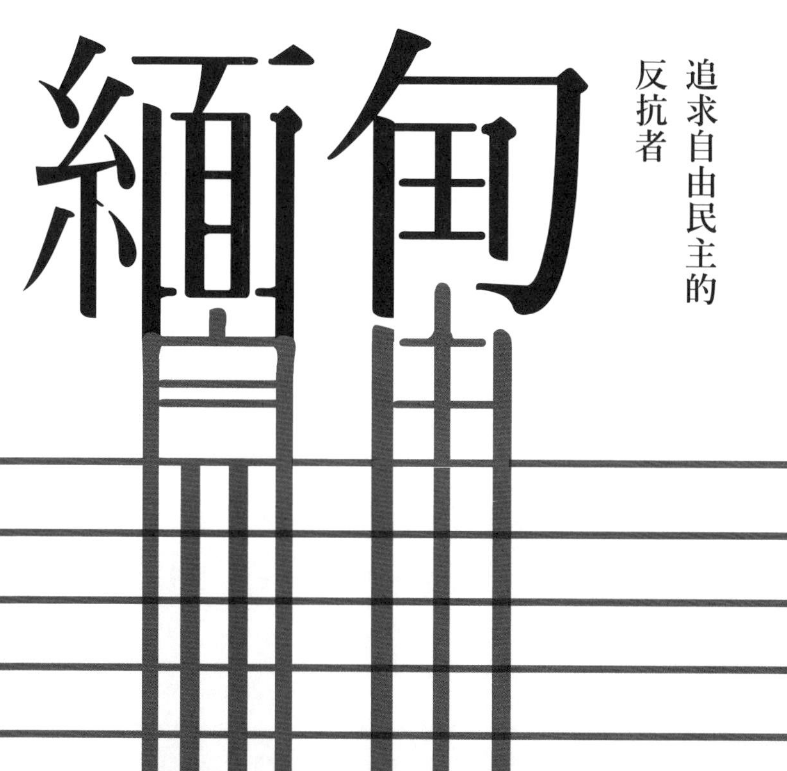

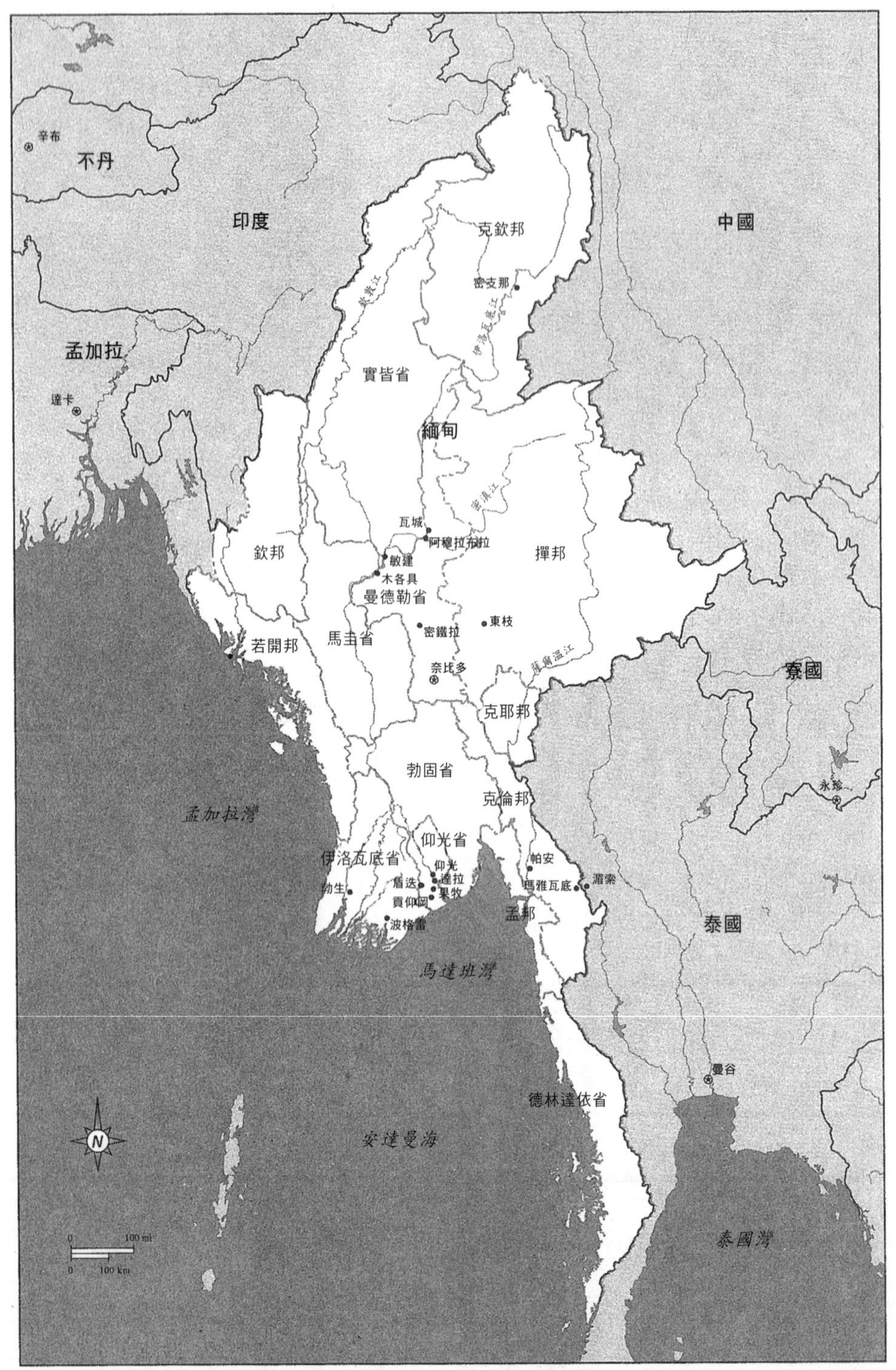

辛布
不丹
印度
中國
克欽邦
密支那
伊洛瓦底江
欽敦江
孟加拉
達卡
實皆省
緬甸
密濱江
瓦城
阿穆拉布拉
敏建
木各具
曼德勒省
撣邦
欽邦
東枝
密鐵拉
馬圭省
若開邦
奈比多
薩爾溫江
寮國
克耶邦
勃固省
克倫邦
永珍
孟加拉灣
仰光省
伊洛瓦底省
帕安
仰光
達拉
盾迭
果牧
勃生
貢仰岡
毛淡棉
瑪雅瓦底
湄索
波格雷
孟邦
泰國
馬達班灣
曼谷
德林達依省
安達曼海
泰國灣
0 100 mi
0 100 km

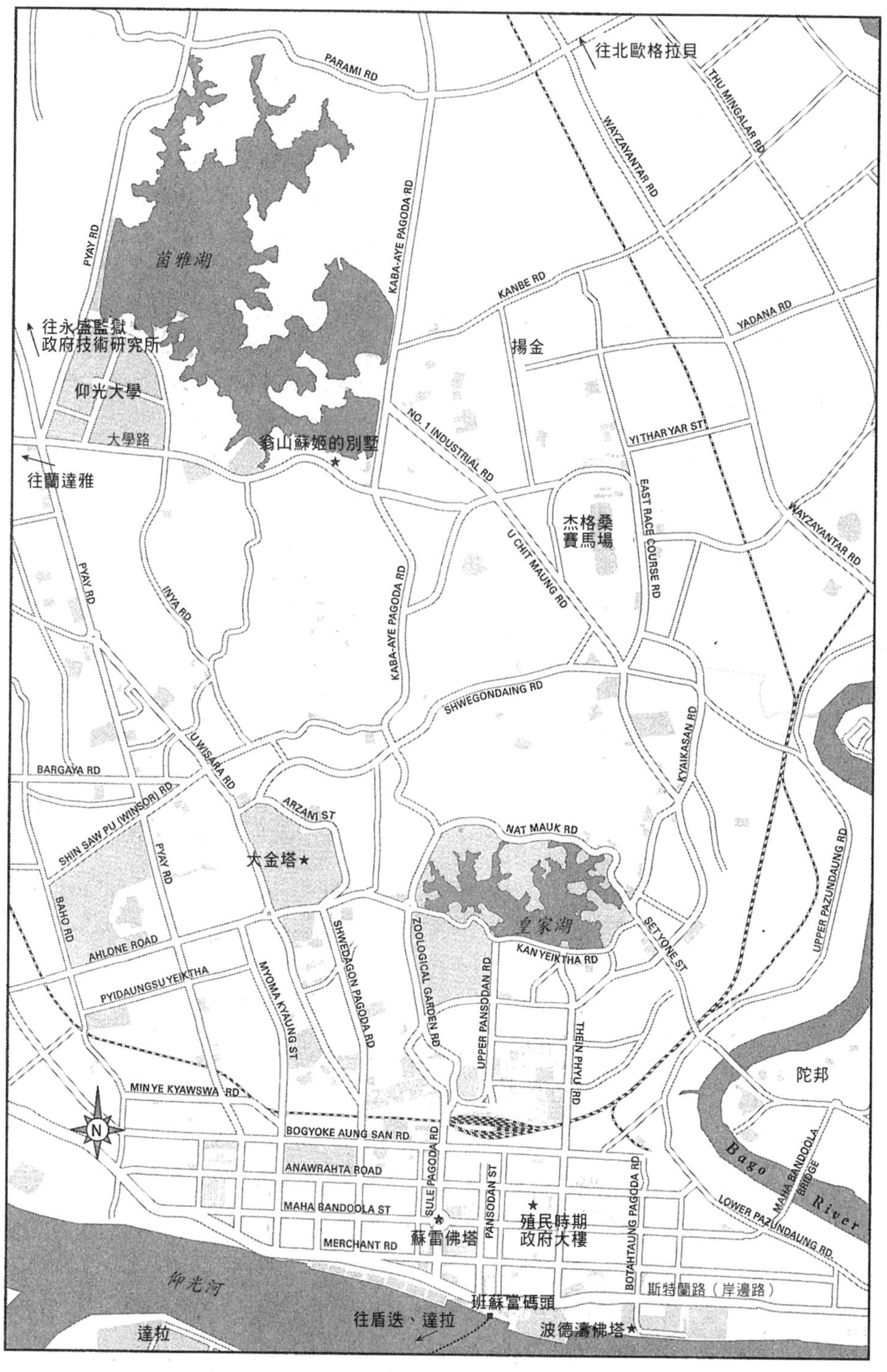

PARAMI RD
往北歐格拉貝
THU MINGALAR RD
WAYZAYANTAR RD
PYAY RD
茵雅湖
KABA-AYE PAGODA RD
KANBE RD
YADANA RD
往永盛監獄
政府技術研究所
揚金
仰光大學
NO. 1 INDUSTRIAL RD
大學路
YI THAR YAR ST
翁山蘇姬的別墅
往蘭達雅
EAST RACE COURSE RD
WAYZAYANTAR RD
杰格桑
賽馬場
U CHIT MAUNG RD
INYA RD
SHWEGONDAING RD
KYAIKASAN RD
U WISARA RD
BARGAYA RD
SHIN SAW PU (WINSOR) RD
ARZANI ST
NAT MAUK RD
大金塔
UPPER PAZUNDAUNG RD
BAHO RD
AHLONE ROAD
皇家湖
SETYONE ST
KAN YEIKTHA RD
PYIDAUNGSU YEIKTHA
MYOMA KYAUNG ST
SHWEDAGON PAGODA RD
ZOOLOGICAL GARDEN RD
UPPER PANSODAN RD
THEIN PHYU RD
陀邦
MIN YE KYAWSWA RD
BOGYOKE AUNG SAN RD
N
ANAWRAHTA ROAD
MAHA BANDOOLA ST
SULE PAGODA RD
PANSODAN ST
BOTAHTAUNG PAGODA RD
MAHA BANDOOLA BRIDGE
Bago River
LOWER PAZUNDAUNG RD.
殖民時期
政府大樓
蘇雷佛塔
MERCHANT RD
仰光河
斯特蘭路（岸邊路）
班蘇當碼頭
往盾迭、達拉
波德濤佛塔
達拉

# 目次

*The Rebel of Rangoon :*

*A Tale of Defiance and Deliverance in Burma*

推薦序一

# 一部緬甸近代發展史

國立成功大學東南亞研究中心主任
宋鎮照

一提到緬甸，總是讓人感覺它是一個謎樣的國度，充滿著神祕感。似乎被整個世界所隔絕，甚至被遺忘，有如消失在地平線上的佛教王國。冥冥之中也似乎印證了緬甸字面上的意涵，注定其「遙遠之郊外」的國境。

在歷史上，緬甸是印支半島佛教地域上的強權，擁有高度文明的地方，曾被稱為「黃金之地」，素來與泰國並稱雙雄，且過去的暹羅王朝亦深受緬甸威脅。緬甸在二戰後，挾著英國殖民時期的文官體制、殖民經濟發展的歷史遺產，加上邁向民主化的發展，也曾經成為東南亞區域上發展的一顆耀眼之星，仰光也曾被譽為「東方之珠」。但自一九六二年尼溫將軍政變奪權後，結束緬甸民主選舉政治，進入將近半世紀長的軍政府獨裁統治，正如在書中前言所描述的：「緬甸靜靜蟄伏於黑暗之中」，彷彿受到詛咒一般。

緬甸之所以幾乎被世人遺忘和隔絕，在內部除了軍政府封閉式的高壓統治之外，更遭受到外部世界強權強力地經濟制裁和斷絕外交往來，讓緬甸處於遺世獨立的無奈，以及將近半世紀的發展真空，可以跟當時的古巴、北韓相比擬，堪稱世界最獨裁封閉的三大鎖國。

特別的是，翁山蘇姬從一九八八年因母親病危，自英國緊急返回緬甸後，便啟動了一股以翁山蘇姬為名的反軍政府統治力量，出現追求民主自由訴求的強勢對抗。在書中被稱為「阿姨」的翁山蘇姬，正背負著緬甸國父翁山將軍之女的宿命責任，正如翁山蘇姬所言：「身為我父親的女兒，我無法再對發生的一切無動於衷。」她組成全國民主聯盟，讓緬甸不再處於被「消聲」的國度，加上諾貝爾和平獎得主光環的加持，更讓以翁山蘇姬為主的反抗力量可以跟國際民主陣營接軌，逐漸讓孤立的緬甸受到國際社會重視。

在一九八八年，緬甸軍政府武裝鎮壓，對於百姓抗議活動進行一連串的政治迫害。尤以一九八八年八月八日，軍政府朝遊行示威者開火，掀起所謂的八八八八民主運動為甚。而一九八八年的抗議活動，讓翁山蘇姬領導的全國民主聯盟在一九九〇年的選舉大獲全勝，然而這次選舉結果隨後卻被軍政府宣布無效，自此緬甸啟動了新一波更為積極主動的民主行動，形成投入反對軍政府勢力的龐大反抗力量。

事實上，緬甸在二〇一〇年依據新憲法舉行大選，共有三十七個政黨參與，約三千多名的候選人和八十二名獨立候選人參加兩院議會選舉，正式開啟了緬甸的政治選舉。儘管仍由軍政府主導，以及利用其所控制的聯邦鞏固與發展黨（USDP）來運作，讓卸下軍服的登盛將軍，二〇一一年成為睽別將近半世紀的文人總統，並產生文人政府。而二〇一六年初的緬甸民主選舉，由翁山蘇姬所帶領的全國民主聯盟大獲全勝，讓新總統吳廷覺成為半世紀以來真正文人掌政的局面，此開啟了緬甸的政治奇蹟，備受世人推崇。

基於此，本書的問世剛好可以搭上世界的「緬甸熱」，一股欲探窺緬甸政治、經濟和社會究竟的知識欲，正在蠢蠢欲動與延燒，並夾帶著極為強烈的企圖心，想要前進緬甸，去感受一向披上神祕浪漫面紗的美麗國度。

不可否認的，本書可以讓讀者感受到作者妙筆生花的寫作技巧，將一群仰光反抗者的嚴肅故事，以很理性又很感性的方式來表達，那種深入情境和意境的表達，至少融合了政治、經濟、社會和文化，甚至心理和文學的思維和描述，加上行文思緒非常細膩與扣人心弦，作者筆尖的穿透力著實非常強烈，隨時可以觸發讀者毫無防備的感動，也不難看出本書的知識價值和意境體會。用當前常用的語言來說，就是這本書的CP值很高。因此，在此鄭重推薦，特別是喜歡閱讀以故事方式來陳述政治經歷與發展，並在政治歷史的脈絡下，尋找反抗者的心路歷程，這本書無疑是「首選」。

針對本書之故事角色處理、行文描繪手法、內容氣氛鋪陳和政經脈絡布局，不難看出本書作者的純熟處理技巧，以及敏銳洞察的觀點，對於故事角色感性與理性的拿捏相當靈巧。個人慶幸有機會先閱覽此書，願意在此提出幾點心得跟讀者分享：

首先，關於仰光反抗者的角色和故事之翔實報導，讓讀者可以深切感受到，追求緬甸民主運動之背後，有許多默默付出的無名英雄，不只是翁山蘇姬一個人而已，有好多熱血青年、年長者、知識分子，甚至一些名不見經傳者，以不屈又不撓的意志來對抗軍政府的高壓統治。對抗過程是艱辛難熬的，若無視死如歸、義無反顧的堅定意志，很難可以承受一連串威脅、監控、審問、捕抓、嚴刑拷打、惡意虐待、不人道的獄中對待，以及長時期的牢獄之災。對於幽靈之城的無情永盛監獄，以及無奈故事主角困獸之鬥的心理描述，皆讓讀者有歷歷在目和感同身受的沉重。

其次，以緬甸政治歷史為主軸，搭配時代變遷和政治事件，穿插多位主角反抗者和無數無名鬥士的故事處理，如阿偉、尼哲、爺爺溫丁等等，簇擁著無數周遭同志朋友或志同道合者，鋪陳出一群追求民主捍衛自由的鬥士血汗經歷，冒著生命安危風險赴湯蹈火，參與政治反抗活動等，作者都有很細膩和淒美的刻畫描述。儘管這是對反抗者故事的貼近描述，但卻緊緊掌握住重要的政治歷史事件或活動，如彬龍（Panglong）會議之協議與精神、緬甸國防軍的武力鎮壓事件、緬甸社會主義綱領黨（BSPP）頒布與施行、國家恢復法律和秩序委員會（SLORC）的統治、袈裟革命引發和衝擊、全國民主聯盟（NLD）揭竿而起的反抗等，甚至當時重要的緬甸領導人和政治反抗人物，如尼溫、丹瑞、登盛、翁山蘇姬（阿姨）等，都貫穿著一九九〇年的選舉、二〇一〇年高達七成的選舉等，只可惜還沒有連結處理到二〇一六年初最具關鍵性的新選舉。儘管如此，對讀者而言，這種連結許多政治事件的發展、重要領導人的統治、全國民主聯盟的反抗挑戰、個人反抗故事的歷史串連與結合，不但有利於從個案反抗者的經歷故事來學習，相對的也有助於掌握緬甸一部近代政治發展史。

第三，本書作者對於反抗者個案故事的描述和處理，相當具有文學涵養和同理心的感受度，透過生動筆觸，流瀉出許多不同層次的形容與心理感受，對個體身心、對政治政黨、對社會文化、對家庭關係、對朋友互動、對所處環境、對監控統治、對未來無奈、對人際關係、對生命態度等，甚至對於反抗的精神信念和堅定立場，都有很感性的文字觸及和比擬，以及透過文學深度的感受表達，都頗具多層次的感染力。對於其中的政治意境之認知和體會，也往往揮灑出其高度的政治感受度和滲透力。

第四，再從文學與地區人文角度切入，也可發現本書的浪漫氣氛，加上理想、生活方式、社會價值、人性、態度、友誼、親情、意志等氛圍，形構出一個理性複雜矛盾又感性浪漫的情節，甚至浮現出難以掩飾的家庭親情、朋友友誼情感與無奈。特別是在逃亡、推動反抗活動、被拘禁放逐、或被凌虐侮辱之際，配合上地理區域之美，建構出仰光與其他區域和各民族邦的連結關係，如對流亡之城、幽靈之城、諸王之城、然後邁入奈比多（王都），簡直就是從抗爭逃亡的艱苦之路，到諸王之城的民主改革道路，已然一氣呵成地呈現出：緬甸「從苦到甘」的政治民主改革，已經直通到王城之都奈比多。

第五，本書除了從歷史和政治洪流的背景鋪陳下，還帶入緬甸區域地理、地區人文、族群關係、宗教衝突和邊境城市等之政治、社會與文化的生態狀態，平添本書內容的豐富性與知識性，讓讀者更貼近緬甸地理與人文狀況，例如泰緬邊境的湄索，對緬甸人來說，是個流亡之城，也享有小緬甸之稱美名，對於湄索邊境之城有相當深刻的社會人文介紹與描寫，以及對其他民族邦的地理位置，如克倫邦（首府帕安）、孟邦（首府毛淡棉）、撣邦、克欽邦、克倫尼邦（克耶邦）、欽邦、若開邦等，都可以獲得相關地理資訊與緬甸民族區域分布的認識，加上緬甸各民族邦對軍政府中央威權統治的不滿，如何走上對抗軍政府的武裝對抗，以及社會貧富不均的嚴厲衝突，也有相當的著墨介紹，可以讓讀者更加貼近緬甸社會、區域、宗教與族群。

最後，緬甸民主改革之路，不是一蹴可幾，而是一條很漫長孤寂與無情的抗爭之路，要對抗一個惡名昭彰的軍政府國家機器，有如以卵擊石，必須付出慘重的流血犧牲代價，其悲壯正如書裡所提到的：「死亡是回家的一條路」，「我是個死人。他（意指獨裁軍政府）怎麼殺我？我是個死人，他殺不了我。」這種不屈不撓追求理想、追求自由民主的反抗鬥士，不僅要忍受犧牲，更要堅持奉獻精神，在其艱苦哀戚的經歷中，彷彿給反抗者注入不懈不妥協的血液，給予故事更多感動的素材。

儘管在二〇一一年軍政府退出，緬甸半民主政府之登盛總統釋放了約一千三百名政治犯，但根據緬甸援助政治犯協會（ＡＡＰＰ）統計，在二〇一四年初，緬甸只有二十九名政治犯，其中大多數涉及少數民族武裝起義活動，但在二〇一五年時有一百零八名政治犯被囚禁，四百六十人正接受審訊，總數約為二〇一四年初的二十倍，是否說明了緬甸民主化只是虛假的表徵，而不是真正落實民主化，且軍政府勢力仍不容許挑戰與動搖，對緬甸民主發展又不免擔心。特別是針對二〇一六年四月，翁山蘇姬帶領的全國民主聯盟開始執政，要如何建立一個「新緬甸」的目標，又不愧於無數民主鬥士的犧牲奉獻，不僅更值得緬甸人和世人的期待，也將獲得更多的民主祝福。

緬甸真是一個謎樣的國家，一個將近半世紀獨裁領導的軍政府，簡直鐵板一塊、冥頑不靈的領導特質，居然可以逐漸釋放出其獨裁的統治權，讓緬甸政治邁向所規畫的民主路線方向，且經濟走向市場開放和自由化，走出以往封閉保守的體制，更伸出開放的雙手來迎抱世界，夢幻般的民主與自由轉變，難免讓世人仍以謎樣和神祕的懷疑眼神來端視緬甸民主。

自從緬甸推動民主化後，也掀起了緬甸經濟自由化發展，不但為歐美或區域大國所拉攏與擁抱，更為世界跨國企業所青睞，緬甸彷彿成為東南亞最後一塊投資處女地，都紛紛前進卡位，出現瘋狂的緬甸熱。這股緬甸市場興起潮，無疑地帶給緬甸商機，也將為台灣帶來更多的貿易和投資機會。

儘管緬甸儼然邁向一個新文人政府的民主格局，又儘管軍人勢力並未完全退出緬甸政治，但一個政治突變的緬甸民主，似乎正在深化與普及化。回顧這些反抗者在過去不屈不撓地追求理想，不畏軍政府強權勢力和武力打壓的戰鬥力，內心深處不得不對他們產生敬佩之心。在此基礎上，以翁山蘇姬帶領全國民主聯盟的新政府，如何去面對軍隊國家化、降低族群和宗教衝突、提高國家的整合，以及促進經濟持續成長、解決貧窮問題，讓緬甸重建國家的榮耀。

末了，容許個人再強調一點，很榮幸能為本書寫序，在閱讀的過程中，儼然歷經一場反抗者奮鬥的心路歷程，以及緬甸政治與社會發展的時光隧道，一齣活生生具有政治演變場景的寫實故事盡在眼底，可以說享用既理性又富感性的政治文學饗宴。

推薦序二

# 跟班的故事

燦爛時光東南亞書店負責人　張正

台灣和緬甸其實不遠。搭捷運就可以到。

## 台灣的緬甸街

我和夥伴們開的東南亞主題書店，位在台北著名的「緬甸街」附近和捷運南勢角站之間。緬甸街的正式名稱是華新街，招牌上寫著一個個圓圈構成的緬甸字，店裡販售台灣少見的食物，店裡的客人說著我們聽不懂的語言。

我念的國中也在這一帶，下課時常常背著沉重的書包路過。去年書店剛開張時，我一度頗為懊惱，責怪自己怎麼從來沒發現這條街是緬甸街？難道我當年走路都沒抬頭看到那些緬甸字？

查了查才知道，哈，不是我的錯！原來我的國中時代太久遠，彼時的華新街尚未變身緬甸街。帶著緬甸字落腳台灣的遠方的人，雖然早在一九六〇年代緬甸軍政府排華之後便陸續抵達台灣，但是，小店要一間一間開張營生、形成聚落，還得經過許多年的醞釀。一直到二〇〇八年，官方才在華新街口豎起「南洋觀光美食街」的牌樓。

弔詭的是，緬甸街上住的不是緬甸人，而是來自緬甸的華人。而且，在他們因為華人身分離開緬甸、來到「祖國」台灣之後，卻又不免懷念起緬甸。畢竟過去在緬甸長大、受緬甸教育，緬甸語流利但漢語生疏，認識緬甸字卻未必認識漢字，融入台灣社會並不容易。幸虧有了這條販售鄉愁的緬甸街，讓這群兩頭不靠岸的人稍稍靠岸歇息。

如今緬甸局勢轉趨開放，緬甸街上的人也不時返回舊地，尋覓商機。和他們聊天時，我常常被問到「有沒有去過緬甸呀？」「緬甸很好玩喔！很漂亮吶！」過往的流離與苦難，彷彿從未存在。

## 迷霧中的緬甸

想到緬甸，就會想到翁山蘇姬。對於「自我感覺良好」的人來說，如果看過一本翁山蘇姬的傳記、吃過一碗魚湯麵，甚至曾經跟著旅行團跨越泰緬邊境，在緬甸邊境城市大奇力逛了兩個小時、拜了一間佛塔，大概就可以宣稱自己是緬甸通了。

緬甸當然不只如此。緬甸境內至少有一百三十五個彼此恩怨難解的民族，緬甸曾經是英國、中國與日本征伐廝殺的戰場，北部山區還有春風吹又生的馬幫與國民黨孤軍縱橫馳騁，最近數十年，更被軍政府的獨裁統治嚴密封鎖。如此的國度，隱匿了太多太多外界只能輾轉聽說的故事。即使故事裡有許多不合理、不合邏輯之處，也沒人能解釋。

這一切在翁山蘇姬出現之後，彷彿有了解決之道：盯著她就對了！我們的腦容量終究有限，無法掌握太多模糊、零碎，甚至彼此矛盾的訊息。

那年，長期旅居海外的翁山蘇姬返國探視病重的母親，恰巧遇上一九八八年八月八日慘烈的「八八八八民主運動」，民眾的積怨一次爆發，軍政府以血腥鎮壓回應。目睹這一切的翁山蘇姬決心承接重擔，組成全國民主聯盟，繼承她英年早逝的父親、緬甸國父翁山將軍的志業。

有了翁山蘇姬，此後的緬甸民主運動有了領導中心，而國際間對於緬甸的關切，也在一片迷霧中有了明確的觀察標的。但是，絕不可能是翁山蘇姬一個人單槍匹馬對抗軍政府，在她周圍，肯定有好多好多沒有名字的同志。

## 為無名英雄作傳

這本書的首要意義，即是替這些沒有名字的緬甸民主運動者作傳，一則填補我們對於緬甸缺漏的理解，一則戳破我們對於民主運動的浪漫想像。無奈的是，為了安全起見，這些「反抗者」在書中依然只有代號或假名，沒有真正的名字。也只能這樣了。

翁山蘇姬在這本書中是配角，故事裡的「男一」是阿偉，「男二」是尼哲。兩位男主角「明知自己是跑龍套的角色」，仍甘願承受著三餐不繼與特務騷擾跟監，如同螻蟻般在以翁山蘇姬為首的民主陣營周圍穿針引線、匍匐前進。也許是因為這樣壯烈的信念：「真正的犧牲是勇於隱身幕後。」

藉由作者的筆，跟著男一與男二，讀者可以看到反抗者無日無夜的拮据與掙扎，可以看到緬甸國內外反抗陣營的不同觀點與盤算，甚至可以看到反抗者之間的心機與思索：「大家不是因為消極而不參加某項運動，而是因為民運分子可能和他們對抗的制度一樣腐敗。」

書中用了極大的篇幅，敘述反抗者被跟監、被審問刑求的情境，也同時描繪了「好人」反抗者與「壞人」特務之間的互動。

例如阿偉發現被跟監之後，跳上公車想脫身，不料特務也緊跟著上了車。阿偉靈光一閃，「伸手在口袋裡摸了一會兒，然後傾身擠向前，把兩人份的車資塞到車掌手心」。不是賄賂，而是表達善意，因為阿偉知道，「負責跟蹤的特務和所有人一樣，薪水有限」。他還替特務著想：「不是因為他（特務）缺乏道德觀或勇氣，而是道德觀和勇氣敵不過『未能達成直屬上司要求的愧疚』。」

「每次尼哲坐計程車的時候，特務都會向他抱怨，好像沒有足夠的經費坐車跟著他到處跑是他的問題。有時候，他會因為好玩而坐公車，讓他們好過一點。」

從網咖被特務帶走的尼哲，知道自己得在沒有窗戶的小房間裡，熬過不能吃喝、不能躺下睡覺、不斷被逼問打罵的四天四夜，直到他身心崩潰，出賣同志。這是例行程序。

此時的尼哲，只能以「面對自己的能力」這個最基本的武器來對抗。「佛陀的教誨用來因應日常生活中的打擊，從未比這更適當、更巧妙。尼哲在他被捕的那一剎那運用緬甸這片土地的智慧，從內心自我了斷。」「他怎麼殺我？我是個死人，他殺不了我。」

審訊者誘惑尼哲，要他與翁山蘇姬領導的全國民主聯盟切割，「走另一條路」。這時尼哲回答：「必須找另一條路的不是我，是你們。因為你們奉命行事，上面說什麼就做什麼。我不是照別人吩咐做，我做的是我想做的事。」

尼哲的正氣凜然令人動容，但多數人並不能撐過獄中的嚴刑拷打。而在監獄之外，反抗者的日子也不好過：「（阿偉）遭受刑求、坐牢，多年無法和心愛的家人說話，甚至不能談戀愛——這些都是異議分子必須承受的後果——陰影在他的心裡慢慢發酵，成為侵蝕心靈的毒素，經常讓他覺得抗爭可能無法開花結果，而且看不到盡頭，這期間你可能淪為壞佛教徒、壞兒子、壞人。」

## 關於極權統治

我總以為，最厲害也最邪惡的統御之術是放縱。

在統治者擁有絕對優勢（例如武力）的前提下，其實放縱比較輕鬆，也更有效：放任被統治者嚷嚷，讓被統治者享受「網開一面」的自由，最好稍稍撥弄讓他們互相妒恨攻許，製造動亂。一旦亂了，被統治者反倒會期待有人來主持公道管一管。這時，統治者再勉為其難地說，好吧好吧，我來管一管，是你們要我管的唷！

不過，也不是每一位統治者都有執行放縱策略的本事。除了要先確認自己的絕對優勢之外，還有心臟要很大顆，別老是大驚小怪；臉皮要夠厚，禁得起被吐口水及惡言相向。

過去的緬甸軍政府顯然一點都不願意放縱對境內異議人士嚴密監控。不過近年來，出現了戲劇性變化。

在軍政府首肯的選舉之下，翁山蘇姬及其領導的全國民主聯盟進入體制，民運人士也擁有出訪國外的行動自由，歐美國家則以放鬆經濟制裁來回應，冒險家與投資客更是迫不及待飛抵緬甸想淘金。然而在此同時，過往的冤屈尚未平反，新一波針對境內穆斯林族群的仇恨暴行卻已經展開。更可怕的是，軍政府這次不介入，而是放任激進佛教徒散播歧視言論，煽動暴民逞凶殺戮，「這批對佛教徒殘暴攻擊穆斯林的行為束手無策或毫無作為的安全部隊，過去鎮壓平民百姓卻毫不手軟」。

緬甸的老政治犯說：「大家說，我們已經能看到隧道口的光線，可是我們仍然在隧道裡。」緬甸真的要走出幽暗的隧道迎向光明了嗎？作者藉由書中主角阿偉的說法，給了非常不樂觀的答案：「全世界大致稱讚，緬甸的轉變代表從極權統治轉型的跡象。但在緬甸國內，根本看不到一個開端的結束，或者是一個結束的開端。」「比起大多數同胞，比起每天從西方國家（也包括台灣吧）搭飛機前來，興致勃勃來開公司和找商機的理想主義者，還有哈緬族，阿偉更能察覺到這一切有多容易土崩瓦解。」

## 為什麼要讀這本書

花了四年時間，「化身成牆上的蒼蠅默默觀察」隨時可能入獄的反抗者，記錄了六十三本筆記和數百小時的影音檔，終於寫出這本《緬甸：追求自由民主的反抗者》的史藍克，在書中扮演說書人的角色，以全知的第三人稱口吻，像是寄居在反抗者的腦子裡似的，一吋一吋地書寫他們在面對跟監、刑求、鬥爭時的心路歷程。

史藍克的行文雕琢講究，穿插著撲朔迷離的緬甸時局，加上時序忽前忽後的回憶與倒敘，讀起來頗為吃力。但是這樣的書寫，也的確映照出反抗者的處境，畢竟這是高強度壓力下的隱晦歷史，絕非舒舒坦坦娓娓道來的抒情故事。

而台灣人為什麼要讀這本書？因為我們要提醒自己，抗爭不總是像台灣現在這種嘉年華的形式，快快樂樂出門綁布條，平平安安回家看新聞。

緬甸不遠，在給予緬甸祝福的同時，也別忘了台灣歷史上不遠的殷鑑。如果不隨時警惕，台灣不見得不會回到過去的年代。

阿偉對於當前的緬甸局勢，給了這樣的警語：「最大的危害其實來自於無知。」這句話，放諸四海皆準，包括台灣。

推薦序三

# 抵抗的政治與大金塔的榮耀

國立政治大學國際關係研究中心亞太所所長
國立政治大學東南亞研究中心執行長
楊昊

猶記二〇一三年末的某個午後，我徒步前往仰光的大金塔寺。那是座矗立在聖山上的千年古蹟，莊嚴地守護著神的國度。豔陽下的大金塔特別耀眼，屋簷下的幾尊神像因為剛沾上幾片金箔而隨風閃動，顯得栩栩如生。虔誠的佛教徒繞塔而行，有的奉花祈求，有的潑水祈福，還有許多雙手合十側身席地跪坐的長者，靜靜聽著寺內高僧誦經祝禱。

幾個世紀以來，大金塔寺始終是緬甸的榮耀，它的光芒幾乎可以遍照仰光市的每一個角落，人民的日常生活離不開它。更重要的是，大金塔見證了緬甸人民從追求獨立自主到邁開民主改革步伐的漫長歷程。從一九四六年翁山將軍的獨立宣言、一九八八年翁山蘇姬對抗軍政府的演講、到二〇〇七年的袈裟革命，大金塔不僅是信仰的中心，同時也是抵抗的起點。

數十年來，緬甸軍政府壟斷了國內的政治與社會秩序，以將領為首的寡頭政權透過「國家法律與秩序恢復委員會」與「國家和平與發展委員會」等「臨時」組織來統攝人民。長期被神護佑的國度不再有公平競爭的選舉，人權與正義無法伸張，人民生活陷入困頓，大金塔的光輝不再耀眼。

二〇一一年，時任緬甸總統的登盛突如其來地啟動政治改造，釋放政治犯、遂行改革開放政策。他在二〇一二年於聯合國大會的演說中，肯認了緬甸正經歷「不可逆轉的政治變革」，而這也為接下來的政局轉變埋下伏筆。由翁山蘇姬所帶領的全國民主聯盟，勢如破竹地獲得緬甸國會補選的勝利。全民聯隨後更於二〇一五年十一月，在全國一千一百七十一個席次、開放九十一個註冊政黨與獨立候選人投入競爭的國會選舉中勝出。從地方議會、國會、內閣到總統，幾十年來的抵抗運動畢其功於一役，終於促成了緬甸的政權輪替。

## 人民的勝利

史藍克的《緬甸：追求自由與民主的反抗者》正是在如此時空背景下，清楚記錄二〇〇九年以來緬甸人民爭取民主、衝撞體制、追求理想的反抗故事。外界多半將這段成功的轉型經驗歸功於前總統登盛與民主運動領袖翁山蘇姬；然而，史藍克卻試圖提供一個更貼近民間社會與日常生活的解釋，藉著刻畫穿梭在國境邊緣與權力核心的地下抗爭組織，以及故事主人翁阿偉的生命故事，拼貼出緬甸近期民主改革背後的抵抗政治圖像。

書中的反抗場景與故事，流竄在每個社會角落、穿梭在不同世代的腦海中。正如同本書開場序曲敘述異議人士被政府特務跟蹤的緊張情節：警覺追捕、閃躲監視、加快腳步、順勢逃脫，那是地下組織成員的日常生活片段，也是仰光與緬甸人民的集體記憶。

抵抗政治的目的，在於解放人民被壓抑、被扭曲的不自由與不正義。史藍克筆下的反抗者，不是站在舞台上的政治精英，而是在藏身街頭巷尾的異議人士。他們透過反抗運動的集結、動員與擴散，凝聚出人民期待改變的信念。匿名的阿姨（翁山蘇姬）、爺爺（全民聯的軍師）、叔叔（全民聯的高層）、大哥（前學生領袖）還有阿偉，就好比她在書中提到的「抗爭運動就像是個大家庭」，藉著非暴力抗爭來串連緬國社會，進而成就人民力量的勝利。

## 轉型之後的重重挑戰

緬甸邁向民主之途萬分艱辛，但歷經政治轉型後的新政卻仍是「百廢待舉」。史藍克藉由書中主角的口吻，道出緬甸改革後的重重挑戰，「這個國家不自由，還不自由。」說明了一夕變天的政治新局仍無法滿足人們對於自由與民主的殷切期盼。

在全民聯勝選光芒的身後，彷如荊棘叢林般複雜的少數族群政治，迄今仍未見和解之道。當跨宗教與跨族群暴力攻擊事件的持續蔓延，克倫族、克欽族，以及沒有國籍的羅興雅族的反抗，甚至轉向對「阿姨」的苛責，「就連翁山蘇姬都令他們失望，如今進入政府的她，已成為制度的一部分」。

除此之外，鎖國過久造成的發展差距，隨著緬甸的快速開放而持續惡化。繁榮的仰光對照被遺棄的北郊，形成新、舊緬甸之間的差別地景。新緬甸面對的是外國勢力在仰光的快速滲透，大型的起重機扛起各項建案，任憑投資客狂炒地產，成為仰光的新主人。相較之下，舊緬甸彷彿被包裹在時光膠囊裡，北部的少數族群邦不只在基礎建設上極為困乏，更充斥著人口販運、毒品、愛滋、戰事等「一輩子都解決不完的問題」。

二〇一六年春，全民聯掌握國會多數席次推舉碇喬出任緬甸總統，然而，緬國轉型後的民主體制依然脆弱。當前的憲法賦予軍方指派包括國防部長、內政部長與邊境部長在內的的安全要職，為了確保民主改革不再逆行，被排除總統資格的翁山蘇姬以凌駕憲政體制的姿態，掌握新政大權。年事漸長的「阿姨」是否能持續帶領緬甸深化民主改革的成就？後翁山蘇姬時期的政治繼承，能否為全民聯延續執政能量並開創新局？顯然，新舊挑戰已接踵而來，重生後的緬甸無法迴避。

## 反抗的書寫

地下組織的異議分子是本書的主人翁，也是緬甸改革的無名英雄。這些異議分子的活動遍布全國，深入社會。為了如實刻畫仰光的反抗者，史藍克「化身成牆壁上的蒼蠅」，利用四年的時間觀察阿偉的日常生活，追蹤報導在仰光街頭巷尾反抗者的片段生命故事。

作者以人物與主題鋪陳，結合小說敘事與深度報導的雙重筆路，透過阿偉的實際見證來還原各個重大事件的始末。譬如，軍政府對於僧侶與袈裟革命的鎮壓情事；納吉斯風災侵襲伊洛瓦底江三角洲時，國際救援隊在曼谷苦等救災許可的場景等。阿偉的存在，是故事延續的動力，也代表著為所當為的反抗不曾停歇。

史藍克對於全民聯在政治動員與組織運作方面的書寫，尤其清晰。舉例來說，在選舉動員期間，她細數全國民主聯盟的候選人（特別是那些非政治犯）如何拉近與農民的關係，進而爭取其支持的人際互動場景。對於緬甸人民不畏好幾個小時的辛苦等待，熱切期盼「阿姨」到達造勢場合的心境，也有生動的描述。史藍克對於描繪「阿姨」遭到政治打壓的幾段插曲，也值得一讀；譬如，在國會補選期間，翁山蘇姬造訪丹老遭遇困難，主要是因為當地政府拒絕出借快艇，而被迫在海上漂流許久。

本書最值得讚許的，還是作者對於異議分子與地下組織運作的紀實。史藍克筆下的異議分子，隻身在網咖苦等，透過網路聊天室招募新成員，並且藉著電子郵件的草稿資料夾來交換敏感訊息。他們退出全民聯，但卻仍保持密切的聯繫與互動；他們不在檯面上，但仍是抵抗政治的一分子。史藍克就近觀察判斷阿偉等人退黨的決定，認為這些異議分子的退出，儘管「揭露成員對老一輩消極政策的不滿與日俱增」，但卻讓他們「獲得銷聲匿跡的機會，深入半祕密的地下非暴力革命活動空間」。

大仰光地區的抵抗政治，交織著反抗者生命故事的吉光片羽。史藍克善用充滿張力的文字及書寫方式，將讀者網羅在同仇敵愾的氛圍中，跟隨著反抗者匍匐前行。

長期以來，國際社會對於緬甸的認識有限；但近年來隨著緬甸的開放與轉型，以翁山蘇姬及緬甸之春為主題的豐富著作陸續問世。比起以往，我們更能深入了解大金塔國度的過去、現況與未來。本書從反抗者的視角，近觀緬甸變局，刻畫緬國抵抗政治的實況圖像，深具特色。今有幸拜讀本書的中文版，譯文品質信達雅兼具，為難得之佳作，特此推薦。

# 緬甸

*The Rebel of Rangoon*

感謝緬甸的朋友

以及

他們教給我的生命意義

前言

# 向仰光的自由鬥士致敬

這世上的群眾和帝王，都
有著分量，而且是相同的分量
卻由人擺布；他們（那三人）如此渺小
既無法指望得救也無人搭救：
敵人為所欲為，他們所受的屈辱
不堪至極；他們失去尊嚴
且靈魂已逝，在軀體死亡之前。

——奧登（W. H. Auden），〈阿基里斯之盾〉（The Shield of Achilles）

就從他的雙眼說起吧。

眼眸清亮而眼距窄，它們望向歷史、望向未來，也盡看著他的國家，超脫世俗又令人心曠神怡。過去人們稱它作「黃金之地」。但在他的年代，也是我們的年代，它卻靜靜蟄伏於黑暗中。

接下來的故事，主要就是透過他的雙眼所見，述說他的同胞如何對抗五十年的獨裁統治。那雙眼、那樣的視角，不屬於哪位國王或遠來的學者。我們初見面時，他還年輕，是有著不平凡抱負的平凡人，從生性衝動的莽夫變成老練的政治智囊。他在這個故事裡並不孤獨，在他的奮鬥中也不孤獨。在本書裡，我叫他「阿偉」（Nway）。

但他和數十位同儕用生命為我開啟一個遙遠的世界：一群凡夫俗子明知自己是跑龍套的角色，即便人人拿起棍棒投入一場漫長累人的抗爭，也沒有時間趾高氣揚或垂頭喪氣，而是巧妙演出那名古老傳說中的弱小彈弓手，對抗無所不能又殘暴的國家所指揮的武裝組織。

一個民族數十年來跨越世代和國境爭取民主的過程，記載的不是一連串的榮耀，也不是接二連三的大屠殺和鑼鼓喧天的革命。那是有關奉獻和堅忍的故事，描寫一名孤獨的男子或女子跌跌撞撞、甚至踮著腳尖走出人群，試著踏出第一步、再一步，然後艱辛地往前走、一直走，在不停變動的大地上留下新足跡，走向充滿不確定的未來。那是有關躲在戰壕裡的大兵的故事，他靠著耍嘴皮子驅趕內心的恐懼，飢寒交迫仍不願棄守，以及夾雜在短暫卻翻天覆地的狂轟猛炸間，長達數月甚或數年的苦悶和表面沉寂。有時，那也是有關挫敗的故事，是關於一輪再輪的戰役，還有從中汲取的教訓，藉此在時光無情流逝中不斷進化和成長，並為不斷陣亡的部隊補充兵源。

最重要的，那是一種思維模式：敢於衝撞既有制度；敢於揭穿極權或後極權體制的謊言；敢於從一個人的思想開始，在意識的層次上，直截了當說「不」。

已故捷克總統哈維爾（Vaclav Havel）在一九七八年發表的論文〈無權者的力量〉（The Power of the Powerless）中就曾提到這種思維模式。一九九一年諾貝爾和平獎得主翁山蘇姬在一九八八年以民運領袖的身分嶄露頭角後，在文章裡、在言談中，乃至於她的一言一行，也都在宣揚這種思維模式。十年過去，阿偉在那場運動中找到他此生的使命。

關於「Burma」或「Myanmar」——從一九八九年更改國名的舉動，透露出某人的政治認同——本書並非一本詳盡的歷史書，也不是鉅細靡遺記錄其民主運動事件的書。我也盡可能放下我身為陌生人和外國記者的主觀判斷，用敬畏的心探索一個繚繞在青木瓜香氣中的熱帶獨裁政府的神祕之處。我努力藉由他們的眼、透過他們的心、從他們的香菸往外看，掌握他們的希望、感受和嘗試。

我在書中描述的內容東拼西湊，敘事過程也零零散散，因為書中主要人物的行動就是斷斷續續。在爾虞我詐和溝通不良的情況下，在真假難辨的混亂中，他們必須慎選行動的方式和時機。有時，他們和其他同胞一樣，會受制於獨裁統治的束縛及扭曲。一個國家的文化和氣候、土壤質地、城市結構，是如何形塑出相同的思維模式？在人們日復一日的抉擇當中，歷史的記憶會如何與個人的夢想和挫折，乃至於得過且過的心態產生交集，而不受任何影響？人們為何選擇做他們所做的事？他們有得選擇嗎？

一沙一世界。每個場景或許都是一個縮影，反映出整個大我、他們的挑戰、他們的社會。

二〇一五年一月當我落筆至此，從一九六二年起接連掌權的軍事統治者所實行的極權鎮壓，已經放手讓準文人政府有更大的空間。二〇一一年底到二〇一二年初推動的政治及經濟改革，開始放寬國家機器的管制措施。政治犯獲釋，新聞檢查鬆綁，西方國家則開始解除對緬甸、緬甸產業、軍政府及其企業夥伴的制裁。這一波波的制裁，源自於一九九〇年五月二十七日舉行的全國選舉，當時翁山蘇姬率領的親民主政黨全國民主聯盟（National League for Democracy，簡稱ＮＬＤ）大勝，選舉結果卻遭當時的軍政府推翻。在那之後與美國斷絕的全面外交關係，如今也已恢復。緬甸重返可接受的國家之列，外商不斷湧入。

然而，緬甸仍不是民主國家。過去數十載的創傷仍未平復。操弄民心的政客以佛教和佛教徒對國家文化認同的名義，指揮暴力分子對國內的穆斯林少數族群痛下毒手。與其他公然唱反調的民族在邊境爆發的內戰仍未止歇。人們挨餓，逃離村落後淪落到難民營，卻繼續遭到仇視。

但毫無疑問的，為了爭取自由和人權而抗爭的條件已經不同。追究箇中緣由，緬甸從一個受壓抑、扭曲的內在省視中逐漸解脫出來，原因不一而足又盤根錯節。其中包括：與緬甸北方接壤的大國中國大陸影響力無遠弗屆，讓人極度不安；這個國家失去了區域經濟重要性，不能再失去尊嚴；二〇一一年初建立的新國會制度，結果不盡理想；強人丹瑞（Than Shwe）大將辭職，以及他的改革派接班人、退役准將登盛（Thein Sein）扮演的角色，後者脫下軍服勇於開始變革，目前擔任總統（編按：已於二〇一六年三月三十日卸任）。

我在本書中提出，還有另一個原因。

有關為了爭取自由而抗爭的描述，向來聚焦在某位充滿魅力的領導人，從近乎神的高度落入凡間，並號召一大群受迫害且群龍無首（卻百折不撓）的同胞。就算那個人沒有真正帶領他的子民獲得解救，光是他一個人也能喚醒他們反抗的靈魂。出現在這類故事裡的翁山蘇姬，理所當然加入許多偉人的行列，包括甘地（Mahatma Gandhi）、金恩（Martin Luther King Jr.）、哈維爾及曼德拉（Nelson Mandela）。至於這些有關解放的未完故事裡如果還有其他人，他們也常被描繪成比跟班稍微吃重一點的角色，淪為「極權統治下的消極倖存者」。

但從一九八九年起被軟禁長達十五年的翁山蘇姬，自始至終是點亮人民希望的領袖。一九八八年她初躍上緬甸政壇時就擔負起那個角色，儘管她是在近乎偶然的情況下投入一場大規模的全國起義，反抗尼溫（Ne Win）大將長達四分之一世紀的暴政。若認為她一直是隻身奮鬥，將她單獨抽出來討論，而無視更多其他異議人士的故事，以及她周遭更深層的歷史，不僅貶低她的成就，也低估人類的智慧，還有她的理念及合法性肇源的文化所蘊含的生命力。

本書的主角正是那些異議人士。其中有些人後來成為緬甸家喻戶曉的人物，絕大多數則一直沒沒無聞。在一場組織鬆散、毫無章法的跨世代運動中，他們一起構成其中的一部分。他們是一群由老練的怪傑和夢想家、疑似雙面諜和所謂廢材組成的烏合之眾，他們唐吉訶德式的行為堅持不懈，終究舉足輕重，這或許說明了到達權力巔峰的軍政府，是如何又為何在二〇一一年突然且戲劇性地打開些許政治空間。這又或許說明了一個數十年來像賤民一樣被排擠的國家，是如何又為何重新躍上國際舞台，立足於全球經濟成長最快速區域的心臟地帶，並安身在不只一個、而是兩個地緣政治日益緊張對峙的中心：印度與中國，以及中國與美國。

這些年，面對毒打、騷擾及流亡，以及在一名受過心理戰教育的大將用謊言及各個擊破的手段統治下，他們不放棄、不屈服。他們捱過無止境的暴行和六場失敗的起義，不斷還擊。他們屢敗屢戰，時而暴力、時而和平，曾懷疑自己又自我精進，歷經離散分合，招募新血，締結同盟，並利用國際法律架構促請全球採取行動。在社會運動和被某些人慣稱為全球公民社會中，他們成為創意反抗的國際典範。

由於他們刻意低調，加上試圖接觸他們的外國人遭遇困難，他們的手法無論多精彩和引起共鳴，仍無法在新聞上充分曝光。但他們反抗的軍政府也無法忽視他們的存在。

❦

二〇〇九年，也就是本書一開始敘述的年代，緬甸名列全球接受援助的國家之一，經濟發展、醫療照護及最基本公民及政治自由等方面的全球排名倒數幾名。北韓除外，沒有其他極權體制能如此長時間緊抓住各層面的權力不放，從經濟到教育，乃至於備受尊崇的佛教界。

在邊境那些內戰頻仍或停火協議不堪一擊的地區，老百姓的性命賤如敝屣。儘管資訊流通的禁令使得所有官方資訊無法公開透明，統計數據也荒誕可笑，但濫殺無辜、強迫搬遷、強迫勞動、集體性侵、強徵入伍、刑求及任意拘留的證據仍罄竹難書。

教育體制受到蓄意破壞，以扼殺學生間反政府組織的傳統。身分登記和種族及宗教信仰的書面聲明，是旅行、工作或玩樂的必要條件。獨裁政權下常見的群體行為普遍存在：恐懼、自我審查、不停地疑神疑鬼。你永遠不知道誰可能監視你，也永遠不知道夜間何時會響起敲門聲。

其實大可不必如此。

緬甸就像一面攤平的大風箏，平坦的河谷被與五國接壤的崎嶇高原包圍，南部則是通往印度洋的廣闊入海口。毫無疑問，它早晚會成為這塊大陸的戰略要地。早在英國殖民統治時期，首都仰光已躋身國際性都市。錯綜複雜的水道和浩蕩的伊洛瓦底江，都有利於商業及交通運輸發展。到了一九三〇年代，緬甸中南部及伊洛瓦底江三角洲的肥沃土壤，已讓緬甸從一個與世隔絕的熱帶陌生國度，蛻變成世界米倉。儘管第二次世界大戰重創經濟，但緬甸依舊是稻米及石油的出口國，成為開發中國家的異數。天然資源豐富，國運前程似錦：翡翠及著名的「鴿血」紅寶石、石油、天然氣、銀礦、金礦、錫礦及高級硬木，包括占全球七成產量的柚木。

一九四八年獨立和歷經十年的議會民主後，緬甸已然是東南亞的閃亮之星。教育體制鼓舞了前所未見的社會流動及豐富的文學傳統的發展。大學吸引了全亞洲最優秀聰明的人才。都市中訓練有素的專業人士承襲英國議會制度的法律素養，幾乎未受到緬甸舊思維的影響。全國約八九%民眾信奉小乘佛教，其價值觀和出家人僧伽（sangha）在日常生活中被賦予的重要角色，都讓個人行為及道德觀有理路可循，即便是在最偏遠的鄉村。

但這個在一九四八年一月四日清晨四時二十分吉時誕生的民主國家，羽翼未豐就遭逢重重挑戰。宣布獨立後數小時，在以馬蹄形包圍著大河谷的內陸地區，共產黨和少數民族就發起武裝暴動。他們逮住新政府體制脆弱之際，要求程度不一的自治權力；信奉佛教、占多數的緬族，數世紀以來從地處中部平原的王朝統治或企圖統治他們，讓他們早已失去信任。繼第二次世界大戰期間被日本與同盟國間的猛烈戰火重創後，這個國家又淪為中國內戰的代理戰場，國民黨的反共基地。

期待領導人誕生的希望，原本或許能夠跨越那些分歧，或至少緩和往後數年激烈的政治派系衝突，卻隨著翁山的死一同破滅。翁山是年輕卻備受愛戴的愛國主義者，他在日本人協助下創立了緬甸軍隊，並趕走英國人，之後領軍對抗日本人；他和許多作亂少數民族的領導人簽署協議，打造緬甸未來的聯邦體制。他獲得軍隊的堅定效忠和少數民族的信任。即將脫離緬甸共產黨的溫和派領袖是他的妻舅。然而，一九四七年七月十九日上午，距離幾乎是他一手帶領緬甸脫離英國獨立前不到數月，翁山遭槍殺身亡。一起在這場半自動步槍的彈雨下喪命的，還有全國八名最有才幹的未來領袖，全是他遴選的原始內閣成員。

一九五八年，總理吳努（U Nu）當局宣布，無力應付全國各地的暴力活動及兩敗俱傷的政治內鬥。他把政權交給以尼溫將軍為首的軍事政府看守。一九六〇年選舉後，政權回歸吳努的文人統治。一九六二年，在撣邦（Shan）和其他少數民族團體揚言分離的藉口下，尼溫將軍再次取得政權，這次靠政變。他的革命委員會（Revolutionary Council）賦予他至高無上的權力，於是他即刻宣布由佛教徒緬族主政，無限期終止一九四七年頒布的憲法，並在新成立的緬甸社會主義綱領黨（Burma Socialist Program Party，簡稱BSPP）之下實行一黨統治。他也解散仰光大學學生會（Rangoon University Student Union），清算政敵，實施言論審查，並切斷緬甸所有對外關係。

在揉合佛教和社會主義的所謂「緬甸特色的社會主義路線」（Burmese Way to Socialism）統治下，他把所有外資和本土企業及新聞媒體收歸國有，翻修課綱，導致緬甸開始一路向下沉淪，一九八七年更恥辱地被聯合國列為「最低度發展國家」。同年，小額紙鈔遭到廢除，人民財產一夕間銳減八〇%。無論這項措施是出自於尼溫對數字迷信、經濟偏執的任性——新紙鈔的面額反映出他對數字九的著名偏好——抑或是企圖打擊黑市卻執行不力，此時他二十六年的苛政終於到了民怨沸騰的地步。

全國暴動繼之而來，一場茶館鬥毆事件延燒數月演變成革命，招來迅速又腥風血雨的反革命鎮壓。一個軍事政權垮台，另一個軍事政權旋即取而代之，而且更陰險與高壓。

這同時也是一場民主運動的濫觴。

在一群越來越有戰略頭腦的大學生帶領下，一九八八年的起義蔓延到社會各個階層和全國各地城鎮。起義三月爆發，七月之前就成功迫使尼溫將軍辭職。接手的另一位將軍人稱「仰光屠夫」（Butcher of Rangoon），因為幾週前他害得近三百名學生死於鎮暴警察之手。「緬甸全國學生聯盟總會」（All Burma Federation of Student Unions）的青年領袖們為此發起全國大罷工。

一九八八年八月八日，至少兩百萬人走上街頭。

士兵朝著群眾開火回擊，還痛毆或用上刺刀的步槍刺殺抗議民眾，卻不受制裁。但抗議群眾打死不退。仰光屠夫下台，繼任的貌貌博士（Dr. Maung Maung）是知名律師，也是尼溫將軍的心腹。他解除戒嚴，釋放遭拘禁的重要異議人士，並呼籲緬甸社會主義綱領黨的領袖們，考慮以公投決定是否廢除一黨專政。對許多人而言，貌貌博士只是傀儡，聽從老強人尼溫之命行事。到了八月最後一週，所有政府運作已經停擺，由公民及僧侶組成的委員會接手城鎮及社區的行政事務，報紙數量激增，街道成為民眾二十四小時聚集狂歡的舞台。

九月十八日，新的軍政府上台，並以自稱「國家恢復法律和秩序委員會」（State Law and Order Restoration Council，簡稱SLORC）的名義再次實施戒嚴，大規模逮人後草草處決。從七月到十月期間，合理估計的死亡人數約五千多人。

在情勢最白熱化之際，殉難獨立英雄翁山的女兒湊巧從英國夫家返國，回仰光照顧病重的母親。這位女兒翁山蘇姬最初會吸引群眾注意，是因為她秀氣的五官神似父親，而人們過去正是捧著他的肖像走上街頭。她的雙眼像他，甚至和他一樣有群眾魅力。她的演說鏗鏘有力且目標明確，很快確立了她為民喉舌的地位。

八月二十六日，她站在緬甸最神聖的古佛寺仰光大金寺（Shwedagon Pagoda）的西門廣場，向數十萬群眾自我介紹。她兩歲時喪父，十幾歲赴海外，後來嫁給一位英國學者。「總是有人說……說我對緬甸的政治一無所知。真正的問題是我知道的太多了。我的家人最清楚緬甸的政治有多複雜、多棘手，也最清楚我父親當初為此承受多少苦難。」一次又一次，她呼籲民眾自制和團結。她說，他們已清楚表達訊息，訴求很明確：終結一黨統治，並舉行自由公平的選舉，以建立多黨政治。她呼籲民眾對武裝部隊展現包容與寬恕，也反過來呼籲武裝部隊成為人民能再次信任與依賴的力量。

憶起由她父親發起的建國大業，她把一九八八年革命的條件定義為同一目標的延伸：追求自由及民主。「身為我父親的女兒，我無法再對發生的一切無動於衷。」她說：「這場全國危機實際上可說是爭取二次獨立。」翁山蘇姬和她位於大學路五十四號的湖畔別墅，吸引了知名政治人物、受敬重的退役軍官、都市的專業人士、共產黨員、學生，還有其他形形色色、數以千計持續公開反對軍事統治的人慕名而來。一九八八年九月二十四日，他們共組全國民主聯盟。

不出數月，擔任全民聯祕書長的翁山蘇姬遭到軟禁，擔任全民聯副主席的前將軍丁吳（Tin Oo）被判處勞役。一九九〇年五月二十七日，國家恢復法律和秩序委員會舉行出人意表的自由公平選舉，全民聯依舊橫掃對手。對自己如此不得民心明顯感到震驚的軍政府，決定無視選舉結果，不僅把全民聯最活躍的領袖人物和其他數百名異議人士關進大牢，還禁絕所有其他反對黨，只留下一些少數民族的羸弱小黨，並開始有計畫地鎮壓所有反對意見。

成千上萬的大學生逃離城市，前往瘧疾猖獗的邊陲地帶組織反抗部隊，出於權宜而與更剽悍的少數民族軍隊結盟。由於資源匱乏、在叢林水土不服，他們毫無勝算。在他們與克倫（Karen）族叛軍的聯合總部遭遇政府軍最後一波攻勢而失守後，他們化整為零散成許多流亡團體，遁逃至印度、中國，大多是進入泰國。

接下來二十年裡，數百名知名異議人士輪番進出監獄。從二〇〇七年曇花一現的「袈裟革命」以來，入獄人數翻了一倍，其中許多人面臨數十年刑期。無論何時，當中都至少有五分之一是全民聯成員。

權力一把抓的國家恢復法律和秩序委員會，一九八九年開始把腦筋動到語言上。此後，國名「Burma」（緬甸）改為「Myanmar」，聲稱新國名對於國內除了緬族外還有另外一百三十五個族群的緬甸而言更具包容性。這種說法遭到學者質疑。「Rangoon」（仰光）改名為「Yangon」，其他城市也改回舊稱的音譯。短短五日，聯合國接受了這些變更，世界各國紛紛跟進。少數堅決抵制的國家，如美國、英國和其他西方國家，則與民運人士站在同一陣線，拒絕承認國家恢復法律和秩序委員會的奪權行徑。他們選擇使用「Burma」及「Rangoon」。一九九七年，國家恢復法律和秩序委員會申請加入「東南亞國協」（ASEAN）時，聽從一家總部設於華府的公關公司建議，配合人事改組，改名為不那麼荒唐到令人反感的國家和平與發展委員會（State Peace and Development Council，簡稱SPDC）。

初掌權時幾近破產的國家和平與發展委員會，在接下來二十年靠出售天然氣、石油、木材及貴重寶石，以及把深水港、輸油管及水力發電計畫等開發案發包給許多競爭激烈的亞洲企業，中飽私囊。新的一把手是貌似哈巴狗的大將丹瑞，他步步為營爬上指揮系統的頂端，並從一九九二年起統領軍政府。在他領導下，國家和平與發展委員會將這些獲利存入私人海外帳戶，其餘則投入採購軍武及華而不實的超大型計畫，包括在燠熱的中部灌木林地、仰光正北方二百五十英里處，從無到有興建一個新首都。他們稱之為「奈比多」（Naypyidaw），意為「王都」（Abode of the Kings）。

儘管軍政府從一九八八年起開放部分經濟，但緬甸國防軍（Tatmadaw）的十一位將軍和所有高階軍官仍持續發揮極大的個人權力及影響力，主要是透過掌控開發案合約及執照來勾結一小撮富商，包括一些在緬甸、寮國、泰國交界的金三角高山地帶販毒致富的毒梟。金三角的罌粟產量讓緬甸穩居全球第二大鴉片及海洛因供應國，僅次於阿富汗。緬甸社會主義綱領黨執政時期保有的社會福利制度，在新的國家資本主義無情旗幟下遭到大幅削減，國防預算鯨吞國家總支出的四〇%以上。不出十五年，軍隊規模成長超過一倍，增至四十萬人左右。最貧苦的百姓就算沒被強徵入伍，也會被有著天壤之別的學校、住宅、醫療及日用品等待遇所吸引而從軍。仿效美國西點軍校設立、培育高階軍官的學府國防學院（Defense Services Academy），教授的是一套以恐懼為主、更排外的新課程。

軍政府無法有效因應社會上的緊急情況，例如愛滋病疫情迅速蔓延或海洛因氾濫。當局收購稻米及其他主要糧食，藉此壓低糧食價格，卻意外導致穀賤傷農，但當局只求以低價生活必需品來討好都市居民，深怕食物短缺及通貨膨脹會再次引發另一場城市暴動。

二〇〇七年八月十五日，軍政府突然大幅調漲汽、柴油燃料及桶裝瓦斯價格，百姓經濟困頓的問題雪上加霜。每個人都感到痛苦，就連備受崇敬的佛教階層僧伽也不例外，因為他們得靠俗世信徒捐助和每日托缽化緣度日。

鄉鎮和城市爆發平民及僧侶發起的小規模零星抗議，多半很快就遭到壓制。九月五日，北部的木各具城（Pakokku）傳出有僧侶遭邦府官員施暴。消息傳開，這種被認定是大不敬的行為引爆怒火，一個由佛僧組成的神祕新聯盟因此成立，要求軍政府道歉並發出最後通牒。期限過去，軍政府毫無回應。

數以萬計的僧侶湧上街頭。由於他們身上袈裟的顏色，觀察家稱之為番紅花革命。他們主導的示威遊行持續了一星期，規模越來越大，越來越多平民加入，直到安全部隊血腥鎮壓。

不到八個月後，二〇〇八年五月二至三日那個夜晚，熱帶氣旋納吉斯（Nargis）登陸，重創伊洛瓦底江三角洲整個平原地帶和仰光各地，威力之強是二〇〇四年南亞大海嘯以來最致命的天然災害，罹難及失蹤人數飆升到至少十三萬八千人，而據可靠的估計，還造成兩百四十萬人無家可歸、缺糧缺水或無法恢復生計。

國際人道救援組織奮力爭取進入救災，但軍政府對災情卻輕描淡寫又極盡拖延。申請簽證遭拒，申請入境旅行許可則卡在行政程序，而美、英、法等國的軍艦只能停泊在緬甸外海，苦等不到當局放行直升機載運第一級救難物資。

大約就在那時，《華盛頓郵報》（*Washington Post*）的編輯對我下達開拔令：「進去、採訪、出來。」

緬甸當局就像打蒼蠅般緊盯外國記者。一位英國國家廣播公司（BBC）記者才到入境護照查驗處就被押回飛機上，還有一位韓國女攝影記者因為在被嚴密監視的全民聯黨部拍照而身分曝光，被官員狠狠壓制。官方喉舌《緬甸新光報》（*The New Light of Myanmar*）在最後一版熱心地警告大家要注意「圖謀亡國的滿天騙子」，還說「英國廣播公司謊話連篇，美國之音（VOA）混淆視聽，自由亞洲電台（RFA）挑撥離間：小心！別被那些包藏禍心的人收買。」據少數得以潛入的人描述，他們搭卡車或乘船，藏身在一袋袋稻米下偷渡進三角洲。

⁂

如同大多數外國記者，我在申請簽證時謊報職業和工作經驗，以觀光名義入境。我該攜帶衛星電話嗎？筆記本要怎麼藏？沖洗照片的定影液上哪兒找？我是菜鳥，也很害怕——害怕排隊等待移民官查驗時，我的劇烈心跳會啟人疑竇；害怕我的襪子和內衣褲異常鼓起，通過X光機時會被逮個正著，因為在華郵安排下，我像大毒梟一樣在裡頭塞了許多一百美元新鈔；害怕我根本接觸不到那些被困在政府檢查哨後方的風災災民；更害怕的是，就算進到了這個幾天前我在地圖上都還找不到的國家，我卻分不清東西南北。

曼谷的「緬甸通」建議我：遠離那些迫不及待要跟外國人聊天的人，他們是政府派來的特務。這建議真是令人費解。基本上，緬甸人在被問到政治話題時，不是竊笑臉紅就是三緘其口，尤其當對方是大塊頭、剛下飛機的西方人。除了機場某個熱心過頭讓人起疑、宣稱手裡快翻爛的相簿裝著他帶進三角洲的外國人照片的「席先生」（Mr. Zee），否則能遇到極少數會走上前來、滿口反政府言論或主動提議擔任導遊的人，根本求之不得。什麼旁人的建議早就拋在腦後了。

我在當地的聯絡人是個獨來獨往、足智多謀的醫生。他帶我在仰光到處逛，搭的是當地特有、會發出怪聲的老爺車，通常得用老虎鉗才能把車窗搖下來。在緬甸，汽車受到嚴格管制，導致黑市進口車，例如常見的二十年豐田冠美麗（Camry）轎車，當時售價高達兩萬五千美元左右。一路上我結識了珠寶商、記者、律師、公務員、家庭主婦、演員、武和尚——總之就是老百姓，他們都跟我做朋友，靠的是我很快學會在緬甸交友的方法——透過眼神交流，幾秒鐘就能建立信賴關係。

我的膽子愈來愈大，甚至從外交人員身上慢慢蒐集聯絡資料，找出那種會被監視的人。像緬甸人一樣，我學會找出制度的漏洞，講話真假參半，眨眼、微笑和使用隱喻。如果要聯絡華府的主編和緬甸的消息來源，我會用瞎謅的假名寄送加密的電子郵件。等我離開緬甸後，我用文字報導風災災民劫後重建的辛苦；經濟全面崩盤的衝擊；從政的必經之路，也就是入獄；新世代的民運人士；以及以沉默民怨為動力的公民運動的興起。

為了深入受風災重創的三角洲，一名在仰光一家門可羅雀的旅行社上班的資深員工，臉上掛著一抹心照不宣的微笑，帶我通過四個軍事檢查哨，每一關都得繳交一張放行條，上頭是我的大頭照和護照號碼，以及承諾不參與政治的切結書。這些放行條是我的旅行社同夥花了四百美元打點旅遊部所取得。我以「私人捐贈者」的名義前往，帶著二十箱泡麵、五箱蠟燭及五箱香皂，一起擠在租來的廂型車裡，再沿路分送給受災的村落。之後我們租了一艘漁船，順流航行四小時，終於來到一處像是歷經大轟炸的村落，那裡滿目瘡痍，到處是泥巴坑、殘磚斷瓦和水牛屍骨。沒有外人知道那裡。當地過去是紅樹林保護區，離一個隱密的海軍基地不遠。它原本不應該存在。竹竿一根接著一根，木板搭著碎木片，村民正努力拼湊回原本的生活。氣旋來襲那晚，全村九百四十三人當中有六百六十人下落不明。

這場風災是近代以來令緬甸受創最慘重的天然災害，但它激烈的程度一下子就被民怨追上，因為他們從非法的短波電台廣播得知，政府先是否認災情嚴重，後來又阻撓外國援助物資送到災民手上。於是他們自力救濟。我看著他們不計晨昏聚集在滿地傾倒樹木的仰光路口，包括僧侶、呼朋引伴的民眾、演員、醫師、家庭主婦、工作夥伴，以及整個社區的居民。他們會關閉商店及診所，一次連休好幾天，然後租借卡車和船隻，並裝載上一袋袋米、毛毯、蠟燭、香皂及食用油。他們靠著談判，辛苦通過檢查哨和軍方車隊，聽從命令交出部分物資，其餘則緊抓不放，沿著唯一一條通往三角洲的殘破道路，或在被潮水包園、迷宮般的溪流裡不斷跋涉數小時，才能在數十個被遺棄的鄉鎮及村落裡找到災民。他們帶回許多故事，像是官員強占物資充公或怠忽職守，稻田裡漂著浮腫的屍體，孱弱的男男女女從避難所被趕回早已不存在的家，或是政府發放的救濟米有如豬飼料。

鎮壓「袈裟革命」留下的創傷揮之不去。但長期以來被認為已經在禁止五人以上集會結社的法令下遭到扼殺的社會運動，卻成為測試政府底限的巧妙新方法。在接下來數個月裡，我目睹許多社運小團體轉型為非正式的非營利組織。它們低調運作，小心翼翼地在分隔人道援助和政治的細線上遊走。我也和組織鬆散的側翼團體成員碰面，他們長期在佛寺清潔活動、讀書會及禮儀師的包裝下潛伏。我注意到這些社運人士有種聯繫協調的模式，即便在隱藏狀態下。

這就是我接到的命令。無論是在緬甸國內或國外，那時經常有人說，所有地下運動都已遭到鎮壓而瓦解。但我看到的是一種精神，一股渴望自由的熱切衝動，以及許多苦中作樂的幽默語言。在其後的幾年裡，我一次又一次回到緬甸，依舊得藏好我的筆記本，小心觀察和學習，並在脆弱的信任上和人們建立關係。有翁山蘇姬領導，即便當局不讓她與外界接觸，緬甸人仍緊握這個獨一無二的叛亂政治的一線希望。那樣的思維模式有種魔力，驅使我繼續深究。

《緬甸：追求自由民主的反抗者》（*The Rebel of Rangoon*）正是我明查暗訪的成果。

本書記載的日期、地點及所有事實和花絮，我都盡己所能力求正確。但人名的部分我則隨意起名，部分是為了保護當事人身分，部分則是為了克服緬甸人名常令西方讀者難以理解和發音所造成的隔閡感。（緬甸人沒有姓名，取名原則是出生當天是星期幾，搭配父母希望在孩子身上培養的美德。）

如果是目前尚未成為公眾人物的民運人士，我通常會用他們用來躲避監聽或監視的假名或別名。電子郵件裡的稱呼也略經調整。如果有民運人士使用代號所從事的活動至今仍相當敏感，我改用同義字。我另外唯一自創的人名是「阿偉」，但那也是從他慣用的其中一個假名裡的音節音譯而來。

或像他們稱呼其他人一樣，我會用在緬甸社會中同時帶有尊稱意味的親屬稱謂來稱呼他們。在這種情況下，這些稱呼也會讓人強烈感受到一場抗爭運動就像是個大家庭，或許還會讓人聯想到所有隨之而來的社會失常和情感包袱。這些例子包括大哥（Big Brothers），意指一九八八年起義的前學生領袖；阿姨（Auntie）代表翁山蘇姬；幾位叔叔（Uncle）；還有兩位爺爺（Grandpa）。

書中我用「Burma」（緬甸）和「Rangoon」（仰光），而不是「Myanmar」和「Yangon」。這是一種選擇，但我選來毫不猶豫。學者偏好使用軍政府自一九八九年以來的名稱，藉此區隔不同歷史時期和政府。我則沿用報社最初提供給我的稱呼，報社則是沿用美國國務院的用法。再說，這個故事是從大半輩子都抵制那次更名的人們的角度來述說，在這裡我自然起而效尤。

容我補充一點。爭取自由經常淪為流血策略及仇恨這類意識型態的飾詞。但本書描述的男男女女沒有人是狂熱分子，他們同樣唾棄謀殺和仇恨。他們選擇非暴力抗爭，爭取把公義和權利還給人民，而且要禁得起最嚴格的國際標準檢驗。對他們而言，手段正當才名正言順。

要描寫這種地下運動，也就得攤開它骯髒的一面。他們的家務事畢竟是個人私事。但要揭開他們行為不算高尚的層面，就必須更忠實呈現出他們被迫反抗時所受的束縛有多沉重。而他們最大的痛，其實是他們加諸彼此身上的創傷。

阿偉的故事是本書的主軸，他身為異議分子的一生就像是一面鏡子，映照出他的國家和他從事的運動所歷經的轉型浪潮。一如他的朋友和群體裡的其他人，他的故事和其他數十個我有幸聽聞的故事相比，沒有誰比誰的更真實或更悲慘。本書描述的每個人，都會立刻指出這一點。我選擇記錄下他們的故事，因為他們身處於這場運動的中心，並投身或配合全民聯一起奮鬥。我過去從未讀過那樣的故事，所以我自認有義務把它寫出來。

本書的第一部描寫為時數月的抑鬱苦悶和公然反抗，但幾乎只是原地打轉。第二部開始描述歷史的演進，每一章節都是往現在推進一年。這個故事最重要的是阿偉和一度是對手的尼哲（Nigel）之間時而緊張卻又不斷加深的夥伴關係。他們的友誼日濃，又與周遭那些新手及來來去去的人，或面臨痛苦抉擇的年邁異議人士漸為人知的人生緊密交織，時代背景則是瞬息萬變的全國局勢，和這場運動即將面臨數世代以來最關鍵的一役，乃至於其後發生的一切。這場運動的關鍵戰役是二〇一〇年十一月的選舉，亦即緬甸二十年來頭一次選舉，極可能讓五十年的軍事統治更加鞏固確立。

為了深入了解阿偉的一生，我化身成牆壁上的蒼蠅默默觀察，一次就是好幾個星期，但對於身在一個警察國家、祕密追蹤報導一名通緝犯的外國記者而言，我又得盡可能保持距離。在四年的時間裡，我也與本書描述的那些人共處數百個小時。我為本書進行的新聞報導，都記錄在六十三本筆記本和數百個小時的數位影音檔中。倘若我不在現場目擊事件發生，我會反覆進行專訪，並盡可能利用其他人分享的資訊，以及相關的新聞文章、報告和書籍，來補充和交叉確認我的報導內容。

直到二〇一二年，外國記者和外國維權人士，以及任何被懷疑「從事政治」的人，一律被禁止入境。一如大多數外來的新聞記者，我在報導時也不署名。進行敏感的訪談後，我會在觀光景點間往返，避免僱用同一位司機，頻繁更換住宿飯店，還有一次由於懷疑被情報人員跟監，我一連往北方移動好幾天。透過電話或電子郵件聯絡，由於可能一端或兩端都被監控，等於是在練習如何把話講得拐彎抹角卻又能說清楚。每次搭機出境前，就會在飯店房間手忙腳亂，我得匆忙藏好筆記本和名片，或者塗掉電話號碼，並把聯絡地址放在不同行李裡，撕掉任何不必要的資料，再把剩下的塞進襪子和袖子、口袋裡。直到二〇一二年以前，還有我到不了的地方和見不到的人。要是不放棄可以和那些曾經給過我方便的人共事的機會，根本不可能取得官方資料和訪談官員。

儘管如此，對於我的消息來源，我從來不須隱瞞身分。但我以外國人的身分出現，有時免不了會導致事件和場景產生變化。我以第三人稱出現在本書中，同時盡量呈現他們眼中的我。事實上，我冒的風險頂多是遭到立即遣返，並列入未來申請簽證時的黑名單；我永遠都可以選擇搭機回家、回到安全的地方。讓我更掛心且可能發生的情況，是我糊里糊塗留下蛛絲馬跡，害那些曾經每天幫我好幾個小時、卻不曾有一秒猶豫的人被追查和騷擾。

能把故事繼續說下去，又可以確定不用擔心會帶來反效果，著實讓我鬆了一大口氣，儘管這樣的風險持續存在。當局用來有系統地打壓反對意見的一切舊法仍未廢除。最重要的是，本書描寫的那些人都理解也接納我的來意。每當我舉棋不定，擔心自己可能一不小心就連累他們時，他們再三鼓勵我要知無不言。向我公開他們的生活，必須承擔極大的風險。此時向他們的勇氣致敬，雖然那確實是勇氣，感覺卻像是我的賞賜，有如我的工作比他們每天生活中擔負的其他各種風險更有意義。他們付出這麼多時間和精力，耐心教育一個外國人認識他們的土地和歷史，一一拼出那些我一再忘記的名字，毫無保留地訴說他們的夢想和祕密，我心中的感激至死不渝。但如同所有事務，他們認為自己只是為所當為。

如此而已，在他們眼裡。

# 第一部

★ ★ ★

## The Rebel of Rangoon

A Tale of Defiance
and Deliverance in Burma

The Rebel of
Rangoon

# 阿偉
## Nway

阿偉是貌似紈褲子弟的叛逆者，他的個性較急躁、隨性、難以捉摸，也具有罕見的天賦，能在他人嚇呆或驚慌失措時臨危不亂。他的領導能力有如黑夜中的燈塔般耀眼。長髮不羈的他，任由頭髮垂掛輪廓突出、對稱的臉龐，卻遮不住他淡咖啡色眼珠的強烈目光……

## 二〇〇九年五月

阿偉發覺自己是走狗的跟蹤目標那晚，開了個玩笑。

不過，他一開始用走的。也就是說，夜幕即將降臨仰光、一名特務逐漸逼近、即將被捕的恐懼導致太陽穴血管快要爆炸的時候，他的反應和一般年輕人相反，即使他渾身發熱、腳程很快、擁有能在叢林生存的能力。跟蹤者年紀比他大，但動力比他的天生勇氣和求生意志小；走在前面幾步的阿偉用力吞了一口唾液，挺起胸膛——然後放慢腳步。

遠離辦公室。他大角度左轉走上一條人行道，這條人行道地勢漸低，尾端是狹窄的溝渠和百年羅望子的糾結樹根。接著是一條蜿蜒小巷，兩旁是防水帆布搭蓋的便宜茶館和簡陋的柚木小屋。這裡是人口四百萬，或許五百萬——確實人數不得而知——都市中不光彩的內部，市中心容許這種貧民窟殘破景象，是因為除了少數政府單位，其他建築物沒有幾棟好多少。

那個走狗或許有摩托車——在仰光，只有特務獲准騎摩托車——能在幾秒之間逮到他。阿偉不顧這種可能性，加快腳步但不急促，走向最近的群眾以便逃脫；運氣好的話，他或許能搭上剛開進這片殘破區域的公車。他把纖瘦身子擠進公車後半段的開放式車廂。乘客們彼此身體緊貼，女乘客通常無法指望保持男女授受不親的距離。他知道，女性痛恨這種容易吃虧的處境，因為男性在擁擠場所可為所欲為，以肢體摩擦她們的臀部。他小時候會用心維護周圍女孩的面子，至少讓她們感到自在。即便在當下的情況，他仍自然而然想到，自己不應該讓她們的窘況惡化。

那名男子也上了車，站在身旁。

阿偉一時方寸大亂。接著，他靈光一閃：他在危機中快速學習，出於直覺知道有些事應當怎麼做。

他伸手在口袋裡摸了一會，然後傾身擠向前，把兩人份的車資塞到車掌手心。

他當時壓根不認為，幫追蹤者付車資是賄賂行為。他的主要用意是表達善意。佛家理念在他的緬甸同胞努力擺脫專制統治的過程隨處可見，他幾乎不知不覺運用這種屢試不爽的策略。他不斷以貼心小舉動吸引年輕男女進入他的政治影響圈，經常證明表達善意的功效。他的做法包括：請遊手好閒的人抽菸、買幾杯茶飲請人喝；深夜到網咖，費勁透過慢吞吞的網路連線下載受歡迎的樂團歌曲，然後轉存到音樂播放器。負責跟蹤的特務和所有人一樣，薪水有限。他會很樂意把未用到的零錢中飽私囊。

那名男子果然放鬆戒心。

他說：「你知道我的身分？那麼——我們可以合作。」

這句話很蠢。

阿偉當然知道他是特務。阿偉剛走出辦公室，他就從馬路對面的小屋冒出來。那棟屋子雖然外牆畫上鮮黃色的即溶茶粉廣告，除了暗藏特調組警方調查員，沒有別的用途。他們穿便服——簡單的龍吉（longyi，即沙龍）、棒球帽，有時戴飛行員墨鏡——卻懶得隱藏照相機、摩托車和記事本，只會持續監視。

況且，特務的開場白很明顯，意在邀請你對話久一點。經過一番討價還價——提出威脅、說實話、不可或缺的自我反省，再添加實質好處的承諾和終身地位的保證——或許又能多打動一個人投效國家。按照軍政府的術語，這大致可以翻譯為加入「捍衛國家統一的行列」，對抗「國內和外來破壞勢力」。後者指一群定義模糊、邪惡的人，可能包括「外國破壞分子」、「依賴外來勢力，抱持負面觀點的傀儡」，或是阿偉這種人：外國娼妓領導的下三濫政黨成員，能力不足、充滿夢想的年輕人。

阿偉沒有上鉤。

他問對方：「你是哪個單位的？」

「特調組。」

「有車資津貼嗎？」

「有。」他停頓一下，接著說：「我只是公事公辦。」

阿偉回敬：「我也是。」

不行。他糾正自己。不要給他這樣的開頭。

阿偉才剛年過三十歲，站在異議運動第一線卻已有十一年資歷，大部分時間在那個下三濫政黨的辦公室工作。不過，他很難控制脾氣。他為了在信念問題上獲得立即勝利，不惜賠上龐大代價的頻率有多高？他曾在氣頭上從醫學院退學、拒領英國文化協會的證書，六個月前甚至退出辦公室。這代表他熟悉的世界毀滅，努力過的所有事務必須重新來過。很久以前，他有如自行點亮的燈一樣，發覺政治和爭取民主是他此生職志。

他吸收到黨內的人當中，沒有人認為他情緒穩定，對他的評價和對他有時密切的同事尼哲不同。阿偉也欠缺摯友亞瑟（Arthur）深思熟慮的耐性：亞瑟思考時慢條斯理，眼角和嘴角浮現細紋，考慮周全後才開口說出見解。如果說，阿偉的個性和他們比起來較急躁、較隨性、較難捉摸，他也具有罕見的天賦，能在他人嚇呆或驚慌失措時臨危不亂。在這種情況下，他的領導能力——至少在管理必須迅速思考、逃脫的團體的複雜行動方面——有如黑夜中的燈塔般耀眼。

公車沿著裂縫、坑洞不斷的道路左搖右晃地嘈雜前進，當天的暴雨雨水未乾，地面仍然發亮。那名特務是中年人。他必定已婚，有兩三個小孩，住在外牆斑駁的政府宿舍。阿偉可以想見，宿舍經得起風吹雨打，不像水溝邊用竹子和茅草搭建的小屋，且和一般大眾有足夠區隔，可營造雙方為敵的感受。

阿偉沒有看他，也沒有問他。他可以大膽面對面直瞪讓對方不安。最好偏過頭去。皮膚黑、彈性好的阿偉喜歡長髮不羈，任由頭髮垂掛輪廓突出、對稱的臉龐。不過，長髮遮不住他淡咖啡色眼珠的強烈目光，或他直視對方雙眼的傾向，因為他不遵循緬甸人用眼角餘光觀察別人的習慣。

至於好奇心，常常會惹禍上身。在公務員和一般百姓隔閡的楚河漢界對話，只會惹麻煩，更何況他是個容易出言挑釁、態度桀驁不馴的年輕異議分子。保持沉默、少知道一點為上策，師長都這麼教他們。阿偉基於本能知道，這大概是國家的核心問題。但是，他也知道哪些情況該硬碰硬，而且學得很快。

或許，這名特務真的只是混口飯吃，執行中階主管的指示。他可能奉命行事，不是因為他缺乏道德觀或勇氣，而是道德觀和勇氣敵不過未能達成直屬上司要求的愧疚。實質、立即感受到的愧疚也許超越更廣泛但更大的愧疚——未能建構抽象的未來而愧對社會，但他沒有理由相信這種未來會真的降臨。或許他是各種罪惡感交織的雷區：痛恨工作，更痛恨自己，因為他做了旁系尊卑親屬、兄弟、未出生孩子以後可能責怪他的事；每次在破裂的窗戶玻璃瞥見自己的身影，他就想到這個問題。他還想到，是不是非得監視自己的同胞，追捕他們交給監獄體系，宛如這個體系是渴望吞噬自己骨肉的蟒蛇。

更有可能的是，他根本未思考。抑或自然而然從不質疑軍政府的宣傳：不斷重複國家團結、穩定口號的三巨頭政府；邁向經濟發展和「有序繁榮的民主」；緬甸國防軍流血流汗，與民眾合作消滅所有破壞分子，除了愛國維護聯邦——國防軍之母，也是國防軍之父——沒有別的目的。也許……

特務問：「你要去哪裡？」

阿偉當下在車上決定前往一家雜誌社的編輯部。他最近在這家雜誌社找到翻譯外國新聞剪報的零碎工作，並非因為他有任何興趣將言外之意夾在文章裡，騙過新聞檢查者付梓，一如許多緬甸記者的做法。他也不是為了薪水而工作，雖然他需要每一張皺巴巴的緬甸紙鈔。緬甸路邊攤近年有數十份民營雜誌讓民眾選購，供他們尋找隱藏在最新足球賽結果和星座文章之間的反專制統治理念蛛絲馬跡；這份雜誌是其中之一，可掩護阿偉定期和總編輯接觸。兩人見面是稍縱即逝的機會，要及時掌握，就像稻農必須趕在六月雨季前插秧。雜誌總編輯是位資深政治人物，曾被羈押十五年的他，出獄三年後又進牢房，關了六星期之後剛出獄。正如下一波季節雨將來臨，他可能再度身繫囹圄。阿偉告訴自己，要以找總編輯為藉口，解釋他逗留在辦公室的原因。

辦公室是他稱呼全國民主聯盟總部的代號，唯有具策略用意時，他才公開說全國民主聯盟的全名或簡稱。法律上而言，全民聯是合法政黨，是緬甸獨一無二的鼓吹民主組織。在實務上，大聲說出它的名稱會讓人懷疑你有政治理念，而抱持政治理念的人具有危險性。

現在，如果逼不得已，阿偉大可告訴跟蹤者，他只是要把新聞告訴總編輯。假如總編輯王強（Ohn Kyaing）叔——叔是尊稱——剛好是全民聯高層主管，能怪他嗎？

阿偉跳下車，快速走進雜誌編輯部，盡可能找理由假裝工作拖時間待在裡面。特務最後必定會離開，主因是無聊——造成對方害怕一晚的目的已經達成，而薪水不值得他費更多工夫。阿偉不是重要人物，頂多是信差。他喜歡這樣騙自己，但不是因為他或許真的以為自己對全民聯或更廣泛的民主運動比信差重要。否定他自認為具備的重要性，不把自己看得太重——如果他想過這件事，而他實際上未想太多——是本地人的謙虛表現，兼具自我保護作用。在搭乘渡輪再轉乘摩托車可達的家鄉盾迭（Twantay），他可能已經擁有知名度。但他經常表示，在緬甸歷史的神經中樞，在仰光市中心較重要男女常去的眾多發霉建築，他「不算什麼」。因此，他可能值得公務員花時間調查的想法，似乎不切實際。

不過，情況有點瘋狂。他六個多月來第一次到辦公室，接著——蹦！——冒出一個走狗，沿路追著他跑，直到他嚇壞了，像隻縮頭烏龜躲在建築物裡，剩下不到半包菸可抽來壓驚。

說實話，他從來找不到說服力足夠的理由回到全民聯總部。這棟三度遭到搜索的三層樓破舊建築位於大金寺附近，牆壁斑駁，木櫃被灰塵覆蓋。全民聯成員喜歡叫它「牛舍」，勉為其難接受諷刺的事實：它在民選執政黨最後一個據點的可悲光環中矗立。全民聯是個政治結盟，在一九九〇年五月二十七日上次全國選舉贏得國會八二％席次，但那屆國會從未獲准開會。

那次選舉是他們五十年來透過選票重返民主的唯一機會。選舉在軍政府監督下進行；軍方一九八八年九月十八日奪權，成立所謂的國家恢復法律和秩序委員會。委員會蠻橫恢復「法治」的行動，包括不分青紅皂白開槍射殺成千上萬群眾。那一年八月八日，全國抗議遭到血腥鎮壓後，民眾幾乎每天遊行、靜坐、絕食抗議，他們揮舞國旗、佛教卍字旗或殖民時期的學生聯盟（Student Union）舊旗。

委員會從貌貌總統手中奪得統治權，而後者一個月前從「仰光屠夫」盛倫（Sein Lwin）將軍那裡奪得權柄。盛倫本身在更早之前一個月從尼溫將軍手上取得權位；強人尼溫一九六二年開始獨裁統治，緬甸從議會民主政治體制變成一黨獨大的國家，導致國家每況愈下。尼溫七月辭去緬甸社會主義綱領黨主席，因為軍隊三月間攻擊大學生抗議活動造成死傷後，全國示威潮無法視而不見。然而，他發表告別演講時，忍不住恐嚇說：「軍隊如果開槍，一定會朝著人打。」屠夫與國家恢復法律和秩序委員會落實了他的威脅。

八月間有上百萬人抗議，貌貌在掌權二十九天期間承諾舉行選舉，國家恢復法律和秩序委員會信誓旦旦地說，會履行選舉承諾，甚至暗示會回到多黨政治。競選活動很公平，姑且不論當局實施戒嚴、全民聯高層已經遭到監禁：全民聯副主席丁吳被送去勞改，祕書長翁山蘇姬被軟禁。不過，軍方支持的政黨一敗塗地，即便是在黨員眾多的地區。開票結果刊登在政府公報。委員會看到慘敗程度大吃一驚，不承認選舉結果。委員會一個月後宣布，這次選舉只是要選出制憲委員會代表。全民聯成員為主的當選人抗議後，被打進大牢。

緬甸政局從此每況愈下。

十八年後，也就是前一年十月，阿偉帶領大批青年黨員退出全民聯，以抗議看守共同主席們毫無作為。三位主席是八、九十歲的退役軍官，大家覺得，他們氣吁吁地在芒果園度過晚年，對國家還比較好。全民聯最積極的領導人物——如果他們不是仍然分散在邊疆的監牢、遭到軟禁、流亡、不堪騷擾而被迫退休，或者去世——過著有如逃犯的生活：電話遭竊聽、行動被跟蹤，突然有人上門問話是可預見的情況，即使排定的突檢時間無法預測。他們如果獲准開會或規畫黨務，全民聯的活力或許能撐過領袖消失的漫長荒蕪歲月；舉世皆知，他們的領袖是一九九一年諾貝爾和平獎得主翁山蘇姬。緬甸國內媒體不准提到她的姓名，民眾直接叫她女士。阿偉和大部分年輕人則喜歡叫她阿姨。

很少人被軍事執政團愚弄。軍方寬容翁瑞（Aung Shwe）擔任全民聯主席、吳倫（U Lwin）擔任共同祕書長，其實是故意打壓，有如將死動物製成標本展示。由於沒有反對意見，加上阿姨二〇〇三年第三度被軟禁後無法和外界聯絡，翁瑞將黨冷凍五年，禁止從事公開政治活動、禁止與其他反對團體接觸。或許他只是試著搶救四肢殘缺的身體，用機器維持生命，直到——新的活力時刻來臨。

然而，即便其他黨內大老一再遊說，他拒絕讓任何全民聯成員以黨的名義參與二〇〇七年八月和九月的街頭抗議——袈裟革命——緬甸人自一九八八年軍方統治以來首度集體抗議。僧侶最後接下抗爭的棒子，成千上萬的他們頂著光頭、打赤腳走上街道，形成紅色河流。可是，他們沒有策略，沒有收官方案，也沒有政治計畫。阿偉確定一點：翁瑞的消極心態害他們輸掉革命。

阿偉說：「你知道我們的感受嗎？」反應敏捷的他一時語塞。「我們是領導角色的黨，你知道嗎？我內心感受無法言傳。你知道，我們做了不少。」他指的是：軍政府二〇〇七年八月中旬大幅調漲燃油價格後的初步民間反彈、暗中鼓勵僧侶抗爭、滲透群眾鼓動他們擴大抗議。「我們祕密地、小心地進行，投入很多時間，現在卻必須躲起來。」

全民聯在全盛時期擁有兩百萬名黨員，約占緬甸人口的二十分之一。但這個數字只是正式登記的人數，名字、身分證號碼、照片、住址記載在護貝卡上，而且他們是在國家恢復法律和秩序委員會奪權後民不聊生時期加入的。後來，將領們在不同職位上調動，於一九九七年把國家恢復法律與秩序委員會改成國家和平與發展委員會。不過，軍方箝制全國反對意見的做法未變。一九九〇年之後的二十年間，緬甸不准進行民意調查，沒有明確辦法可掌握沉默大眾的意見走向和消長。每當阿姨和她的副手得以自由行動，群眾聚集爭相目睹，足以顯示他們的實力。全民聯影響力持續不墜的另一個更有力證明是，當局千方百計抹黑或打壓他們。

這段期間，全民聯成員真的流失或在政府捏造的新聞剪報中減少，而且全民聯設於民宅和小屋的全國兩百多處分會勒令關閉、鮮明紅色看板腐朽之際，位於西大金塔路的「牛舍」有如附著力強大的藤壺般屹立，對於宣稱擁有法老王那種統治權的軍政府，不啻痛苦的眼中釘。

二〇〇八年發生一項重大變化，此局面在緬甸政治是常見現象，但造成全民聯重創。年輕黨員放棄不尊重大老、大聲說出挫折感的溫和做法，選擇直接反叛。袈裟革命過後一年多，翁瑞做了一個小決定，青年黨員開了一次會議之後，一百零九名年輕男女黨員退黨。這對全民聯非常不利，因為他們花了二十年、經歷一波又一波逮捕，才重新建立一支實力足夠的青年軍。

外界很少人明白，這次退黨並非向軍政府投降，不是從此和反對運動一刀兩斷。二〇〇八年十月十七日美國大使館以電文回報華府，「會密切觀察，青年退黨是否為單一事件，或是該黨內部更大分裂的開端」；反對運動向來就有個人歧見造成裂痕的前例，這次是黨員罕見、明顯地表達近期不滿。事件發生在全民聯舉行十多年來第一次會議之後幾天。二〇〇九年四月二十九日，仰光美國使館再度回報華府，全民聯即將出現內部危機：三十名黨員，包括十五名在一九九〇年無效選舉中當選的黨員，聯名直接要求主席下台。

相對而言，這是不重要成員的行動。但在政治異議團體被迫隱藏內部運作機制的世界，阿偉的退黨行動揭露成員對老一輩消極政策的不滿與日俱增。這項行動反映緬甸民眾的想法。全民聯對一九九〇年的選舉念念不忘，讓民眾逐漸失去耐心；那次選舉已是陳年往事，新世代年輕人已經出生、長大，對當年選舉根本沒印象。

退黨行動的真相是，年輕人獲得銷聲匿跡的機會，深入半祕密的地下非暴力革命活動空間；這個空間裡至少有六個經常變化的團體，各團體的策略詳盡程度、對制度的記憶、擁有的跨國資源不同。阿偉和夥伴因而得以避開辦公室那個馬蜂窩。辦公室永遠充斥告密者，而且和他們自稱代表的城鎮、鄉村民眾反映的草根民怨脫節，雖然他們十九年前贏得永遠無法行使權利的選舉。民主政府是他們追求的虛幻夢想。不過，那是貧苦的民主：如痲瘋病散布在仰光巷弄、演變成貧民窟的殘破景象，向外擴散到稻田之間、乾枯平地上的農村，直到南部海岸線，以及像鉗子從東北部往西延伸，與孟加拉、印度、中國、寮國、泰國交界的高山。任由貧窮籠罩每個人，阿偉想到就覺得荒謬；然而，這又像他喜歡的黑色幽默，因為這個笑話的主角是他們，正如現在。

不過，阿偉今天有他的理由再度到辦公室。他打算召集零散的異議分子到永盛（Insein）監獄大門前守夜抗議。這不會是最具爆炸性的抗議，能動員六個人就很幸運了。爺爺——溫丁（Win Tin），全民聯多年的軍師——會頭頂雄獅鬃毛般長髮、身穿招牌藍色囚服跟他們站在一起；他離開之前十九年被監禁的永盛監獄後，就拒絕脫下囚服。這位鼓吹革命的長者，透過阿偉仔細保護的手機向外國記者說些精彩言論，或是將群眾集會的清楚照片上傳網路讓外界看到，不論機會是大是小，消息必定會傳回緬甸。如此做，是為了展現他們和阿姨站在同一邊。

阿姨：領導地位無人挑戰，無所畏懼的精神不屈不撓，當天在永盛監獄受審。她被控違反軟禁條件，因為有個美國觀光客五月三日游泳橫渡水草翠綠的大湖到她的別墅，並在那裡過夜。她的審判閉門進行，偶爾允許外國使節旁聽，過程具備常見不公正司法系統的所有特徵。但這次審判時機安排巧妙：阿姨的第三次軟禁原本五月二十七日屆滿，距離不速之客造訪並不久。大家在茶館後面房間或自家廚房打賭，賭的不是當局是否會放她一馬，而是會判她再度軟禁多久。

阿偉從充當避難處的編輯部現身，走到變暗的街頭，腋下夾著一本最新期雜誌。兩邊人行道上的攤子，坐滿吃晚飯的客人，麵湯從碗中濺出來，咖哩餃在油鍋裡滾動。發電機噗噗作響動起來，震動的電線輸電給掛在榕樹上或椰子樹上的鹵素燈泡，因為這個人口將近五百萬的都市二〇〇九年仍然沒有穩定的國家供電，即使這個國家的天然氣和外海原油蘊藏豐富，具有水力發電潛力的河流奔騰。

他滿腦子想著明天為阿姨舉辦的守夜——他很快學會如何自然地將各式成員，包括資深的叔叔和他從華埠啤酒屋吸收的年輕人，透過Gchat與使用化名的外國前革命分子結合——總之，他想到自己崛起的成績而分心，直接走向穿著不好看便服的男子，對方因為留在街頭長時間等待，表情更難看。

等候他。

阿偉腹部如挨了悶拳，奔向另一輛公車，然後跳下車，轉搭第三輛。那名特務每次都緊隨不捨。

甩都甩不掉。顯然，阿偉終究是個值得追捕的獵物。

他和對方搭訕。

他攤開雜誌說：「你看，這是我的文章。」他的意思是，你看到沒？我不是政治人物，只不過是個像你努力賺錢的規矩人。我的老闆在全國民主聯盟工作，不能怪我。

特務回應：「你們全民聯這些人，念了很多書。」語氣中或許有一點佩服。

他說的不容否認。全國民主聯盟的主管一向是律師、醫師、地質學家和公務員：緬甸城市知識分子的精英，因為受夠了尼溫將軍統治四分之一世紀的國家一落千丈，因而放棄工作、社會地位、看著孩子長大的平靜日子，付出自我犧牲、坐牢、受刑求的危險代價；他們抱持對未來的虛無夢想，但無緣活著目睹這個未來，至少下輩子之前看不到。

不過，阿偉壓抑住魯莽態度。

公車算不上特務和異議分子貼身對峙的新奇場所。這也不是阿偉第一次遇到這種情況。

一九九八年，也就是超過十一年前，他第一次到全民聯的時候就遇過。他挑的那天和任何日子一樣好——甚至更好，對於即將大膽進入政治圈的人而言，因為當天是個紀念日。當天是革命紀念日。一九四五年三月二十七日，翁山將軍的緬甸獨立軍起義對抗日本軍隊；日方當初承諾協助緬甸脫離英國統治，卻展開更蠻橫的占領。

軍政府已經將革命紀念日改為軍人節。遷都到奈比多之前，三月二十七日是首都舉行年度閱兵的日子。那天的閱兵是自我慶祝、自鳴得意的活動，只有軍人或聯邦鞏固與發展協會（ＵＳＤＡ）成員能觀賞；協會有兩千六百萬名成員，是軍政府的社會組織。

軍政府主席、陸軍總司令丹瑞大將在那一年閱兵的演說表示：「唯有國防軍強大，國家才會強大。」這句話來自大城小鎮巨型紅色看板上最常見的標語。

他說，「為了未來的團結」，必須「與政黨或組織對話」，已經不再提「粉碎、消滅」破壞分子的八股說詞。觀察家將這一新鮮說法解讀為軍方向全民聯遞出橄欖枝。事實上差得遠。翁山蘇姬要再等六年，軍政府才和她展開實質對話；但軍政府第一把交椅丹瑞封殺副手和她幾乎談妥的協議，對話隨即中止。

在西大金塔路的全民聯總部，或是那一年在大學路五十四號的阿姨湖濱別墅，民眾聚集舉行莊嚴肅穆的紀念活動。分析家隨後指出，這種場合是全民聯最明顯的生存跡象：一個人民的政黨，不是反對黨而是準執政黨，萎縮到只能舉辦週年紀念活動。

至少，他們有一連串演說，有幾百人聚集。阿偉可以融入人群，不引起注意。如果他無法透氣，可以溜出人群消失。當時，他還沒有理由懷疑自己從此開始承擔的工作，然而，謹慎提防的態度，像是說話小心、隱瞞事實，是出生即養成的自然想法，以擊敗困住自己造成不滿的制度。

每當有活動和支持者聚集，當局就動用大量攝影機，以鐵絲網封鎖現場道路兩端，並出動好幾卡車的軍人和鎮暴警察。想通過管制線，必須提供詳細身分資料：名字、身分證號碼、住址。一旦提供，就代表你進入無法匿名也可能無法退出的政治運動。

阿偉隨後受到跟蹤。就像今天，一名特務跟著他登上回家的公車。剛成年的阿偉六神無主。他無法控制胃裡翻攪的緊張。他後來遇到其他類似場面，次數多得數不清。這種遭遇是日常生活中較大、較可悲的震撼和煩惱，慢慢形成永遠被包圍的心理狀態。不過，沒有任何感受比第一次遭遇更強烈。他的內心留下初吻、初戀般的深刻印記：在他涉入政治令人顫抖的第一天，有名特務把他當政治人物跟蹤。

當然，事後證明，他只是自己嚇自己。那名特務對他有如丟棄的水果皮，興趣缺缺。他在下一個路口下車。阿偉後來明白，他不過是結束值勤下班。

多年後，阿偉會對那次經歷莞爾，原諒自己當時嚇得僵住了。他會說：「我們不一定要被抓，但在精神上，我們已經非常疲憊。」

不過，這樣的好運不會第二度降臨。

接下來要去哪裡，毫無疑問。

換成別人，在這種情況下可能選擇前往遙遠的鄉下：或許會去東北方的蘭達雅（Hlaing Thayar）找至交亞瑟。在那裡，破爛房屋擠在紡織廠、肥皂工廠和汽車零件廠周遭，貧民窟綿延不絕；一九八八年軍事政變後，軍方重新規畫，只提前三天通知，就把亞瑟住的社區所有居民用卡車載到這個滿是泥濘的地方。他或許會往北走，到北歐格拉貝

（North Okklappa）投靠朋友尼哲的父母。那裡是另一個擁擠的城鎮，因為上一批軍事執政者異想天開的都市重劃而誕生，垃圾散落的小路兩旁布滿茅草屋。

阿偉在班杜拉大道（Maha Bandoola Road）有一個藏身處，位於一個九階彎曲階梯的上方，入口勉強將一間印度香飯餐館和書報攤隔開來。除了無法避免的密集蜘蛛網，房間有人住過的唯一痕跡是塑膠瓶散落地板，其中幾個瓶子快塞滿菸灰，另外就是一疊收折整齊靠窗擺放的草蓆。窗戶朝東，可眺望蘇雷（Sule）佛塔周邊街道建築物破舊的屋頂。他把藏身房間稱為*Nandau*——王宮。因此，他領導的異議分子就以充滿挖苦意味的王宮當作藏身處代號。

這個房間已證明有用，因為被特務跟蹤並非需要地方安身的唯一緊急情況。諾布揚（Nobleyan）和多多（Doe Doe）的處境，是使用藏身處最常見的理由，他未來可能招募到的人也適用。諾布揚和多多的父母發現他們這段期間放棄工作、念大學、隨波逐流過安穩日子的機會，投入政治工作，因而興師問罪，他們一再被迫搬遷住處。做父母的聽到風聲，立刻把子女趕出家門，並斷絕經濟來源。不是每個年輕的異議分子都像阿偉這麼幸運，擁有具備叛逆精神的父母。

不過，現在前往王宮，顯然無異自尋死路。法律規定，每位公民要向和平與發展委員會地方分支機構登記外宿資料，特務會認定住在王宮違法，構成立即逮捕的條件。

至於三言兩語說明就願意讓他躲到家裡、等待跟蹤者離開的人，阿偉倒認識不少。

不管知名或沒沒無聞，他們分布在遼闊的仰光各個角落。他的友誼網觸角蔓延全國各地，延伸到他當初透過信任的朋友、信任的朋友信得過的朋友接觸過的人；有些人他沒見過，只知道化名叫「Brilliant.nation@」、「wewill_win2007@」、「RuskinJ@」或「Williamhazlitt@」。這些電子郵件外號和化名可以提供數十個安心躲藏處，還能讓他飽覽維多利亞時期哲人的大部頭著作，這些老舊書籍是少數仍能擺在緬甸書架上的珍品。

然而，當局也有自己的情報網。如果地方首長或區域官員根據線報或一時興起，決定在某個社區臨檢有無未登記的訪客，亞瑟、尼哲、他們的父母和手足、無法預料人數多寡的晚餐吃便飯客人，每個人都可能被拘留兩星期，還可能遭到屢見不鮮的勒索。他絕對不能讓他們承受風險。

那麼，回家鄉吧。雖然這樣做的風險幾乎少不了多少。

好幾百人認識他，包括河對岸的達拉（Dala）、通往盾迭的運河沿岸窄路上所有住家。大家認識他，是因為他選擇的職業，他有時急忙拋開工作做其他事，卻沒有明顯理由、似乎沒完沒了、無法衡量相對嚴重性，都是積極參與政治的必然現象。

如果他的行動和造成的後果直接由他承擔，首先要提的是，他是盾迭子弟。附近有幾十張他認得出的臉孔可在緊急關頭求助，運氣好的話，或許能想出辦法。這樣做是賭博，但勝算不小：鄉親會保護在地子弟，尤其當眼前情況涉及國家侵害的話。大多數人平時因為恐懼而忍氣吞聲，不代表他們不會挺身而出，假如時機到來。這樣的假設是非暴力革命的希望所繫；這裡發生過五、六次抗議，以及數十起規模不值得地方單位往上呈報的小衝突，證明這個假設成立。

可是，地方當局也認得他。如果魯莽走錯一步、操之過急而誤觸必定存在的陷阱，加上當地權力食物鏈有數十名告密者、警察，去路可能被擋住。

如果走到這種地步，他仍有辦法脫身。一向如此。

不過，有個念頭揮之不去，特務會在天黑前離開……

在特務走之前，他至少可以堅持自己的說法：他去年十月已經真的公開宣布退出政治。面對脅迫，面對送進拘留所後連續四天遭到二十四小時審問的情況，說盡量逼真的謊言，可提供最有力的不在場證明。

搭公車繞行四十分鐘，沿路看遍街頭生活景象、荖葉攤、炸餅小販，看到一大群男女身穿龍吉徐徐走過平緩道路下班之後，他跌跌撞撞地抵達平日這個時段會去的地方——木棧碼頭。

碼頭位於斯特蘭路（Strand Road，即岸邊路）盡頭的泥地和椰子樹後方。在斯特蘭路上，偶爾有三輪車夫踩著車快速滑過龜裂、破敗的殖民時代建築，這些老建物幾乎無法抵擋半世紀的熱帶溼氣，加上政府疏於維護——仰光的悲劇。通勤民眾成群走在鐵軌上，這個時候的鐵軌，主要角色是白天攤販丟棄損壞農產品、動物內臟的垃圾場。臨時設立的電視觀賞區，已經吸引第一批收看當晚足球賽的觀眾。在前方，候船木屋、幾艘渡輪的龐大陰影豎立，左方一道泥濘斜坡尾端有十幾艘小船。

他隨著眾人走進木屋，找到一張空著的長椅用力坐下，又跳了起來，點燃香菸猛吸，然後將濃煙朝窗戶吹。

河流躺在窗外：它可能為他開闢自由的通路，也可能像堵牆阻擋他迅速逃進市區。在對岸，達拉沒有幾盞燈火閃爍，那個破舊、雜亂的城鎮幾乎被叢林吞噬。

他不必轉身，也知道特務跟著他。對方盯著他慢慢走，邊講手機邊鑽過等候下一班渡輪的通勤者。他如果跟著阿偉過河，將無法甩開。阿偉會很難依賴小巷和藏身處躲避，或隱匿在群眾當中。他必須想個法子。

他又點了一根菸。

對於上班族和白天勞力工作者，現在是從都市返家的尖峰時刻。雖然思緒紊亂、木屋裡鬧哄哄，他無法避免聽到身旁兩名年輕人的對話。

「你先走，喝杯飲料等我。我去找女朋友，接著就回去。」

「不行，不行。不要騙我。你不回去怎麼辦？我會有麻煩。我跟你一起去找你女朋友。」

「不行啦！在達拉等我就是了。」

「我不相信你。如果你不回去怎麼辦？」

「我發誓會回去！可是我要先去找女朋友。」

呼。

「好啊，我陪你去。」

「不行！你等我就好！」

妙的是，阿偉認得他們。阿偉和他們並不熟，如果在仰光市中心相遇，頂多點頭打招

他插話：「嘿，怎麼了？」

第一名男子表示，那天是他生日，要朋友在達拉一間用防水布搭的簡陋酒吧請他喝一杯啤酒慶祝。第二名男子的情況——根本不清楚。他似乎有個女友，先去找她可能會讓他樂而忘返——他堅持，只去一下子——而他的朋友堅持要有人陪或有人請喝酒；或者，他對朋友約會後回去找他的機率缺乏信心，就像神明當下顯靈的機率。

阿偉提議：「這樣好了，朋友，我陪你喝一杯，一起等你朋友約會結束回去如何？」

如果時機適合，阿偉有辦法立刻博得他人好感。不過，這是一項會騙人的天賦，很可能被尼哲等較不易被打動的相識者指控為「操弄」。當下對阿偉更有利的是態度堅定的外表，他的態度些許來自於新夥伴大概知道他是盾迭鎮上護士的兒子、受過不錯的教育。這意味著他喜歡玩樂，懂得如何享受但不會捉弄你。只消看一眼，你就能確定他不是鎮上的混混，也不是傻瓜：貌似紈褲子弟的叛逆者，身穿帆布長褲和印有搖滾團體圖案的T恤，而不是穿傳統的龍吉和燙過的襯衫。

阿偉說：「現在解決了。去吧，放心，去找你女朋友。」他的架勢有如習慣發號施令

而非接受指示的上位者。

他們甚至可能知道他是異議分子，意謂他的定位可能介於勇敢和愚蠢，視他們的肯定程度而定。可是，如果他能投入大多數人不敢碰觸的瘋狂奮鬥，那他可能靠得住，會在喝酒的地方待一或兩小時。

就這樣，他再度運用小技巧，為自己爭取到一些時間；這種小技巧已成為他初露鋒芒、臨機應變活用政治的理念基礎。當局絕不會想在擁擠的啤酒屋抓他。這是不正常大體制中的一個更怪異現象：在大庭廣眾之下逮捕一名普通人，似乎完全不恰當。特務們不喜歡引人注意，寧可輕敲前門拜訪、突然拍肩膀叫人停下來。

跟我們走，他們會說。我們有幾個問題要問，只有幾個。不會花太多時間。

他們通常選擇晚上。

阿偉當下面對的問題是，要放棄仰光龐大市區的擁抱，還是依賴鄉親的掩護躲避地方官員積極查緝。控制鄉鎮和村落一向比較容易。自認為重要的想法會讓官員更賣力。

然而，逃亡需要其他人配合。和本能一樣，逃亡是有備無患的事：以累積的經驗和知識為基礎，提升為根據直覺動如脫兔，不受理性慢慢思考的束縛。阿偉逃脫的能力經過長期琢磨，就像他的本能。他自己並不知道，可是當時機到來、恐懼降臨，他逃離辦公室、跳上第一輛公車，接著轉搭第二輛、第三輛公車，然後混入碼頭附近的人群，肌肉緊繃地等待，用眼角餘光注意追蹤者的一舉一動——在那當下，阿偉如何隱匿的構想並非預先規畫的策略，而是獨一無二的臨場發揮。

❦

因此，阿偉最後坐在達拉一間酒吧，與不熟的人喝了一杯啤酒，又喝了第二杯；對方模仿阿偉的做法，與點頭之交的人攀談，幾輪下來，一群不熟的人坐滿整桌，他們不是為了暫停喝一杯聚集，而是為了和監視者比耐力的難得機會。

情況是這樣的：

大部分夜晚，他坐船渡過遼闊的黃棕色河面，遠望仰光參差的屋頂逐漸模糊，可以伸出拇指遮住時，他會做夢胡思亂想。他的國家，充滿矛盾的國度，是個多年來欣欣向榮的民主政體；翁山蘇姬，那位女士、阿姨，從未被軟禁；他是個企業人士，在仰光辛苦開了一整天的會議後，要返回盾迭的家。

小船劃過滿載木材或稻米貨船引起的波浪，或因波浪顛簸時，阿偉會短暫假想自己不是政治圈人物。在那瞬間，他是自由的，就像自己的國家和阿姨一樣：不是精神層面的自由，不是冥想後超脫變幻無常的七情六欲的自由，而是未肩負不可能實現使命重擔的年輕人那種自由。在那瞬間，他被注入馬達班灣（Gulf of Martaban），接著流往安達曼海、印度洋，以至更遠世界的河水被帶著走，他可以漂走，幾乎任意漂流，沒有煩惱繫絆。

每個夜晚，這種美夢在達拉河岸的爛泥中夭折。他把夢想像菸蒂扔掉，不多想，丟在他僱用的小船上；幾分鐘前，他用揉成一團的五百元緬幣鈔票，在仰光碼頭僱了一艘小船。況且，航程並不夠長，即使他真的想沉浸在美夢的細節中：服務的公司、負責的業務，以及盾迭家裡的現代化享受，而不是貧困的現實。不再想起這個夢，或許直到明天晚上來臨，在他又上了一天開放大學的課之後。他在英國大使館文化組上課，那裡有冷氣，照明即使很少不中斷仍堪用；還有水管，意謂水不是來自水井和水槽，而是打開水龍頭就有。

然而，今晚沒有美夢，一如碼頭沒有小船。特務不管機率大小，不管他必定是無名小卒、一隻蚊子、一個送信小弟的可能性多小，就是不放過他。今晚，他和一個希望喝一杯慶生的年輕人一起登上渡輪。他通常討厭搭渡輪，無法忍受要在舷梯推擠牛步前進、上船後又要在對岸下船，因為要走在頭頂大袋紡織品、手牽手慢慢鑽的婦女，或是扛著汽油桶、整箱瓦城蘭姆酒（Mandalay Rum）的男子後面。他不喜歡大家以無精打采、慢條斯理的生活節奏前進，即使萬物短暫，輪迴的生命仍以無趣的固定步調前進，直到結束。如果可以，他會跳下舷梯，在小船被潮汐沖上的泥地和石頭間跳躍，三步併作一步上樓梯，搶在他們之前離開碼頭，成為候客的大批計程摩托車的第一個客人。

不過，耐心可能是今晚通往自由最保險的道路。

其實，時間一向是民主運動可以依靠並獲益的因素。反對派和軍方不同，不禁止任何人參與，不因信仰、膚色、種族而有差別待遇。大部分異議人士是因為某些規定和自然日常生活方式互相扞格，引起小小不愉快，小心翼翼走到門檻後進入政治世界，或誤打誤撞進入。一個沒有意識型態、沒有民意基礎，但有禁止事項和小規定的政權，是它本身最大的敵人；它的禁令和規定將社會所有層面政治化，涵蓋藝術、農業、商業，也涵蓋全國八九%人口心目中仍然認為是國家精神支柱的佛教出家制度。思想本身被新聞檢查和自我審查、互相猜疑和長期恐懼汙染，變成戰場。每個不滿意見，不論多小，都變成反抗行動。

他走向未鋪柏油的停車場另一頭的啤酒屋，選張桌子點了第一輪啤酒。他的新朋友四肢攤開半躺在座位上，表示非常滿意。

阿偉說：「你可能會覺得回家比較好。」

「你說啥？為什麼？」

「看到那傢伙沒？他是特調組的。」

「搞什麼？」

「我被監視了。」

對方臉色發白。啤酒送來了。他沒喝，也沒講話。

阿偉說：「別擔心，我會負責。」

走吧，他的眼神說。我能理解。

那名年輕人不發一語坐著。他隨時可以站起來離開，完全不會被連累。

最後，他終於開口：「阿偉，你應該一開始就告訴我。」

沒錯，他應該先說。可是，懊悔已經來不及。特務一定撥了電話給同事。阿偉可以認出三名或四名特務在外頭打轉。其中一個似乎正在打量啤酒屋內有無空桌。

阿偉說：「嘿，我有個點子。我們來開個玩笑。」

這個想法可能源自當地人的頑皮心態。對於新手而言，它也可能來自一個更有智慧、備受愛戴的人物——阿姨的啟發；阿姨能徹底看清，制度的荒謬處讓大眾隨時莞爾，包括通常具有傳染性的陣陣大笑。

還有一個曾經想給阿偉全世界的人。阿偉試著不經常想起他，因為他幾年前消失了，想起他就會喚起失去的所有感覺，喚起他們家埋藏的全部傷痛。不過，阿偉常在笑話中提到他。即使只剩最後一隻手和腳，他還是能拿來開玩笑。阿偉說笑話的時候，如果他說笑話，他把來源歸功於一名虛構的叔叔。阿姨和這名並非虛構叔叔的男人，是影響他的兩大要素，兩人都有本事在不確定的時刻拿最令人恐懼的事件大開玩笑。阿偉學習他們的急智，學習其他眾多個人或國家英雄的諷刺文章和黑色幽默言語，使畏懼和椎心刺骨的悲傷像兒童玩的彩色氣球般消氣。

阿偉說：「既然我們被監視，我們把能叫的朋友都叫來。」

年輕男子露出微笑。讓每個被吸引來的新旁觀者大吃一驚，就像被潑水節的水球砸到，確實很有趣，即使有點戲謔。開這種玩笑不會很難。碼頭旁的天然地面停車場，如同岸邊貧民窟的露天廣場，他們從座位上可以看到不少點頭之交的人經由達拉返回盾迭，這時候還有整天在仰光叫賣檀香小飾品後回家的灰頭土臉頑童。

「喂！」他們向第一對認得的路人叫喊。「嗨！」

其中一人揮手回應：「你好。」腳步沒有停下來。「我們要回去了！」這是出門的人典型的寒暄。除了：

「留下來！喝杯啤酒。」

「真的嗎？」

「沒錯，一起喝！」

兩名年輕通勤者進到店裡。他們延後的事無關緊要，像是可能煮過頭的咖哩晚餐、和鄰居們在水井旁洗衣服時七嘴八舌聊八卦，以及在夏日尾聲的高溫中經由爛路顛簸四十分鐘回家。

「你們坐下來之前——我要告訴你們——我們被監視了。」

「你說啥？」

「我的天！」

他們站著愣了幾秒，然後坐下。一旦加入開玩笑行列，他們和起頭的兩人拉了另外一對朋友進來。接著，六名要回盾迭的年輕男子——必定是男子；未婚女性朋友若被人看到出現在啤酒屋一次，名節就毀了——又拉了幾個人。每當來者屁股剛要坐下，阿偉就提出警告。每一次，他們聽了都愣住，往下坐到一半的身體停住，立刻彈起來罵髒話，有的還說震驚和恐怖的話。每一次，他們最後還是坐下來，屢試不爽。圍著阿偉築起堡壘，固若金湯。義氣十足，集體向特調組警察扮鬼臉。

這種團結的態度讓阿偉感到窩心。他不必說感激。他也說不出來，即便他嘗試。或許，有朝一日，他們都會在盾迭鎮中心鐘樓附近的芒果樹下，圍著威士忌坐著，把整個過程當成他們共同做的傻事一笑置之。有朝一日，抗爭結束的時候。有朝一日，他回去醫學院念完書，在鄉下開一間診所，和一名美麗女子安頓下來，過著充滿笑聲、新鮮螃蟹咖哩在煤炭爐上煮滾冒泡的生活。*有朝一日*。想到這，他心頭刺痛，因為他又想到未來，隨著日子過去，他越發知道無法成真的未來。

對於剛加入的人，被捕在所難免。他已多次逃過被抓的命運，太多朋友和更重要的同志已經不幸被捕，而他的好運多用了一次。最慘的時期出現在他剛加入政治活動的初期，當時黨重新活躍，再度嘗試重建縮減的陣營。阿姨會臨時決定快速前往新成立的地方青年黨部，總是和跟蹤她座車的特務玩貓捉老鼠。由於經常有人被捕，而且每個新黨部啟用儀式後有人被捕的現象永遠不出所料，阿偉開始以壞消息配早餐。多年後，他會這麼說：「這就是我們早餐吃的。這就是我們的早餐。」因為每天早上，他們不是吃街角茶坊買的魚湯麵，而是把濃茶倒入保溫瓶，然後打開短波收音機，收聽英國廣播公司、美國之音、自由亞洲電台緬甸台，依賴遙遠國度的流亡者獲知發生在自己附近的消息。這是聽到昨天失蹤名單的最明確方式。每天上午，名單上會多了一個剛加入青年黨部的年輕人，而且來自他們的小組、他們的社區——在晚間被抓。

現在不行。還不行。要做的事太多了。

曾有人問起，他政治生涯最重要的時刻，他回答：「對於我們的奮鬥，每個時刻都很重要。我們必須每一分每一秒都嘗試。最重要的時刻就是當下。」

至於他的年輕夥伴，他們似乎全心投入。每個人各就其位，製造噪音和混亂，對集體演出自得其樂。

在候船木屋脫隊、逗留仰光找女朋友的男子終於出現。

他說：「嘿！我可請不起全部的人。」

阿偉笑得露出牙齒，說：「別擔心，我請客。一起喝。」

這個年輕人照著他的話做，拉了一張椅子，和大家擠在一起。

阿偉仔細觀察他。他有點彆扭，大家把受到監視的晴天霹靂消息告訴他的時候，他跳了幾尺高。

阿偉靠上前去，皺眉說：「你不是真的去約會，對不對？快說，你上哪去了？」

阿偉施展的惡作劇、說的玩笑話、做的幼稚舉動，總是凌駕抽菸提神的嚴肅場合。引起哄堂大笑後，他可以馬上正經八百。這是極權統治下的另一個遺緒；他這輩子不斷看到自己身邊在乎的人士消失，因此他的肌肉、精神永遠緊繃，像貓隨時準備躍起。他的這種轉變現在足以讓對方吐實。

對方實話實說。

那名晚到的男子承認，他不是去約會。他沒有女朋友，賣大麻的倒認識一個。

阿偉說：「把它扔了。馬上扔掉。去，去碼頭那邊，把它扔到河裡。」

「不行！」年輕男子說，那是高級貨。很難買到。尤其在這一帶。它很貴，要花好幾個星期的薪水。

「沒錯。可是——你看那個男的。看到沒？還有那個。你也想坐七年牢？」

對方從椅子上跳了起來。對著潮溼空氣罵髒話。原地打轉，邊罵邊哭。他朝地面吐了一口唾液，這是無計可施之下最後也是唯一的自尊心表現，然後穿越停車場奔向一團黑的河流。他背後以防水布搭建的啤酒屋爆出笑聲，像碎玻璃般四射。

天色已經全黑。當天最後一班渡輪已經返回對岸，在城市腳下的大片黑影中咿呀作響、矗立。仰光現在發出一半有燈光、一半不亮的大都會光環，抗拒本身的可怕、內在腐敗。它和距離一小時飛機航程的現代化曼谷南轅北轍，有如雪白紙張上的一點黑墨。不過，它曾是輝煌的城市，曾經是首都，即使在目前，也仍向外擴展，舊建築和較不舊的建築交雜。將領們竟將國家的進步置於死地，放棄國家的都會中樞，撕毀歷史，嘗試在北方兩百五十英里處從零開始。有了奈比多——位於全國中央的不毛之地，二〇〇五年起成為新的行政首都——他們建立了清楚的未來遠景；這個未來由他們的裙帶關係人士和中國承包商設計，有玻璃帷幕大樓、空蕩蕩的八線道公路，以及似乎全面防止街頭巷尾生活、人際互動、社會進步的蠻橫想法。

不過，仰光即使被拋棄，永遠不會死亡。

從達拉凝視，仰光似乎是現代的化身。在密集的街道和彎曲小巷，在狹窄次要道路和兩側傾圮石雕房屋掛滿曝曬衣物的巷弄，在路邊布滿風沙的塑膠瓶回收者棲身之所，在防水布底下的廉價影印店，要跟丟一個人該有多容易。人行道隨時生氣蓬勃，宛如有人把這個都市裡外翻一遍，白天有占用小面積的攤販和活動小販，晚上則有茶坊、小吃攤和走動時掀起些許風的人群。

數百名瘦巴巴的當地人坐在街角簡陋茶坊，吃蒙幸嘎（mohingya）魚湯麵當早餐，或晚上喝威士忌閒聊；市場中散發腐爛味道的木造倉庫旁，婦女們忙著將蒼蠅趕離她們賣的食品、內臟或凌亂蔬菜旁，每天採買的人潮洶湧；要在這個充滿活力的混亂環境中引發某些行動，該有多容易。

要鼓動他們集體燃燒，重複幾世代之間五、六次嘗試推翻政權一再失敗的街頭抗議，該有多容易。

不過，阿偉知道，失敗是相對的。

在這裡，旁觀者清。長期密切觀察，過濾另一個人生命中的場景，分析此人生命在一個更廣大運動和更長時間當中的情況——綜合起來，它們營造出史詩般的奮鬥主題，這在歷史和文化洪流中屢見不鮮，包括猶太人在馬薩達（Masada）寧死不屈、第二次世界大戰期間的法國反抗運動、近年在開羅解放廣場（Tahrir Square）扔石頭的抗議民眾。勇氣、命運：這兩個浩然的詞壓在脆弱、難逃一死的人背上，或許太重。然而，在芸芸眾生之中，我們找到英雄，將他們從死亡的原野挑出來，把老朽骨骸拋到地上，可是讓一個沒沒無聞、尚未倒下的士兵挺立、奮起成為象徵，當作人類本性的天使，提醒自己，如果遭到欺侮，我們會回應。在背景殘破的宵禁寂靜中，在獨裁黎明的深灰色天空下，會有人像老鼠偷偷溜出去藏匿，然後展開戰鬥。有人——不是你或我，而是他，那個單純的男孩，他或許不比其他人更特別——會聽到召喚。你放心吧。儘管低頭放心在早市賣你的東西。為你女兒的多層便當盒裝咖哩料理，幫你的破車加配給的汽油。

要知道，有人肩負你的所有希望，不論他外表多平凡。

The Rebel of Rangoon

# 2 尼哲 Nigel

尼哲是都市貧民窟的孩子，他有難得的機會受教育，讓他能夠更明確診斷、訴說自己對社會的不滿。他能把自己社區的日常不公、獨立後未能落實的議會時代承諾，與普世人權的語言、其他國家類似的爭取自由奮鬥相連結……

## 二〇〇九年六月二十六日，晚上八點

*跟我們走，他們說。我們有幾個問題要問，只有幾個。不會花太多時間。*

他們沒給他上手銬或套頭套。這倒是第一次。不論是他還是坐在旁邊的佼佼（Kyaw Kyaw），都沒被上銬或套頭。佼佼把頭垂在兩膝之間。

他們把兩人塞進一輛其貌不揚的車。那輛車破舊，已有二十年歷史，每個條件都很普通，除了沒有懸掛車牌。總之，當時是晚上。當然，他們必須等到晚上才行動。仰光入夜後是個黑影眾多和能見度交雜的世界，鹵素燈照明下的物體線條分明，光線零星散射到漆黑處；明亮處之間只有黑暗、野狗、感覺像被符咒鎮住的寂靜。

他巴不得已經登出Gmail帳號。他巴不得確定自己已經清除資料，沒有讓計畫、政治想法、所有聯絡人曝光。他從不在電子郵件中說太多。沒有人會這樣做。電郵內容簡短、和交易有關。不過，任何起疑的人可以過濾尋找箇中涵義。裡面有會面時間的安排、建議構想、施工中學校的照片。還有以密件抄送，標題為「嗨，我想你」的電郵，附加文字檔檔名寫補貨，但其實是新聞稿。它們甚至可能包含他先前一、兩個溝通對象的身分資訊。他的電郵通訊錄上，所有魚目混珠的化名中，留在網咖電腦螢幕上的thebrightnation@是最敏感的一個。

管他的。有時候，你必須接受進退維谷的局面。幸好，他們發現藏在電腦後方、他腳下的布袋之前帶走他。袋裡的資料足以（應該說比足以還多）讓他坐牢七年，或是十五年——天曉得。

總之，他現在死定了。他在警車裡被這個念頭重擊。他如此篤定，自己也意外：他死定了，情況不會更糟。他們現在可以為所欲為。想到這裡，他稍微放鬆。這個念頭給他解脫的感覺。從恐懼中解放：太好了。這對他有幫助，會讓他保持堅強。

自我領悟經常以這種方式在尼哲心中湧現；真知灼見在緊急時刻靈光一閃，告訴他自己的本質、為何自己會在那裡、自己的目的。他領悟之前，未先思索一番、未先宣示個人理念或深切反省，對自己要做的事業不是未卜先知；他無意間才發現自己想做的事業。

從這層面來說，他活在當下，為所應為。這是好的業力，善有善報，不必後悔。這代表他可以心如止水，而這種平靜植基於堅定的自我價值，意謂是非分明，他知道自己夠堅強，可以做該做的事。為何如此，他從未質疑。他只知道，自己所知的東西足以傳授所有人。

尼哲會說：「我從不操縱別人。我只是說到做到，言行合一。就這樣。在朋友之間。所以，他們相信我，我們之間的信任更穩固。」

事後來看，他當天上午在辦公室教英文課之後，他們一定就開始跟蹤。下課後，他坐了很久的公車回陀邦區（Dawbon）的斜頂木屋看妻子；陀邦是貧民區，位於布戎道（Pazundaung）溪對岸，原本是仰光的垃圾掩埋場，街頭看得出不重衛生的跡象。尼哲夫妻一直住在巷子裡的木屋，旁邊就是無法完全淹死熱帶雜草的死水，他們過著有一餐沒一餐的生活，除了共同夢想，別無所求。不過，夢想無法填飽肚子，也無法用來付醫藥費。她一琴桑達溫（Khin Sandar Win）那天已預約看醫師。她現在懷孕七個月，卻日漸消瘦。她一直瘦巴巴，即便初次瞥見她時，感覺她有如雕成絲質達敏（htamein，女性沙龍）的完美女性的幽靈。可是，她最近變瘦的現象令人擔心，而他就是無法籌到錢讓她接受檢查。有一瞬間，他不得不承認，當初勸他不要結婚的人或許說得對。即使在順利的日子，他也無法盡到社會要求為人夫者做到的基本責任。

她不需要安慰，甚至不想要別人安慰。她的堅毅值得許多更強壯的男人學習。她認為，是她讓他造成自己懷孕，就算這是件好事，他必須承擔讓兩人過好日子的加倍重擔。如果她有他的技能，如果她像他念過一點書，她也可以教書。撇開這個不談，她對抗爭的貢獻需要另一種工作，但不是她現況允許的工作。他們的處境短期內也不會改變。她的母親天一亮就到市場賣東西，尼哲的母親在辦公室和仰光另一頭的貧民窟忙碌不已，要照顧新生兒的琴桑達溫想找到工作更加困難。

親了她一下之後，他下午兩點半離開住處，飢腸轆轆，但下定決心：帶著向朋友借到的醫藥費回來，不論有多少錢，並帶回足夠他們撐到週末的食物。琴桑達溫用適當的材料製作一些寒酸的魚餅。此外，她需要剩下的稀薄咖哩中的肉和脂肪。尼哲早就習慣不吃早餐和午餐，但他運動員般的結實體態未受太大影響，因此在身邊骨瘦如柴的人當中鶴立雞群。

然而，向學生借錢是另一回事。他很少為錢教書。重點是繞過出售學位的教育系統，並將他學到的「傳授」給最需要的人——窮苦人、貧民窟的人、草根的男孩和女孩，他們的資質和學習熱忱不輸人，但無法以語言和文字表達原始的道德本能。他要吸引基本開課人數，從來不困難。他不費吹灰之力就廣受歡迎，甚至吸引聯邦鞏固與發展協會地方主管的姪子；他偷偷告訴父親，很佩服尼哲在數百位抗議僧侶和安全部隊於大金寺劍拔弩張對峙時展現的領導能力。那是二〇〇七年九月二十六日的事，袈裟革命開始受到鎮壓，而那名聯邦鞏固與發展協會主管無意間洩漏，他們接下來要抓尼哲。當天，軍隊和鎮暴警察開始以棍棒和催淚彈驅逐抗議民眾，突襲寺廟，逮捕一卡車一卡車僧侶和涉嫌抗議的平民。尼哲因為獲得警告，在軍車開到他家附近之前片刻逃離市區。這個情況顯示，百姓在隔閡的國家與人民兩個陣營之間的抉擇，永遠不容易評判。

他的學生為了學外語而來，因為他的理念留下來——他讓學生練習單字和文法時，將國家實際情況融入練習題目，表達想法和挑釁言論，不管方式含蓄或較直接，並藉此促使所有學生開始思考。最優秀、最外向學生的反應有如他們已經燒起來。你可以從他們侃侃而談猜到，他們是異議分子或理念相近者的子女，在家裡可能嘗過以開放態度討論的滋味。其他人沒必要多開口。學生微笑、眼睛突然一亮，他覺得已經足夠。面對一個要求死背的教育制度、面對通常認為小孩不要好奇比較安全的父母，不是每個人都能在一夕之間建立信心。況且，膽小也有好處。那名坐在角落課桌的常客眼神犀利，身體直挺挺有如吞了一把雨傘，可能是個告密者。或許，只是有可能，他便祕得很嚴重。

不過，猜疑就像野生竹子一樣頑固，在四處蔓延之前無法箝制。很少人到了青春期還未養成被跟蹤的獵物那種多疑害怕心態。挑戰之一，是協助他們找到妄想症和適當自我保密的平衡點。

尼哲受的教育不比家教老師多了多少，他自己爽快承認，自己的英文流利程度頂多是比家教老師多背幾頁《牛津學習辭典》（*Oxford Learner's Dictionary*）。他受的教育，在他走出去見識以往不知道的世界之前，主要是理解北歐格拉貝垃圾為患的水溝，以及貧窮街道淪為垃圾場的模式和習性。北歐格拉貝是三輪車夫和市場攤販聚居的北區，自從軍事看守政府一九五八年創造它以來，開始殘破的狀態幾乎未改變；看守政府將七萬四千六百四十七人強制從仰光市中心搬遷到此地，當時市中心占地而居的人數，是這個數字的兩倍。

尼哲在北歐格拉貝出生、長大，直到他結婚搬到南區的陀邦；這裡雖然微不足道，就他學到幫助很大的視野深度。他是都市貧民窟的孩子，永遠不會忘記，即使多年以後，就像現在，他不會把自己當作幸運兒。他是在英國文化協會（英國大使館文化單位）上課的全國民主聯盟學者，有難得的機會獲得教育，讓他能夠更明確診斷、訴說自己對社會的不滿。他能把自己社區的日常不公、獨立後未能落實的議會時代承諾，與普世人權的語言、其他國家類似的爭取自由奮鬥相連結。老一輩政治人物的演說和阿姨的演說就談論這些。

他聽得、學得越多，更加知道要學習更多關於世界的知識。不過，一切都會回歸到北歐格拉貝，人類所有痛苦、緬甸所有停滯不前層面的縮影。

他發現，他的本事是鼓勵他人。他上課時以個人當實例，並以有幸短暫從更高處觀察世界的學長熱忱教導。如果說，他的課堂保有一絲傳統的尊師重道態度，他也鼓勵學生發言，以便教室充滿不同的聲音，將參與式民主的基本觀念灌輸給學生。

下課後，他會拋開煩惱，和一些學生、幾個朋友，以及佼佼、他的弟弟喝一杯。佼佼兄弟不是有錢人，但是他們有工作，即便是不值得炫耀的工作。他們有錢可借。他會還錢給他們。他不知道如何或何時還。他們知道他為人誠實，已經足夠。一盤炒玉米粒剛端來，他就不客氣地開始狼吞虎嚥，而全桌的人今天被高談闊論和一輪或三輪緬甸冰啤酒淹沒。他很少注意特務是否逗留身旁。隨時監視的做法司空見慣，他對他們存在的感覺就好像不斷在咖哩食物上飛舞的蒼蠅。因為：整天等著被抓——等一早上、等一下午、等到晚上——有如投降。這無異讓毒藥慢慢滲入，認為你自己無法為群體做有益、實際、重要的事。這如同絕望地舉手投降、放棄。對於尼哲而言，放棄個人自主權和獨裁一樣沒道理。

佼佼和尼哲提前離開聚會回去工作，也就是到網咖。他們坐下來，展開漫長過程：撥接上網、停電、跳過畫上紅色粗線和無法存取的網頁迂迴瀏覽，利用代理軟體將搜尋項目透過雪梨從杜拜傳出去，或者今晚透過馬來西亞從新加坡傳出去，取決於哪個代理伺服器未被官方侵入、關閉。緊貼在一起的電腦，發熱震動引人昏昏欲睡，每有拒絕存取的訊息從印度、中國或東南亞國協會員國傳來，正好可眨眼幾次。東南亞國協企業在這個區域組織的「建設性交往」政策下，找到無數創意十足的機會和西方選擇迴避的政府做生意。

一小時過去，他的加密電子郵件好不容易在另一次停電之前傳出去，而結束工作的時間到了。陀邦很遠。他必須趕上最後一班公車，否則必須冒險不登記外宿。佼佼的弟弟會爽快同意他借宿。他們的友誼已經夠深入。不過，既然他現在有一些現金……

接著，突然有人拍他的肩膀。

特務說：「跟我們走。我們有幾個問題要問。」

來了兩名特務。尼哲馬上認出來，他們來自辦公室對面的小屋。他們也要帶走佼佼，他正聚精會神地盯著附近的電腦螢幕。

尼哲沒問他們為何抓他。他未露出驚訝表情。沒有反抗。反正抵抗也徒勞無功。他們如果要抓你，就會找上門。接下來的情況有公式可循，以四天為原則略加增減。說得明確一點，情況比較像沒完沒了的一天，像龍吉那般沒有縫隙；一整天看不到太陽或月亮，不能睡覺、不能吃喝、不能躺下來，不能做任何事，除了挨打挨罵，「坐飛機」、「坐摩托車」，學女人跳瑟敏瓦舞（semigwa）旋轉臀部、扭轉手腕；看他們高興從刑求目錄裡挑哪個彎曲身體動作或姿勢；當你無法再承受，當你的肌肉累垮或意志開始軟化；當你失禁，或渴得求他們讓你到戶外廁所，好從便器舀尿喝；當他們開始威脅你的母親、生病的父親、你所有心愛的人，直到你再也無法分辨自己是否絲毫偏離抵擋機關槍似盤問的腹案——那麼，你除了出賣別人、招認、供出名字，別無他法。

他知道例行程序。

偵訊時的刑求和屈辱方式，到現在已流傳了幾代，在異議分子世代、情治單位世代之間相傳。第一號人物二〇〇四年整肅第三號人物，整個軍方情報機器隨之瓦解；軍方監視機制分割成六個較小的單位，理論上永遠無法完全恢復以往功能；這些都沒有影響。西方以一波又一波制裁打擊緬甸，不斷加強擠壓軍政府未多加掩飾的國際承認渴望，也沒有影響。知名外國非營利組織接二連三發表刑求報告，沒有差別。國際紅十字會來了又走。政治犯現在能在牢裡閱讀。不過，舊式偵訊方式揮之不去。

車上還有三名特務等著。他有心理準備，他們會進入網咖。他預期特務會在他們兩人的座位附近搜索，檢查他們的螢幕，至少會逼網咖管理人交出他們的電腦資料。如果多了半分鐘，他可以把布袋提把踢到桌下更進去的地方、刪除搜尋紀錄，檢查確認自己未留下痕跡，然後關機。至少他會無法責怪自己未做到最後一點。特務可不等人。況且，網路太慢了。好像便宜線路、電力供應全面不穩定、比較適合散發腐臭味原始雨林日常節奏而非現代都市發展的惱人高溫構成的干擾還不夠，不是天才也會發現，網路整天慢吞吞和疑似有人進行反政府活動相關。

有時候，特務將整個區域斷電，用意難以捉摸。可是，你可以看出這樣做的好處：乾淨俐落，減少訓練足夠網路間諜以滿足需求的必要。他們如何監視，外界向來不完全清楚。最好直接假設，他們就是辦得到。監視的方法多不勝數。理論上，每家網咖都強制安裝監控設備。早期有些鍵盤據說會記錄密碼；桌上型電腦每隔五分鐘擷取螢幕畫面；螢幕方向調整得讓人容易從旁偷窺；攔截傳送資料的間諜軟體。傳播局（Directorate of Communication）最近要求業者每個月呈報使用者紀錄，包括日期、時間、螢幕截圖、所有造訪網址的紀錄。郵政電信部（Ministry of Post and Telecommunication）的指示改變，以推動網路普及為重點，但他們的宗旨不變：遵守規定，不論現在的規定如何，否則面臨「依照現行法令」撤除執照及處罰。顧客受到警告的方式古板，每家網咖牆上都貼有褪色、快脫落的影印公告，可能位於以筷子固定的一束老舊電線下方，提醒他們，嚴禁為了政治目的使用網路。尼哲不想牽連網咖管理人員，不過，永遠有人會違法。至少他可以宣稱他的動機正當。

貧窮，他這輩子經常遇到的情況，是個狡猾的朋友。要透過兩個由國家控制的網路撥接服務業者上網，規定嚴得難以通過，因此大多數網路使用者不申請私人帳號，而是利用網咖。網咖收費低廉，但每小時緬幣兩百元，相當於美元三角，對於貧民窟小子而言仍然高不可攀。他可以把基本上網知識教給任何人，幫助他們突破網路封鎖，或找到數十種新方法反制通訊管制，但他的兄弟姐妹連網咖的錢也付不起。除了少數對西方科技存有幻想的人之外，沒有人會認為網路是草根動員的工具。目前為止，這個以竹子和茅草搭屋、人口介於五千四百萬到六千萬人的國家，號稱約有三十萬名偶爾上網的網路用戶。但這不代表網路不是一個尚待充分運用的新戰線。

在此同時，上網需求提供了一個罕見的成長產業。近幾年來網咖方興未艾，造成相關單位頭痛。不遵守官僚規定的人通常熟悉科技、有生意頭腦，被網咖的商機吸引。要擠出利潤，意謂業者必須提供代理伺服器讓客戶繞過管制。這是使用Gmail、Gtalk或任何自由搜尋引擎的唯一管道。由於仰光市內網咖數量暴增，監控業者是否守法越來越難。因此，特務機構最近只能提報可疑網咖用戶的名單。

尼哲或許剛好名列榜上。

他根據管理人員的整體傾向，仔細挑選網咖。他對這一帶比較不熟，因此相信佼佼的選擇。可是，挑選網咖永遠像賭博。有時候，你只能聳聳肩放手一搏。網咖管理人員當中永遠有告密者，緬甸永遠有某個地方發生神祕的炸彈攻擊，以及為方便交差而抓的嫌犯。如果每個陷阱都觀察得太仔細，根本無法做事。況且，就最後一項而言——二〇〇八年六月，聯邦鞏固與發展協會一間辦事處發生爆炸，引發異議分子幾星期內暫時集體逃離仰光——他有幸和後來成為妻子的迷戀對象在小客棧獨處三天。

阿偉或許知道可去哪家網咖。實在可惜，他們最近處得不好。他很靈敏，可分辨真的同情和純粹應酬假裝同情的人；說應酬話是市內較有錢人發展友誼的共通點。這也是磨練、造就阿偉如此具有創意的部分因素。尼哲的個性比較平實。在尼哲眼中，阿偉是最厲害的生意人，永遠有許多電子配備、拿最炫的手機，能突然變出大把現金，像個永不缺錢但深知有錢能買到恭敬的人那麼略帶傲慢地無憂無慮。

因為如此，或者因為認為彼此存在差異，兩人好幾個星期沒講話。他們無法或未能真正開誠布公地討論——四個月之前，一趟祕密前往泰國湄索（Mae Sot）的行程，終於讓兩人個性和做事方式的長期摩擦顯露無遺。

他們上一次見面的時候，尼哲千辛萬苦邀請阿偉和另外兩名年輕異議分子，與一位美國記者見面。他挑了皇家湖（Kandawgyi Lake）湖畔一家既大又空的餐廳，在那裡，唯一的聲音是牛哞和雨珠落在寂靜翠綠草地的聲響。即使是服務生也似乎懶洋洋，不想偷聽他們談話。不出所料，阿偉遲到四十分鐘才匆忙趕到，每隔幾分鐘就接聽手機，但仍有辦法針對每個問題提出簡明答覆主導對話，最後送記者離開。尼哲和其他人沒說半句話就消失，天生低調和特意隱匿兼有。

然而，如果走狗也找上阿偉，即使他再狡詐，也來不及關閉電腦。他每次上網都同時和五個人透過Gchat聊天，用的是五個化名，而且使用的Gmail帳號很多個，多到其中一半的用戶名稱記不住。不過，他無疑還是會聰明地把手伸到桌下，將插頭直接扯掉。事後想到這一點，尼哲應該這樣做才對。

可是，特務從來不會逗留在網咖內。這代表他們不認真，或是上級未在行動之前詳細說明，也有可能是階級和教育程度太低，和普通街頭遊民一樣對網路的諸多用途所知無幾。可能原因有幾個，但大致說來，他們對他掌握的把柄有限。

他們顯然也對佼佼知道得不多，有點讓人意外。尼哲原本以為，他們是為了佼佼犯罪而抓他：他擔任緬甸民主之聲（Democratic Voice of Burma）地下記者的祕密洩漏或留下線索被查獲。其他人受到脅迫時可能把他供出來。當今的緬甸民主之聲記者幾乎比政治人物更容易遭殃，因為他們有使用電腦設備的需求，要傳送大量資料。

而且，有許多新聞要記錄，有許多報導要上傳並送到國外：二〇〇七年的革命當然要傳——他們竭盡所能利用手持錄影機，捕捉僧侶在街道上形成壯觀的紅色洪流並高喊口號，或蹲在封鎖線之前祈禱，而士兵拿槍指著他們的影像——接著發生捺熄革命之火的暴力鎮壓。不到八個月後，熱帶氣旋納吉斯導致嚴重傷亡，幾天後舉行新憲法的公投。此後，還有各種紀念日和大大小小的侵犯人權行徑要記錄。

爵爵（Kway Kway）從事某項工作、某項報導已有一段時間，會一次離開仰光好幾天。他隨身攜帶攝影機。他太有錢了。他還不如在胸口別一個寫著可疑包裹的標章。

特調組警車顛簸前進。

尼哲不知道他們往哪裡去。他不知道為何被抓。他的身體緊繃。他的心跳聲太大。車上每個人都不發一語。他在沉默中思索自己要說些什麼，要保留什麼。

佼佼知道哪些事情？比他的弟弟少。尼哲的電郵內容，是的。幾分鐘前，他們共看一個螢幕。他們傳了一封共同郵件給緬甸民主之聲編輯。而且，佼佼知道一點……

不。這樣想沒道理。

車子突然一偏。

他可以看到朋友的眼睛就好了。他可以交換兩人同心的動作就好了。

突然間，他感到一片平靜，感到自己死亡。他的胃不再糾結。

他不知道為何如此。他並非不再具有責任感。他對學生有責任感。對國家有責任感。他從骨子裡具有責任感。他對妻子的責任感最強烈，那個像牛皮般堅韌、像堅決戰士的妻子。

她很快就會知道消息。打幾通電話，就會讓人幾分鐘內起疑。爵爵沒接電話，有人會打給他的兄弟杜倫（Thu Rein）。杜倫會說：沒有，爵爵還沒從網咖回來。幾分鐘後，另一通找尼哲的電話得到相同答案。這會在臨時密友系統，只限於異議運動朋友的非正式圈子引發一連串詢問電話，直到半夜甚至更晚，取決於那晚的風險程度。如果聯絡對象重疊，消息傳遞很快；假如他們夠機警，消息傳遞速度會快於走狗找上他們其中一家或其他家的下一次行動。

接下來，要和例行模式賽跑：他們必須在四天內全部散開，因為這是走狗讓逮捕對象崩潰招認的平均天數。沒有人願意想到這件事——做好接受偵訊的心理準備。可是，沒有人，即便是最堅強的人，能夠預測自己是否會崩潰。

又遇到坑洞。他身子縮起來。這是自然反射動作。他的意志沒有退縮。他的意志沒有退縮。

僅僅一星期前，手機聯絡對象之間流傳著一個謠言，說尼哲在搭車回家路上被捕。他當時並未多想。現在，他覺得謠言很諷刺——可能是他們之中的告密者設計，看他會怎麼做、會見誰、接下來會去哪裡。

仰光的黑暗形體在車窗外混成一團模糊。

不論逮捕他的原因為何，罪名屬實還是子虛烏有，是他經由一些事件自做自受。抉擇的責任落在他身上。皮肉痛的懲罰落在他身上。不論接下來如何，他絕不招供，或出賣另一個人。

車子轉彎，朝北西北走。但是開去哪？去永盛監獄？還是小巷中的溼冷拘留所？

他們有充分權力可打斷他的肋骨，再把他扔到傳染病橫行的牢房關數十年，牢房遠到他的妻子無法每三個月探監一次、每次十五分鐘。他們可以輕鬆省事，直接把他殺掉焚屍，以湮滅他被打傷的證據。這不會是他們第一次這麼做，對這樣的小人物不是第一次。光是最近幾個月，琴桑達溫就有三個朋友於羈押期間喪命。他們和她在袈裟革命期間一起被抓，送到變成大規模拘留中心的賽馬場，其中兩人在偵訊過程一命嗚呼，距離她被電擊的地點只有幾步之遙。她聽說，第三人在瘧疾為患的勞改營待了幾星期後死亡，因為他要挖岩石或扛軍事設備，卻只有餿米飯果腹，且經常挨踢，只能呼吸熱空氣。講到這，傳聞阿偉的父親也……。

不過，想這些事情，只會為尼哲已經無能為力的情況逐漸憔悴。會被情緒糾纏，陷入恐懼、絕望和不切實際的期望。接受他的死期並不能帶來安慰，無法假裝結果絕不悲慘。死亡——自找的——是滅失本體的必經過程。自我意識，對於外在享受抱持的幻想——要吃飽、要穿暖、要被愛、要盥洗，讓人感覺生存有目的——全部消失。留存下來的是單純的靈性，在宇宙之間、在不同世持續變化的本質，再度出現的一閃即逝生命，不斷改變外型，以另一樣貌出生，再活一次，直到或除非它達成涅槃的圓滿。

佛陀的教誨用來因應日常生活中的打擊，從未比這更適當、更巧妙。尼哲在他被捕的那一剎那運用緬甸這片土地的智慧，從內心自我了斷，讓他變得——堅不可摧。

我是政治人物。但我是個死人。他怎麼殺我？我是個死人，他殺不了我。

他筆直地坐在椅子上。

「你做什麼工作？」

我不害怕。我相信自己的理念。

房間陳設簡單，大小只夠擠進九個人。

我是個死人，他殺不了我。

他把目光集中在其中一人身上。

「你為什麼學英文？」

他們沒有任何把柄。他們掌握的不過是垃圾。

「你為什麼要學英文？」

我認為我做的事正確。

他們有八個人。四人在他正對面一字排開坐著，連番發問。有個人制服肩上有三顆星。

「你做什麼工作？」

有人站到他背後，敲他後腦杓。另一個人搧他耳光。

就要這麼開始。他必須立刻阻止。必須另想辦法。

他目光繼續盯著那個人。只對著他答覆問題。他感覺平靜，思緒清楚，極為堅強。他的感官似乎變敏銳，可聽到房間外其他門開關時的摩擦聲，聽到圍繞頭頂燈泡飛舞的蒼蠅揮翅聲音。

「你爸媽做什麼工作？」

他們不喜歡他的答案。他們逐漸不耐煩。又一記耳光。

尼哲盯的那個人制服肩上有三顆星。這代表他是高階軍官。他不必動手，不想碰到他。隔一段距離觀察的態度更具權勢。尼哲可從他雙眼看出來。

「你為什麼學英文？你在哪裡學英文？」

尼哲對三顆星的說：「請告訴他們不要打我。如果他們打我，我什麼也不說。」

他的聲音中沒有怨毒，沒有懇求。除了對旗鼓相當對手的默默尊重，他未表露情緒。

「如果他們這樣做，我不說半個字。我從來沒做過犯法的事。我是老師。我肩負社會的責任。你知道，那不是我的工作。那是國家、當局的工作。你的工作。」

他感覺到他們暫停，彼此交換眼神。他們似乎——令人驚訝地——震驚。

他的說法一定有些部分非常有說服力。理論上，他們之中沒有人能否認。將領們一向覺得有必要為民主施口惠，這代表在實務上要服務他們以人民之名統治的民眾。一九六二年以來每一次，以及一九八八年以來他們一再重施故技的是，強詞奪理、扭曲事實，每次承諾都變卦，竊取民脂民膏。可是，他們除了宣稱自己是領導國家走向「管理式繁榮的民主」的看守者之外，從未提出其他名義。後來的每個政治里程碑都名正言順：一九九〇年的選舉；以召開制憲會議為由否定那次選舉結果；阿姨的車隊二〇〇三年在德貝殷（Depayin）遭到政府支持的單位血腥攻擊後三個月，並非出於巧合宣布的「管理式民主七年路徑圖」；即便一九八八年國家恢復法律和秩序委員會的奪權行動本身也是，委員會取這個名稱是為了在回歸議會式民主之前讓國家安定。這些說詞都是幌子，毫無意義，說法和做法自相矛盾，再傻的人也看得出來。

不過，前一年以來，有些人主張（而且相當有力），如果軍政府說到做到，至少有朝一日足以讓緬甸擔任東南亞國協的主席，時機再恰當不過。新憲法在二〇〇八年五月的舞弊公投中通過。官方說法口徑一致，說要在二〇一〇年某個時間舉行選舉，二十年來的第一次選舉。接著，新憲法將生效，隨著憲法實施，新的兩院制國會、十四個區域議會，以及行政、立法、司法理論上的分立，將會上路。軍政府，也就是國家和平與發展委員會，將一致交出權柄（如果不是實際的人事）給事實上的文人政府。至少計畫上是這樣。

不過，即使尼哲異想天開，他也不會認為自己是第一個用他們的說詞反駁的人。即便審判在監獄祕密進行，受審者火爆的臨別想法、沉默不亞於雄辯的景況仍會傳出來。大哥們，一九八八年的學生領袖，就是因此聞名。大約半年前，他們因煽動二〇〇七年袈裟革命被控二十二項罪名，他們當中幾人直接轉身背對監獄的法官；他們每個人被關一年左右之後，法官終於勉為其難展開審判。不管是偵訊時還是其他時間，閣閣吉（Ko Ko Gyi），他們厲害的軍師，喜歡指出，所有警察局前面都有寫著「熱心服務」的招牌。爺爺——溫丁（U Win Tin）——曾一針見血地說：你無法輕易擊潰被反對運動吸引的那種人，或打破值得為了捍衛人類尊嚴和自由而犧牲傳統生命的理念。幾乎每個政治犯——至少那些不承認失敗、未崩潰、未死亡、未發瘋的人——都有桀驁不馴的故事、意志堅定不移的時刻，在孤獨、私下對決「法律」的黑暗中發光。琴桑達溫從永盛監獄獲釋前幾小時，還吐口水罵髒話，完全不在乎自己是否因為死到臨頭還堅持正義，而錯失提前釋放的機會。典獄長警告她閉嘴，以後不要談監獄裡的情況，也不要談她自己的遭遇，她仍在出獄當天黎明向他大聲說不。她絕不會妥協或簽署聲明放棄所有政治工作的的表格，換取走出永盛紅色大門、回到殘破世界的門票。她吶喊：「你們只能抓我。你們不能鎖住我的嘴巴。你們不能關上我的嘴巴。」

「你在哪裡學英文？」

尼哲回答，重複他知道他們已經知道的答案。

他教英文，是的。他告訴他們，說了第二次，他在鼎鼎大名的溫奈（U Win Naing）家教班學英文。沒錯，在列丹岔路（Lhedan Junction）教書的溫奈。尼哲靠獎學金上家教班。如何拿到獎學金？因為他努力準備考試。

他其實不算說謊。不過，他只說了皮毛而已。他一向很小心。

他表示，教書是道德責任，這句話帶有宗教意涵。他們沒有權力阻止他教書。假如大家成天擔心被抓，對他們不是好事，對群體不是好事，對任何人都不好。如果，照他們說的，他們想要民主，那麼他們必須允許大家參與政治。他們必須讓大家有參與的誘因。「你們說要帶領國家走向民主，卻禁止民眾參與政治。」

他們不再打他。他們顯然允許他暢所欲言。

幾小時過去，他的頭腦變混沌。

說出你爸媽的名字你做什麼工作他們做什麼工作你在哪裡學英文你為什麼學英文？

問題按照劇本重複問，就像佛塔玻璃櫥窗裡的機械小人偶；小人偶沿著木製軌道滑行，單調地重複演繹《本生經》（*Jataka*），也就是佛陀未成佛的前生故事。

他應該感覺眼皮黏在一起。如果他察覺自己睡著，會猛然醒過來。他曾這麼做，很多次，很多個夜晚。在他記憶所及，他可以像貓控制睡眠，連續一星期幾乎每晚熬夜，凌晨小睡三、四個小時，有何後果以後再說。他母親責罵他彈吉他、聊天、上網到附近公雞啼叫才上床的習慣，不知罵了多少次。他是否獲得巔峰時期身為空手道選手磨練的生理特質協助？在那段已成往事的時期，他能結合自律和極為精準的生理和心理控制能力，真的擁有成為前途無量職業選手的潛力。

還要多久？偵訊人員輪番上陣，有時三個人，接著換四個人，再回到三個人。他們沒有任何證據。不過，他們不太需要證據。對他們來說，證據是製造出來的。可是，萬一佼佼招了什麼……

「你覺得翁瑞怎麼樣？」

尼哲立刻精神一振。「我很喜歡他。他很賣力，也很誠實。他的策略很好。」

「翁山蘇姬呢？你對她的看法是？」

「我也喜歡她。」

「吳倫呢？」

「他也不錯。他們每個我都支持。因為全民聯為國家，也為你們努力——全民聯為你們所有人努力。」

全民聯為你們努力。

他喜歡想像，自己的話在他們心中引起共鳴，另一番實話在那些多年不能思考、錯誤資訊的牆壁上刮出細痕。一日為異議分子，終生為老師。

他們提的問題可以預測。拿全民聯領導階層挑釁是標準做法，以便測試被羈押者的政治熱衷程度。偵訊者一向喜歡問被羈押者對翁瑞、吳倫，也就是軍官出身、現在擔任全民聯看守領袖的看法；翁瑞、吳倫被認為及時冷凍全民聯，發表一連串沒有力量的聲明，讓阿偉之類似乎隨時準備革命的衝動成員大為光火。

他們能夠避開被捕而不是避免黨的活力遭到禁錮，背後是否有惡意，無法完全證明，但翁瑞和吳倫顯然是政府的安全牌。他們相當稱職，破壞了全民聯暗中策畫的潛在實力，軍政府不必以齷齪手段將他們剷除，因而不招致更多國際罵名。阿姨則是另一回事。尼哲的偵訊者可能心中暗地敬佩她，而且程度和百姓相同，如果只是因為她是大家的英雄——緬甸國防軍創建者翁山將軍——的女兒。不過，阿姨對現狀的威脅和夏季天空一樣清楚。成千上萬的民眾聚集在她身邊。他們不必以專家角度看全民聯複雜難懂的派系，或知道她的陣營向來能危險地吸引許多平民——藝術家、科學家、前共產黨員、學生——總之，同一批暴民一九八八年在全國各地暴動，二〇〇七年再度嘗試為亂，在軍方明確撤退到軍營之前，他們絕不停止。

因此，尼哲給他們廣泛的標準答案，他的整體說法還是其他言論都無法辯駁。意外的是，他經常發現他們其中之一或更多人臉上出現一絲慚愧。結果，他的懷疑和真實情況相距不遠。他們是單純的人，身陷更大的悲慘環境，不是因為他並非來自相同的窮困背景，而是他們沒有他那種機會，更沒有膽量看清制度的謊言，並採取相應行動。

他們顯然接受他的中性立論，或他的決心，或純粹佩服他能夠和他們講道理講到黎明。已經早上了。他撐過了第一個晚上。

他們把他扔到隔壁房間。沒多久，佼佼蹣跚地走進來。他們各拿到一碗餿水飯。即便他是個不怕咖哩當中有活蟲的貧民窟小子，他也沒有興趣嘗一口那玩意兒。

⁂

尼哲從來不對政治工作興致盎然。

其實，政治工作以前讓他反感，他最初的表態可能是，小時候就經常看到對抗不公義的衝動。政治只會帶來麻煩。因為政治，他和八個兄弟姐妹、父母擠在北歐格拉貝一條泥濘小巷的兩房小屋，被告密者和街坊管理當局包夾；當局幾乎把突襲檢查他們當作運動。因為政治，他們一家從來無法確定，現金能否支撐到買下一缸米。因為政治，他的雙親被捕，先被抓了一個，接著換另一個，起先被關一個月，後來變成關七個月，但釋放日期永遠不得而知，要等放回家之後才知道。他很久之前就放棄年輕人的自由自在，肩負起照顧六個弟弟、妹妹的責任。

換成另一世，換到另一個地方，尼哲可能成為廣受好評的優秀高中生，可能走上運動這條路，然後拿到企管碩士學位、從事金融業。可是，涉足政治導致的不公義，他父母不停以小角色參與爭取國家前途的大奮鬥，扼殺了射球神準少年根據志願剛成形的職業夢想。他一向知道大我利益的重要。不過，他認為，為群體貢獻的唯一辦法，是認真不懈、堅守人格。

如果那名少年和現在三十一歲的異議分子之間有一條線相連，他或許認為那是開創自己道路的長期渴望。他一直被出類拔萃的想法驅動。他每次考試都拿高分，一再獲得勝利之後，他喜歡向同學宣傳他即將拿第一名，進一步挑戰自己。沒有什麼比丟臉後的臉紅難堪更讓人專注。有一次，考試進行到一半，他的妹妹昏厥倒在教室地板。學生們慌了。尼哲抬頭，看了一下，然後埋頭繼續作答。他的冷漠態度讓所有人訝異。他不在乎。他不需要證明自己關心。她和平常一樣，演戲轉移焦點；實情是，她考前幾天不讀書，寧可和朋友嬉鬧、聊八卦。她唯一的策略是假裝昏倒。她運氣不好，更難獲得疼愛。

尼哲是那種讓父母寄予厚望但很少擔心的孩子。他母親懷孕期間夢到第三個孩子裹在白色襁褓中，由一名頭頂白色光環的聖潔男子交給她，這是好兆頭，意謂她兒子注定因上輩子行善而有好報。她幫他取名為奈敢林（Naing Ngan Lin），意思是「光明國」；這個名字按照傳統，結合了他出生那一天的字母，以及雙親希望他擁有的美德。尼哲是假名，是他後來為了方便外國朋友發音而取的。

不過，美德不是第一優先。祖母經常修理他，他還是照常挪用祖母要他跑腿買東西的錢，拿去看越來越上癮的日本武俠電影。要掌握每一招，需要順暢精準的動作和自律苦練，他看了著迷不已。他的雙親對祖母以老派方式處罰小過錯一笑置之，決定讓他認識空手道黑帶的家族朋友。

她的母親在優渥環境長大，是技藝純熟金匠的女兒；對於一個在大廟貼金箔做功德，把所得用於購買珠寶和貴金屬，而不是儲蓄現鈔的民族，金匠一直是收入不錯的行業。然而，尼溫將軍的傾社會主義國有化政策，將他們家的財產搶奪一空。後來，在中學時期，她愛上老師。那個老師也愛上她，他很正直，因此經常入不敷出。師生倆私奔，三十年後，兩人仍然展露瘋狂、不合宜的愛——他們孩子的來源。他們的政治理念也夫唱婦隨，在一九八八年示威潮和躲避軍方武裝巡邏艇不分青紅皂白地從河上砲轟北歐格拉貝之後，母親投身全民聯總部，成為婦女委員會中可靠的咖哩師傅。尼哲的父親在免費為貧民窟兒童上課，以及全民聯地方黨部的工作之間奔波。

問題是，他們有越來越大的家庭要養。他們的工作都沒有薪水，即使想過得好一點，全民聯的標籤也會讓雇主退卻。一切似乎徒勞無功。即便他以為自己毫不在乎，失意時寧可彈吉他，或為較瘦小的弟弟聶昂（Nay Aung）報仇，而在街頭打架或練習空手道，尼哲常被拖進、拖出全民聯地方成員的家；這些成員或許不見得懂深奧的理論，但對於極權統治的反感如假包換。他們對觀念較傳統家長可能無法接受的事務態度比較開明，家中的無政府狀態剛好大到一個程度，當一個十四歲的妹妹宣布她除了生理之外是完全的男生、拒絕穿達敏時，大家都沒有反應。長相秀氣的素琳（Suu Linn）一向好動，個性至少和兄弟一樣強悍，但同性戀不影響她的善良心地。不過——如果尼哲的父母一向認為自己與眾不同，敢大聲說出別人不敢說的話，而且不覺得在北歐格拉貝與勞工住同一區會丟臉（在這個社會，階級隔閡如同一星期吃兩次豬肉那麼不顯眼）——他們不知不覺給頭腦靈光的第三個孩子希望破滅的感覺。

大學於一九九六年之後關閉，當時尼哲剛好高中畢業，沒有什麼意願注意到這波學府關閉的原因，是仰光各地草根靜坐抗議，以及少數大學生的游擊型態示威。抗議者可能有數十人或數百人，有些曾參與一九八八年的示威，幾個是大學生，少數來自街坊。很多人只不過是中小學生。他們的抗議持續幾個小時。沒有獨立媒體可報導，沒有網路可將消息傳出去，甚至沒有人擁有手機和攝影機可傳播消息。況且，尼哲另有盤算。

原本是嗜好的東西，很快變成另一項挑戰。尼哲的空手道師父發現，他似乎過目不忘。看過一次電影後，他能夠相當精準地模仿片中人物慢慢蹲低、旋轉肢體，或突然猛揮上臂的動作。他把近四十個動作練得滾瓜爛熟。師父被徒弟的高超能力折服，開始把尼哲當作個人的百科辭典，依賴他學習招式較固定、有如舞蹈的日本古代武藝的眾多動作。尼哲接近高中畢業的時候，師父催促他參加漁業部甄選，然後接受一年中量級培訓，接著走出光明大道，拿到全國賽冠軍，並在東南亞國協運動會為緬甸贏得獎牌。

素琳、聶昂和他一半兄弟姐妹遺傳父親的瓜子臉，面貌清秀、有雀斑，頭頂紅髮，這種髮色夠罕見——大英帝國政府強迫他們接受人口普查之後，種族標籤具有形態學意義的話——顯示緬甸人可能具有某些北歐祖先混血血統。他和其他手足像母親，頭髮相對又濃又直，下巴方正，面貌比較接近偏遠山地民族——克倫族，甚至克欽族。有個弟弟有鬥雞眼，姐姐是個深眼眶美女；至於尼哲，成年後稜角分明，眼神深邃，有如看透世事無常的長者。他抹椰子油將頭髮分成兩邊，但前額的濃密頭髮老是不聽話，而他充滿超齡的自信，在穿著龍吉、不愛出風頭的普通男子之間鶴立雞群。加上他獲得的比賽獎牌與日俱增，他不費吹灰之力就擄獲妙齡女郎的注意。人生從來不會一帆風順，可是他盡情享受。

九九年九月九日來臨。深受尼溫將軍喜愛的數字九，在命理學上具有特殊涵義，而有四個九的日期，讓人聯想到八八年八月八日。當時，三月開始發動零星抗議的學生領袖，透過唯一的可靠新聞來源——英國廣播公司短波廣播，號召全國罷工。大家聽到了。一九八八年八月八日上午八點八分，碼頭工人離開工作崗位。幾小時內，每個大城市都有人跟進，至少一百萬名勞工、公務員、大學生、中小學生、僧侶和家庭主婦上街抗議；甚至警方和空軍也有一到三個營加入。入夜時，街頭血流成河。接下來好幾天，成千上萬人繼續靜坐或絕食抗議，或用汽油彈、彈弓攻擊，不怕配備機關槍的運兵車和狙擊手的火力，以及完全無人究責而日漸猖狂的安全部隊。

對於異議人士（其中許多是當初流亡保命的學生），十一年後遇到四個數字相同的日期，似乎注定適合舉辦新的「民主日」，希望能再度引發全國罷工，導致系統性、長期的改變。對於丹瑞將軍的軍政府，這是謬論。政府發布命令，安全部隊部署到路口，全國各地異議分子遭到拘捕以防事端。一九九九年尼哲的雙親因而進到監獄。他的母親甫出獄，旋即在另一波數百人被捕的行動中入獄；二〇〇〇年九月二十一日，她和阿姨一起在仰光火車站被捕，當時阿姨因為企圖前往北方的瓦城（Mandalay），再度遭到軟禁。

他父母在全民聯的朋友竭盡所能地伸出援手。雖然其他鄰居對他們避之唯恐不及，朋友們的熱心讓他大受感動。但還不夠。尼哲和一個弟弟在路邊販賣當作火種的松果。這樣還是賺不到足夠的錢，他和一個做翡翠生意的姊夫前往距離邊界不遠的泰國城鎮湄索，希望到血汗工廠工作。

最後，他在一家生產T恤的工廠找到工作；工廠也生產運動鞋、蚊帳和其他廉價紡織品——自從西方制裁導致緬甸境內紡織業大多倒閉後，開始在邊界另一端縫製這些產品。離鄉背井而突然變成無名小卒，讓他感到震撼。可是，工作本身很容易。他很快學會，哪塊布要放在哪裡縫。拉過布來、剪開、縫合，拉過布來、剪開、縫合。尼哲的效率和頭腦引起工廠經理注意，經理馬上發現有人選可以替換做事較慢的組長。幾星期過去，他已負責監督幾十名部下。但沒幾天，他被開除了。工廠襯衫不翼而飛。他的部下因為薪水太低、工時太長，能偷的就偷。他不願檢舉他們，反而扛下責任。

他回到飽受兩位數通貨膨脹肆虐的國家。二〇〇五年十月，國家和平與發展委員會將燃油價格提高九倍。接著，二〇〇六年四月公務員調薪十倍，以安撫那年被迫集體搬遷到新首都奈比多的不滿情緒。政府管制物價的成效，被經濟連年管理欠佳抵銷。基本必需品價格越漲越高，而燃油配給永遠無法讓民眾的發電機維持運轉，必須以更高價的黑市燃油補充。全國電力系統即使在最佳狀況也不穩定，每天頂多能供電一到三個小時給仰光居民，其他地方幾乎完全無法供電。同一期間，全國民眾需要的水力發電、天然氣、石油全部輸出到中國大陸和泰國換取可觀利潤，但民眾看不到錢用在失敗的醫療保健、岌岌可危的基礎建設或破爛學校，而是在二〇〇六年七月軍政府第一把交椅的女兒出嫁時驚鴻一瞥：價值五千萬美元的嫁妝、璀璨水晶燈和莊嚴奢華婚禮。婚禮錄影帶像色情片一樣在街頭熱賣。

年紀夠大、記得物資匱乏年代的人——第二次世界大戰結束後，議會時期土匪最猖獗期間，或是尼溫實施國有化後稻米短缺時期——抱怨現在的情況更糟。大眾的絕望似乎獲得數據證實，包括兒童生長遲緩、產婦死亡率、受教育年期減少，以及其他來源可靠的人類發展衡量標準，至少都不如南亞其他地區。聯合國開發計畫署（UNDP）將緬甸發展程度列為一百七十七個國家當中的一二九名，和天災頻仍的非洲中部、撒哈拉沙漠以南地區相當。

二〇〇七全年，工業區時有罷工；人權運動人士，或是八八年學生世代、也就是帶領一九八八年示威潮的學生會領袖，發動小規模零星抗議。學生領袖被分散關在全國各地十五年後，二〇〇四和二〇〇五年大批獲釋，二〇〇六年又進監獄，後來再度出獄，重新團結成緊密的社團。

為了再度激發社會大眾，並填補全民聯領導階層顯然不做事造成的空虛，他們發動一連串公民不服從運動，巧妙避開抗議引發鎮壓的窠臼。他們在大金塔舉辦「白色」祈禱，以宗教為掩護，號召民眾每週末穿白衣聚集，聲援政治犯。當局拿他們沒辦法。但後來囚服從白色改成藍色。

他們接著舉辦開放胸懷（Open Heart）運動。這項活動於二〇〇七年一月四日獨立紀念日展開，鼓勵大家寫信給軍政府一號人物丹瑞大將，把心裡的話暢所欲言。大家提供姓名、地址、身分證號碼，由於響應人數太多，連偏遠地區也不例外，活動截止日期不得不延長整整一個月。他們把兩萬封信裝箱，準備寄給奈比多的相關單位，以及奈比多的丹瑞將軍——詳細地址尚待確定——並把箱子載到仰光郵局。包裹離開不了岸邊路。值班的郵局櫃檯員工瞄了一下包裹，接著以看到三頭怪物的表情看他們一眼，直接在包裹蓋上黑色戳記。

罷了。至少他們蒐集到無法否認的民怨檔案。他們也冒險讓民眾為挺身捍衛自己的權益熱身。

幾個月後，軍政府在二〇〇七年八月十五日強勢摧毀民眾好不容易維持的日常生活。一夜之間，汽油價格調漲六七％，柴油價格調漲一倍，壓縮天然氣價格漲三倍。

一夜之間，沒有任何人有錢加油、維持發電機運轉、付公車車資，或在傳統市場購買三餐必需品。工作戛然而止。公共運輸停擺。民眾陷入泥沼，往下沉淪，而且沒有人救他們。每個人都受到打擊。最糟的是，他們再也無法滋養精神。沒有任何東西可以布施給每天上午列隊走過的僧侶，而托缽所得是僧侶們中午吃的每天唯一一餐的依靠。每天早上，在全國各地，披著紅褐色袈裟的僧侶們赤腳帶著微笑走動化緣，履行佛陀安撫人心的承諾，讓大眾心安，不論民眾日常生活多艱苦。在無情短暫生命組成的宇宙中，他們是固定出現的景象。

幾個城鎮和都市爆發抗議，僧侶及平民都參與。漲價的影響太深太廣，而且僧侶在物質上和道德上都感受強烈。當局逮人，出現了一些暴力事件。一名僧侶被綁起來毆打。一個僧侶組織要求軍政府道歉。軍政府不吭聲。成千上萬名僧侶採取行動，上街舉行外界稱為袈裟革命的抗爭。

尼哲一直對一句格言感觸良多，而這句格言似乎是緬甸社會難題的核心：火勢如果越來越旺，沒有水能熄滅它；但水如果越來越強，可以撲滅任何火勢。他看見仰光的街道和屋頂擠滿人，格言的道理展現無遺。百姓蜂擁至大金塔到蘇雷佛塔的大道上，加入僧侶們的行列。日復一日，民眾手牽手形成長長的人鏈保護僧侶，不斷向前推進，他們頂著九月的雨，並高聲誦念《慈經》（*metta sutta*）——佛陀宣說慈愛的古經。

抗議人數與日俱增的同時，民眾把軍政府的沉默解讀為各種可能。或許，將領們這次沒料到會如此；或許，他們這次會先眨眼；又或許，他們內心有些軟化了。任何其他行動無法想像，因為這會冒瀆將領們向來展現虔誠模樣的宗教：在每座廟宇敬拜的照片、紀念牌、大舉在全國各地興建金碧輝煌的新佛塔。

第九天，裝著擴音器的卡車巡迴廣播宵禁和八八年第二號命令的消息，也就是國家恢復法律和秩序委員會一九八八年九月十八日的命令：禁止五人以上公然聚集。軍隊和鎮暴警察出動，他們雙手插腰，隨時準備動用槍械和盾牌。主要道路和路口出現拒馬和鐵絲網。軍警當中也有名為隼業勛（Swann Arr Shin）的糾察隊；他們是民兵式惡徒，被當局以每天二千到二千五百元緬幣（二到二・五美元）從貧民窟僱用，受過基本的有組織暴力訓練後，配發棍棒和少量棕櫚酒，並接受無法追蹤的瘋狂攻擊指令。

不過，僧侶及民眾持續聚集，不斷湧到街上，不願退縮。安全部隊發射催淚彈、敲破腦袋瓜、開槍射殺抗議者。寺廟遭到搜索。有個地點一度有太多人被圍捕，無法塞進用來載他們的公車；被捕者要載到充當大型拘留中心的杰格桑（Kyaik-ka-san）賽馬場和政府技術研究所。大眾陷入恐慌。可想而知，民眾開始悄悄散去以求自保。

尼哲大約在這個時期投身於衝撞法律。他與兩名同社區的僧侶跳上公車，前往北區的集合地點，但發現路被封鎖。他掉頭回到市中心，跳上最近一座佛塔的底座，向任何願意傾聽他的人——大部分是學生——痛哭呼籲，直到聲音沙啞；他要大家堅持立場，不要放棄，鼓起勇氣與僧侶們堅守陣地。他說的話毫無詩意，未嘗試唱高調。內容聽起來不像他讀過任何名家講稿。所有的話都是肺腑之言，他不假思索脫口而出，由逐漸高漲的天馬行空美夢驅動。事後看，那個時刻將他內心的使命感昇華。那是他第一次、恢弘的政治動作，從此不回頭。

他當時學到的教訓出自個人層面的較少。他目睹成千上萬名同胞齊心一意遊行，願意讓臉暴露在隊伍中便衣情治人員的相機和錄影機鏡頭前。他們在淚水、哭喊、鼓掌中，在無懼後果挺身而出的堅定、不容否認態度中，萬眾一心持續展現他們的力量，為一九八八年以來首見。大家可以看出，當時的情況純粹牽涉理念。他一直認為大家漠不關心，這種冷漠現在已經消失。他大聲疾呼時，從民眾訝異的表情看到，他們渴望有人引領。要拋開恐懼，為他們之中大部分人內心已經明白的道理站出來，他們需要知道自己並不孤單的信心。情況一向如此：需要有人領導，願意行動，如果某個人——其他人——帶頭行動。

沒幾天，全國陷入駭人的寂靜。政府特務開始費力比對照片中的臉孔和人名，並追捕疑為帶頭者。民眾避免對望。僧侶們消失無蹤。寺廟被關閉，燈光熄滅。僧侶流在地板上的血，尚未在無情雨季的溼氣中乾燥。尼哲大步邁進全民聯總部，填資料成為黨員。

入獄後第二個月，尼哲閉著眼睛，仍可看見周圍牆上的塗鴉射入眼簾。

就算在睡夢中，我也不會招。

他一直數日子。現在已經是二〇〇九年八月中旬。他的妻子應該快臨盆了。

他未受到生理折磨，未受到心理折磨，未受到被關進來展開新一輪四晚折磨的任何虐待。未受折磨，如果不讓你睡覺不算在內；他沒睡多少，因為他沒費多少力氣就撐過去。未受折磨，除了難以下嚥的食物；獄中提供某種克倫式咖哩（talapaw curry），裡面添加小石頭和水蛭，聽說即便是豬，也會厭惡地揚起豬鼻子。未受折磨，如果不計入沒有罪名就被無限期拘禁，而且不知道何時會結束，也無法聯絡妻子、家人、牢外任何人。或者，不計入和律師見面的可能性。他未考慮過找律師，因為他知道自己在受審前羈押期間獲得正當待遇的權利根本不存在。

尼哲不接受自憐自艾。其他人情況糟多了。佛陀知道他的感受為何如此輕鬆。他是從大家認為人應該有的基本遮羞布剪出來的：你向別人展現自己的本性，經常會讓對方震撼得露出他或她的本性。地方當局和情治單位特務通常也同樣真誠，他們痛恨自己的工作、暗地佩服他這種人，尤其是威武不屈的時候。不過，他未天真到認為他們因為他突然變成聖人而放過他。

其實，偵訊者提的問題無關痛癢，好像他們不懂如何在他真假參半的答覆之外尋找更多資訊，或不用心找答案。他們的偵訊技巧似乎很鬆散。欽紐將軍二〇〇四年下台時，接受過仿效可怕的日本憲兵隊訓練的數百名軍事情報軍官隨之去職，特調組警察的水準從來不及他們，並非祕密。或許，特調組挑選成員時考慮的是罵人和動粗本事，就像他們選擇罪犯的標準：專斷、隨興、有點像以牛刀殺雞那麼魯莽。

也有可能，他們毫不在乎。他們知道，他因為和一名年輕男子往來過於頻繁，而在偶然情況下被捕；這名男子隨身攜帶錄影機，而且有能力負擔經常在仰光市區和外地走動的交通費，越來越啟人疑竇。至少，尼哲在說服他們相信他為人平實、他不需要批判制度的缺陷方面很成功。

此外，他沒有畏縮。他不能讓自己畏縮。太多朋友已經被捕了，太多好人，比他優秀的人。太多人承受筆墨難以形容的刑求，即便幻想正義存在，他們的痛苦和犧牲程度超過國家所能彌補。一長排亡魂讓他不闔眼，讓他的背脊挺直、堅強。如果他遲疑，如果他因為屈辱的威脅而投降，或因憤怒或傲氣而失言，他對不起所有人。偵訊者將嗅到他有弱點，發現又有一名異議分子崩潰，被他自己的恐懼擊倒。

但是，佼佼垮了。

尼哲看到他的那一剎那，就明白他已經崩潰。首先，他經過第一晚偵訊後，以老師稱呼把他扔回牢房的官員。這種話太阿諛奉承，宛如出自再也不敢抬起頭來的人。

其次，他無法好好坐著。他們那一晚用蠟燭燒他的睪丸。他扭曲身體、翹腿閃避，還喊叫、喘氣。這個景象會成為朋友們嘲笑好幾年的笑柄。但他眼中充滿害怕，充滿知道自己會失禁的膽戰心驚，但不知道何時會如此或景象如何。

尼哲哽咽求他：「什麼都別說。不要把我的電郵帳號告訴他們。」

佼佼低下頭，將頭轉到另一邊。「我已經說了。」

他們隔天一早把他帶走。尼哲從此沒有再看過他。

起先，他們把尼哲關在中央辦公室隔壁的房間。房間有扇窗戶，可看到外面的混凝土攪拌機和一疊磚塊。另一扇窗可看到辦公室。他想上廁所的話，要敲窗戶，等人帶他到戶外廁所。有時候，他可在呻吟聲中聽到幾句對話。他得知，他們對軍政府的向心力淡薄，他們找麻煩，不是因為女士本身或她的理念，而是她的立足點薄弱。他們可能承認，這不全都是她的錯。她具備足夠條件。但他們私下渴望的是鐵腕手段，一個具體的未來計畫。他們必須知道，要求民主和人權的呼聲不是年輕人兒戲，經過幾晚拷打就會放棄的玩意兒。

第一天過後，他拿到比較好的食物，像是簡單的雞肉或魚肉咖哩，他看到他們本身也吃這些。過了幾天，隊長給他錢買早餐。有幾次，他們早上帶著他一起去茶館。

他發現，他被羈押的警察局是翁德別（Aung Tha Pyay）拘留中心。這裡正是特調組的總部，裡面房舍排列整齊，中央辦公室兩側各有一排棚廠。空間至少足夠監禁、銬打另外六名被拘留者。如今，拘留中心距離杰望（Kyaik Waing）佛塔和八號路口（Junction 8）購物中心之間的壅塞路口不遠；亮晶晶的八號路口永遠人潮洶湧，是象徵偽中產階級繁榮的磁磚和玻璃建築。這個購物中心是仰光少數新大樓當中的珍寶；軍政府在之前十年，於尼溫的社會主義限制嚴格的黯淡時代結束後，將它當作仰光即將現代化、進入自由資本主義新時代的跡象。

後來——他第三度拒絕招供後——他們把他關到一間沒有窗戶的牢房，水泥牆上寫滿政治文字。

換牢房之前，他以若即若離的稱呼和他們說話，像是叔叔、兄弟或是官銜（如果他認得出的話）。這樣不會失敬，但也不會拍馬屁。在他眼中，總部裡唯一配得上老師頭銜的，是一個屬於民眾、為民眾服務的人，一名真正的教師。就他所知，這項榮譽只屬於他一人。

「你的老師在哪裡？」一名低階軍官在三顆星隊長之後偵訊時，一度這麼問。

尼哲回答：「不，他不是我的老師。他是警察。我是普通人。我是老師。他不是我的老師。」

那名男子回應：「你為何這樣說？」他可能有點驚訝，可能高興有機會挖苦他。「你會被捕的。」

他想念妻子。

他想念她的決心、她炯炯有神的雙眼、她結實的身體曲線、她編成辮子的及腰柔細長髮。他想念她嬌小的身軀從後方摟著他，像藤蔓纏繞樹幹的感覺。

他的哀傷有如黑點在胸腔擴散。一隻烏鴉停在他胸口，往下壓，用爪子抓，將黑色翅膀完全張開揮動，對他的胸腔造成越來越強烈的痛苦，好像要把哀傷變成騷動，變成想要跳起來、吶喊、暴怒的熾熱渴望，想要抓牆壁、捶牆壁，直到指關節流血，劇痛在下臂來回流竄——流到緊縮的手肘和肩膀，流到太陽穴突起的血管——直到生理上的怒氣爆發，麻痺了夜以繼日枯坐、無能為力，只能受煎熬的痛楚和可怕絕望。

他盤腿坐著，觀察內在波濤洶湧的感覺，以及這些感覺所帶來的影像，觀察它們影響身體哪些部位，知道它們的存在，但是不起分別心。然後把注意力帶回到鼻腔內的清涼，氣息轉換間若有似無的空。綿長地出息，輕輕地停頓，然後氣息再度進入鼻腔。腹部隨著氣息出入輕柔地起伏，息進息出，周而復始，彷彿遍布他的身體，這個肉身。

每當發現念頭流轉，他就把注意力拉回來，不管心念跑到哪裡去，氣息的進出始終存在，可以止觀，重回當下。他心頭凝重的感受仍然揮之不去，彷彿糾結在一起，但他已經能夠跳脫出來，慢慢地化解纏結。他觀察一個個念頭浮現，一個個像肥皂泡泡般破滅。漸漸的，內在的平靜升起，呈現出一片優美的藍色，撫平了內心的紛擾不安。他開始擺脫情緒的桎梏，不再被情緒奪走自制力。

這種觀照的能力，對緬甸人來說並不困難，他們所生長的國度，教導孩子從小就要練習內觀（Vipassana）禪定。內觀禪定和它需要的全神貫注可提高自我覺知，藉由專注觀察自性而能放下執著。觀察念頭和情緒的生滅，會發現這不過是一連串的境相，就像是整夜上演的野台戲，吸引全村的人在天明之前暫時神魂顛倒。看著念頭和情緒的浮現和消散，最後必能醒悟到，這一切只是無謂的喧囂和騷動，沒有任何意義。

規律地練習內觀禪定，可以直接感受到釋迦摩尼佛所體悟的生命三共相：普遍存在的苦、一切的無常，以及藉由觀察、把意識分到極其微細的片段，最後了悟到無我。這就是所謂的成道之路。

這也是解脫之道。

尼哲尚未養成固定禪定的習慣，不像信仰極為虔誠者、全民聯大老、任何在獄中或在緬甸監獄中學習禪定的人，以最基本的武器——面對自己的能力——對抗自己的處境。他現在運用禪定，並從中找到因應機制，一如眾多緬甸人，幾乎是出於本能。禪定及其哲學基礎，是緬甸文化的精髓。

因此，他被捕那一刻，立刻覺得自我消失，而他突然放棄自我意識，成為他立於不敗之地的途徑。也因為如此，他所屬運動的成員、所屬政黨的大老和阿姨，隨時能想得開、逆來順受，不管被拘禁多少年。這不只是陳腔濫調而已。當局可以禁錮他們的身體，但永遠無法限制他們的本性。

對於他們、對於尼哲，達到解脫，達到精神上或心靈上的解脫，是《世界人權宣言》（*The Universal Declaration of Human Rights*）所保障與生俱來人權理念的延伸；民運人士覺得很有用，把宣言抄下來或影印下來，有機會就當作教材流傳，而阿姨和其他大老一直展現，宣言的標準和緬甸的目標不謀而合。他們用自己的生命渴求、追尋自由的定義——

消極的自由，免於極權統治的干涉和限制，一目了然地解脫。同時，他們還有另一個目標——積極的自由，擁有發展全部潛力的自由——要達成這個目標，不只有賴一個公正、鼓勵公平機會的體制。這種自由主要依賴個人。嘗試達成這種自由，永遠不會比現在更容易。每一天都帶來新的挑戰。不過，光是嘗試，就讓人擁有力量。

應付不了的時候，尼哲嘗試將哀傷表現出來。他在廢紙上記錄時間——五天、十七天、二十六天——從他結束偵訊後開始計算。他背誦祈禱文，可以使情緒平靜的經文。

他們不到一星期就給他紙筆。對於被羈押者，這是罕見的禮遇。「你沒罪。我們會放你回去。」他們其中一人在他四個晝夜的偵訊結束後告訴他。「可是，你要等一陣子。」他們說，要放他走，必須獲得「部」核准，指的可能是內政部或新聞部。他們大有可能自己捏造一個部。他知道他們在打心理戰，玩弄他的情感。他知道，他們喜歡這個盤算：一名受過教育的年輕人思慮不周，如果把他放回原來的區域，將可幫政府說話、在團體內製造歧見。

一天下午，拘留中心的頭頭找他私下談。對方談話內容百無禁忌，連社會大眾只敢咬耳朵談論的禁忌也不避諱。這名特調組官員引述爺爺溫丁——他成為全民聯軍師之前，早就以作家身分及其文筆聞名——說要勇於打破傳統。特調組官員表示，如果尼哲想有一番作為，應該設法「走另一條路」。

光就他膽敢說出一個堅定民主派和才華出眾人士的理念而言，他提的建議值得考慮。

尼哲回答：「必須找另一條路的不是我，是你們。因為你們奉命行事，上面說什麼就做什麼。我不是照別人吩咐做，我做的是我想做的事。」

他們此後不再嘗試說服他合作。

日復一日，他寫信給妻子。內容是簡單的長篇家書，沒有詩詞；他們兩人都未讀過或渴望過詩詞。信沒辦法寄出——他們提供紙，但未給他寄信的禮遇——不過，除此之外，他要如何填補空虛的時間？他要妻子求助於她的母親或阿姨。她必定挨餓了。她不喜歡求人，可是她虛弱又傷心。

為了寶寶這樣做，他吩咐她。求你想辦法讓自己健康。要堅強。

更糟的是，他怕她無法保持低調。她會找到方法危險地公開大張旗鼓，為了他們的愛情和政治理念。求你不要告訴媒體任何事情，不要以錯誤方式。他指的是找境外媒體。沒有別的可能性。但這麼做只會讓她也被誘捕。

他們在她從永盛監獄出獄沒幾天後相遇。當局鎮壓袈裟革命時，她率領十一名民運分子在蘇雷佛塔路遊行前往商貿飯店（Traders Hotel），因此被關了七個月。她當時身穿地下學生聯盟的黑色迷彩服，頭綁頭巾，手上揮舞一面大紙板。她的用意是吸引剛抵達飯店客人的注意，以免他忽略在不遠處攻擊抗議群眾的鎮暴警察、軍隊、聯邦鞏固與發展協會（USDA）的惡徒；這位客人是聯合國特使。當局行動後，他們這一小群人四散。琴桑達溫躲進飯店側門，衝上樓梯，隨機挑了一間客房猛力敲門。一名女子開門讓她進去，她躲了幾分鐘後，迫不及待回到街上，不顧女房客的熱心忠告：至少換成不會讓人一眼認出是民運分子的服裝。

她走出飯店，投入當局的掌控，並被送到賽馬場改建的大型拘留中心。她聽到尖叫聲，看到一個朋友在壓力下崩潰，還目睹一具屍體——和她一起抗議的十一人之一——蓋著白布被推出去。她逮到機會衝向另一名同伴，踢了他脛骨一腿提醒他，即便女生也能保持堅強。她本身呢？她曾因為遭到電擊而短暫昏迷。但她說到做到。一字不說。

他們後來把她轉到永盛監獄，未經審判就將她監禁。他們在二〇〇八年五月三日釋放她，當時仰光甫遭納吉斯氣旋侵襲而滿目瘡痍。他們未給她足夠錢搭公車回家，而且公車也未行駛，她好不容易回到家，她們家的房子已經不見了。房子跟著奪走至少十三萬八千人性命的狂風消失。

按照剛出獄政治犯的習慣，她幾天後到全民聯辦公室。尼哲當時在授課。他從遠處為人群中的她感到驚豔，決心追到她。他花了三天才第一次和她約會，留下追求進度緩慢的紀錄。不過，她對他的魅力並不陌生。是她先注意到他的，因為他在鎮壓行動中大聲疾呼。他隨即發覺，她並非文靜女子。她是民運分子中的民運分子，是個小辣椒，接受偵訊時的表現，讓她成為民運分子中的傳奇人物。

還有，他寫道，我想死你了。

最讓他痛心的是，他發覺自己其實太自私。

他從不認同年輕民運分子流傳的非正式信條：戀愛，進而結婚，等於背叛同伴。他們的看法似乎太狹隘，和普通人一樣，不明白愛國從愛家做起。他不顧同伴甚至父母的反對，雖然父母的婚姻間接導致他走到這個地步，他仍和琴桑達溫結婚，從不後悔。

他們第三次約會時接到警告，由於聯邦鞏固與發展協會一間辦公室最近遭到炸彈攻擊，他們必須分散避風頭。琴桑達溫離開永盛監獄還不到四星期。至於尼哲，幾輛警車開到他哥哥家附近，打聽符合尼哲特徵的年輕人。

尼哲和她趕到盾迭的朋友家，但這個朋友因為家中空間不足，無法收容他們。由於退路有限，他們逃到河對岸一個城鎮，隨便找了一家旅館，住進雙人房。一個良家婦女這麼做，從來不可能保住名節。

說巧不巧，旅館位於丹林（Thanlyin），緬甸苦命情侶傳說發生的地點，如果他們兩人都注意的話：一位公主因母親死於難產受到詛咒，會給未來丈夫帶來厄運，河對岸的年輕王子因而被父親禁止他和公主接觸。當然，兩人見了面，當然也墜入愛河，但王子最後被之前偷偷載他過河密會公主的著魔鱷魚吃掉。過沒幾天，公主傷心而死，兩人各自火化的煙霧混合，形成一道跨越河面的壯麗彩虹。

尼哲和琴桑達溫在二〇〇八年十二月八日成婚。他們沒有舉辦婚禮。沒有賓客，沒有任何傳統的婚姻儀式：新娘和新郎穿著光鮮亮麗的絲質禮服，走過成列手持金色洋傘的客人。

兩人個性南轅北轍，使他們更緊密。她想要硬碰硬，他則希望來軟的。他放軟身段好好談，她直接攻擊。不過，他改變了暴怒習慣，透過練空手道提前抒發、有技巧地處理。因為是獨生女，她從無機會找到別的管道發洩精力，她在幾個月拘留期間就運用、發揮這種精力。

現在，他端詳自己寫的信，才發現他擔心的太狹隘。因為他們的抉擇，她被困在家裡。

我以前不顧家。可是，如果我被放回去，我會負起照顧家庭的責任。因此，請你讓自己——信中反映他的遲疑——請等我。

❧

有一天，在當局把他轉送到水泥牢房前，他以為自己出現幻覺。事實是，整個拘留中心的人都認為他們眼花了。

琴桑達溫出現在拘留中心。外面的官員告訴他，他們親眼看到她：一名瘦弱婦人挺著足球大的肚子，要求見丈夫一面，由於她理直氣壯，他們啞口無言。

當然，他們將她趕了出去。不過，他們忍不住把消息透露給尼哲。他們陳述詳細過程的時候，他發現他們試著壓抑佩服之情。一個平凡民眾，而且是個孕婦，長驅直入到禁止擅入的拘留中心內部！這可是個未列在監獄清單和地圖上的祕密中心！

他聽到她被趕走之後，在長椅上躺下來，感覺了無生機。他吃不下飯。他們以為他絕食抗議，所以她第二次出現時，這次假扮成白天在拘留中心建築工地工作的工人，他們讓她進入。

他凝視著她，她也凝視著他。接下來，隨著他們被允許的半小時團聚時間開始倒數，他牽著她的手衝到戶外廁所，把門甩上。

她表示，電台播出佼佼被捕的消息後，她找到這個拘留中心。佼佼的房子隨即遭到搜索。要拼湊出尼哲也被抓到哪裡並不難。

他把寫的信交給她，如今已有二十封。接著，她離開了。

現在，他只能對著牆壁說話。

牆上塗鴉充滿不屈服的字句。也有悲傷的文字，有的寫失去女兒，有的寫失去心愛的人。

塗鴉不知是用什麼尖銳碎塊寫的，可能是水泥塊或指甲。少數是用墨水寫的。它們透露，這個房間關過政治犯，包括二〇〇七年、一九九八年、一九九六年、一九八八年的囚犯。塗鴉也許可一直追溯到一九六四年的學生抗議，當年尼溫屠殺一百三十名學生，翌日更炸毀仰光大學學生會館。

在這些塗鴉訊息中，好幾世代似乎互相絆倒，在他周遭彈來彈去、發出回音，構成一首豪壯的未完成歌曲。在這個中途之家，這個介於擾攘街道和監獄之間的黑暗中心線，他們全部黯然凋零。他們也在這裡受困於心靈懸空狀態，對於尼哲而言，這和國家走勢一樣沒道理。

我們創辦了ＭＤＣ。

他非常清楚。ＭＤＣ是緬甸發展委員會，屬於呼籲全國抗議軍政府二〇〇七年八月十五日調高燃油價格的數十個地下或半地下組織之一，也是最早行動的一個。這個團體由他的朋友廷覺（Htin Kyaw）在二〇〇六年創立，他就住在北歐格拉貝同一條路上。

廷覺二〇〇七年八月二十二日嘗試在頂季（Theingyi）市場發動抗議。那是他該年第四度抗議。為了確定媒體會報導，他事先通知外國記者，然後躲起來，八月二十五日在全城搜捕行動中被抓。當局最後逮捕委員會的核心成員。廷覺極有可能在其中一次偵訊和送到其他監獄前期間刮字留下訊息。尼哲只知道，他們把廷覺關在永盛監獄的狗籠幾個月。接著，他接受審判。他被送到北方實皆省（Sagaing）光禿山頂上的果帝（Khamti）監獄服刑十二年半，目前已坐牢半年。

最近幾週，尼哲和緬甸發展委員會的發言人合作，後者擔任一位代號「快樂」的重量級流亡領袖的傳話人。發言人本身也轉入地下消失後，與「快樂」溝通的任務落在尼哲身上。

他挺身而出，並非出於自願，而是因為使命感。從過去的尼溫政變，甚至早自翁山將軍時代開始，往前推進到未來，永遠有空缺需要填補，需要有人維繫民運血脈不斷，責任現在落在尼哲身上。環顧四周，他發誓要再度賣力從事他的任務。假如他們當時在那裡釋放他，當他們放他走的時候，他只會更進一步投入他最重大、最危險的政治投資。那意謂成立、壯大自己的民運分子組織網。

在他藏匿於網咖電腦後方的袋子裡，裝著另一個生活的資料。他從不隱藏，從不使用化名，策畫一些活動已有一段時間，光就袋子裡的東西而言，每項都能讓他吃上七到十五年牢飯，刑期可以相加：

- 擁有隨身碟：違反二〇〇四年《電子傳送法》第七章第三十三到三十五條。
- 非法出版、散布幾本含有顛覆內容的宣傳小冊：違反一九六二年《印刷出版登記法》、一九五〇年《緊急條例》第五條、一九五七年《刑法》第五〇五條之二。
- 設計、使用自己組織的圖案，並意圖散布：違反《禁止非法結社條例》第十七條之一和之二、《刑法》第五〇五條之二和第一二四條，同樣也違反《緊急條例》第五條。
- 擁有手機：阿偉幫尼哲租了一隻手機，模式和大家一樣——從別人那裡租來，而此人又是向另一人租來。法官根據ＳＩＭ卡和手機登記的個別違規情況自由量刑。

尼哲只能期盼，他的袋子最後被好奇的旁觀者拿走。這是代價高昂的散播顛覆言論方法。但這個辦法的安全性至少勝過傳統的吸收成員方式——要依賴時間、信任和圓滑的政治說服技巧。

他幾星期前在皇家湖告訴美國記者：「我們的團體知名度不高，目前還不高。我們不想被人知道。如果別人不知道，我們成功機會較大。」

他的團體成員很難界定。民運分子喜歡讓團體維持小規模，不超過偵訊時可能洩漏的少數幾個名字。地下組織從共產黨學到這項戰術；共產黨在一九八八年示威潮徹底崩潰之前，一向最擅長組織。

美國記者似乎不願相信他的話。很少西方人懂這個道理。他們要求明確數字、任務目標、年度報告。他們需要實質資料和所謂的「證據」。他們似乎無法理解這樣的想法：幾十個公開的「社區組織」和其他較不正式的緬甸地下團體必須保持流動性、隱身地下發展，並且能夠迅速銷聲匿跡，一如他們能趁全國突如其來的熱潮快速動員民眾，帶頭發動革命。

他把他的組織網稱為「袈裟革命世代」。

至少，在這裡有足夠時間規畫下一次行動。

牆壁上，一名身分不詳志同道合者的塗鴉最令他念念不忘，如今更成為他的戰鬥口號：即使在睡夢中，我也不會招。

The Rebel of
Rangoon

# 流亡之城
## City of Exiles

快速老化的男女青年展開漫長而艱苦的自我放逐、反省生涯，他們和故鄉的連結被切斷，和正常生活或正當收入的前景告別。戰敗的他們四處飄零，終於被迫認清武裝革命只是自我安慰的幻想，在叢林中過著半飢餓、疾病頻仍的生活，以竹棍而不是步槍操練，除了年輕人無法壓抑的固執，沒有更實質的力量支撐他們……

## 二〇〇九年二月

就阿偉的觀點，尼哲的問題出在他搞不清楚狀況。尼哲的看法相反。簡單來說，阿偉只是個高級混蛋。

事情發生在特調組特務跟蹤阿偉到仰光市區外之前三個月，特務逮捕尼哲之前四個月。

兩人在他們祕密前往湄索的回程決裂。雖然男孩子難免吵架，雖然一輩子活在高壓統治下一直受壓迫，他們坐在僱來的溼滑舢舨上時，爭執到達沸點，內心怒火悶燒，彼此大眼瞪小眼。

關掉舢舨馬達，在岩河（Thaungyin）黃濁河面順流往下漂，在泰國和緬甸之間的茂密叢林邊緣，劃出難以追蹤的路線。走私用碼頭出現在左方。因流汗而身體發亮的半裸工人，匆忙將貨物搬上運往緬甸的平底船；貨物多得足以塞滿一個棚廠，內容包括工業用化學品、一箱箱汽水、一綑綑橡膠水管，後面還有不少汽車零件、輕型摩托車，或是來自半個亞洲垃圾堆的電子廢五金。

他們動作快速，好似末日即將來臨。這個碼頭並不是祕密。河岸兩旁的官員或毒梟都要抽成，雖然緬甸這邊由誰抽成，取決於當天哪個團體控制多少地盤，以及沿河岸邊水泥堤防上的收費站。目前局面錯綜複雜，至少在這一帶是如此，因為這裡有：基督徒為主的克倫族解放軍（KNLA）；從克倫族解放軍分裂出來的對手民主克倫佛教軍

（DKBA）；很早以前就將這附近劃為停火區，以便取回控制權的緬甸國防軍。誰能預料下次衝突何時發生？整個危機是反反覆覆的叛亂，至少可追溯到一九四九年克倫族幾乎推翻仰光當局的時候；危機導致如同風一般的不穩定現狀，局勢不太可能改善。傳聞政府即將採取較不強硬的措施，命令包容性較大的武裝少數種族團體——在這附近指民主克倫佛教軍——放下武器、放棄政治目標和得來不易的獨立身分，變成一個臣服於緬甸國防軍的「邊境防衛隊」。

跨國黑市的好處是不受內戰的動盪影響。出口的物品包括柚木、花梨木、白米、魚乾、寶石、不知名品牌髮油和乳液、廉價小飾品，或者從北方不遠處流出的海洛因、鴉片、甲基安非他命。流入的物品有香菸、奶粉、煞車油，以及居所水準高於防水帆布搭建的每個人所需的工業產品。非正式貿易金額目前至少是緬甸官方統計經濟規模的三到四倍。從毗鄰的泰國行政區來興（Tak）府官員角度來看，只要地方企業繼續行賄，對走私睜一眼閉一眼向來是最好辦法。即使如此，走私業有時不好過：泰國那邊突然於夜間掃蕩不法活動；緬甸那邊突發奇想廢除緬元引發的連帶效應；全球大幅衰退造成的商品價格飆漲。受到打擊的永遠是邊界關口的苦力。

在遠處，一家子緬甸移民靠著一個大型輪胎內胎，快速划向泰國那一側；他們身無分文、骨瘦如柴，除了廉價汗水的經歷，沒有別的資產。

內胎是標準交通工具，價格只要舢舨的十九分之一。這個便宜的工具會帶來一絲焦慮，因為內胎容易偏離方向，不幸地正對泰緬友誼大橋下方漂去。偷渡幾次，就知道風險多小；最主要的後果是被邊界兩端檢查哨看到狼狽景象，以及裡面的官員臉上永遠掛著微笑，因為每次有人偷渡，他們就有一點油水進帳。

相較之下，阿偉和尼哲搭的是豪華交通工具。不過，話說回來，他們此行的用意，和到湄索成衣工廠門口乞求工作截然不同。

❦

五天之前，他們從仰光搭公車短暫往北走，接著朝西南走到孟邦（Mon），最後進入和泰國西部相接的克倫邦（Karen）。如果他們在到達邊界之前任一地點被攔下來質問，可以宣稱旅行目的地是帕安（Hpa-an），不必多費唇舌。

帕安是克倫邦首府，和孟邦隔著薩爾溫江（Thanlwin River）對望；這裡是阿姨一九九五年結束第一輪六年軟禁後，獲准離開仰光前往的第一個地點，也是唯一地點。她到那裡拜訪一位德高望重的巴烏族（Pa-o）住持，後者主持一座以慈悲和清靜聞名的寺廟。

她舟車勞頓來到這座寺廟，最後和住持面談幾小時，目的是要透過日本《每日新聞》（*Mainichi Daily News*）連載一年四篇的〈緬甸來鴻〉介紹自己的國家。她形容緬甸風景令人驚豔，和緬甸種族一樣多彩多姿。仰光附近田野「棕櫚樹散布，不時可見……舍利塔的白色三角塔尖籠罩在晨霧中」，景物接著轉變為「淺綠色的美麗稻田，浮在水池和溝渠中的漂亮粉紅、白色、藍色蓮花，以及起伏的深紫羅蘭色山丘，宛如仙境景象」。

他們在孟邦途經神奇的杰提悠佛塔（Kyaik-htiyoe Pagoda）附近；這座佛塔坐落在一塊巨岩上，據說岩石獲得佛陀一根頭髮的神力幫助，所以能對抗地心引力，萬古聳立於懸崖邊。他們繼續前進，經過橡膠樹園，後來到達「帶著些許殘破味道的散亂地方」直通（Thaton）。直通好幾世紀之前是佛教中心，也是孟王國首都。孟王極為威武，就算他戰敗被迫跪降，仍讓緬族征服者阿努律陀王（King Anawratha）直冒冷汗。

阿姨和她少數車輛組成的全民聯車隊終於抵達帕安，「動人山丘如旱地拔蔥而起的地方」。與克倫族無法化解的殘酷戰爭，和巴烏住持所在地的祥和形成對比，似乎讓她充滿詩意的想像力大發，在文字中表達高壓統治體制實施在如此美麗國家的不真實。她寫道，「我們越接近達曼尼亞（Thamanya），寂靜似乎更深」。

很難想像，我們接近過去五十年來大部分時間淪為戰場的地區。緬甸一九四八年一月宣布獨立後，政府軍和克倫族叛軍幾乎隨即爆發戰爭。直到今天，尚無政治解決辦法能為這片充滿原始、奇妙特質的土地帶來永久和平。

阿偉和尼哲在旅途中無意在藍毗尼園（Lonebini Gardens）暫停，一睹排列整齊的禪定佛像。他們也無心思索靈性、矗立於熱帶山嵐之中的蓊鬱山丘所襯托的舍利塔有何意義。他們也沒有時間改道參訪杰提悠佛塔——一塊純粹憑信仰就能靠一根頭髮高懸的巨岩，有如在鋼索上打轉的相撲冠軍。思索他們土地的輝煌歷史——使得國家值得他們奮鬥的事物——是留待以後再想的奢侈。

兩人都未利用遠離仰光無憂無慮遊走的機會這樣做。阿偉生長在伊洛瓦底江三角洲，距離未受破壞的遼闊原始海岸兩個小時左右，但他以前甚至從未眺望大海。

兩人也對觀光沒有太大興趣。對阿偉而言，看過一座佛塔，等於看過所有佛塔。美麗的事物證明可以讓他們倆拜倒。不過，他們倆會同意，這種程度的美屬於女郎。

阿偉和尼哲在路過的欣欣向榮美景中，看到全國的貧窮一望無際。舉目望去都是細腳架撐起的茅草屋，可不美觀；農夫和牛車的景象也是，尤其農夫和牛似乎總是在較量誰的營養不良情況最嚴重。即便你把焦距放遠、瞇起眼睛，把眼前景觀當成細緻的、以棕櫚樹框起來的鄉村風情畫，好像緬甸是時間停頓的奇妙世界，設計來吸引逃避二十一世紀欠缺靈魂的工業發展的西方浪漫人士，你也不會覺得賞心悅目。只有懷舊派會發現粉蠟筆描繪的畫面——水牛輕快地走在穿著龍吉的農夫前面，或是帶著寬邊帽的農夫坐在舢舨上，隨著山歌的抑揚頓挫撐竹篙，沿著散布巨大睡蓮葉、夾雜紫藍色風信子的水路前進。

軍政府宣布一九九六年是「緬甸觀光年」，阿姨很早就呼籲國際抵制緬甸旅遊業，是很有道理的。旅遊行程受到管制，觀光客沒有機會一睹監禁系統的機構，而同一期間，官方未提供補償就強制成千上萬人搬遷，以便空出土地興建緬甸高爾夫球場等開發案，以及仰光市區由官員親信大量興建的飯店大樓。

⁂

阿偉和尼哲接近泰國邊界的時候，緬甸真正的政治複雜程度，所展現的情況重要多了。

藤蔓掃過他們的腳踝，泥漿吸吮他們的夾腳拖鞋，並濺髒他們的小腿。樹幹上刻有小小的三角形標記指向過河處，但不是緬甸的瑪雅瓦底（Myawaddy），或是泰緬友誼大橋的正式關口。

能走到這個地方，讓他們興奮不已。流亡之城幾乎近在咫尺，那裡的人懷抱革命美夢——或者是擁有幫助他們革命的資源和知識。很少被打動的阿偉覺得心裡七上八下。

他認識一些逃到湄索的人。他剛進入全民聯認識的老友在這，他和此一朋友曾在袈裟革命熱頭上成立為期不久的「降低物價委員會」。這個朋友不久後拿到律師執照，和少數律師大膽進行為政治犯辯護的徒勞任務。二〇〇八年十月，幾名委託人轉身背對法官，以抵制他們知道會以被判有罪收場的審判過程，阿偉的朋友堅持辯護，因而吃上藐視法庭罪名。他被傳喚翌日出庭應訊，趁主審的助理法官不注意，溜出法庭逃之夭夭，翻山越嶺、穿越叢林、渡過河流逃到湄索。

如今，他在湄索某個地方為緬甸律師協會（Burma Lawyers' Council）工作，這個協會是至少十二個發現湄索是個理想棲身之所的流亡組織之一。在那裡，他們可以接受訓練；監控緬甸局勢，然後將資訊傳回國內或傳到全世界；與國際非營利組織和政府聯絡；在爭取自治、聯邦制度或興建廟宇、教堂，以及在學校教母語機會的種族之間建立管道。至少從網路時代開始，有些流亡組織也找到辦法，讓湄索成為緬甸地下民運的科技管制中心。

湄索是個方便的地點，不受網路審查，但和緬甸距離夠近，如果站在適當位置，甚至可以接收到緬甸的手機訊號。這有助於避免引起當局懷疑你離境、從事不法，或是純粹因為緬甸手機通訊技術——由兩家國有企業獨占——獨樹一格，能夠阻擋撥往外國的電話而使你引起懷疑。謹慎行事，不因他們的存在惹惱泰國當局，並融入湄索其他基層人物——傳教士、非營利組織成員、人權運動分子、跑單幫者組成的多變人口——緬甸無容身之地的經濟和政治難民，幾乎可以大剌剌躲著。

不過，阿偉此行沒打算拜訪老友。

至於尼哲，他對湄索沒什麼幻想。他到過那裡，而且上一次是以移民身分偷渡。無情的遭遇當時讓他領悟，追求出人頭地的辛苦根本沒價值，他至今仍感觸深刻。衡量一個人的標準當時是、也永遠是他的人格。那時候，他渡過同一條河時，失去了他的身分，以及他志得意滿的權利，知道自己是誰、如果他未被環境捉弄會在社區有何地位的自信，全都消失殆盡。

他的雙親剛被捕，由於不知如何賺錢，他隨著姊夫到湄索。他當時不知道，一九九九年九月九日發動全國革命失敗的嘗試源自一九八八年八月八日抗議潮的流亡者，而這些人在那裡建立了基地。他當時也不知道，那個泰國小城是做這些事的西方好心人的首選地點：協助反國家和平與發展委員會運動分子；帶領「能力開發」研討會；服務七個以協助克倫族為主、有些獲得國際援助的邊界附近難民營。他只曉得，湄索和貧困的克倫邦城鎮瑪雅瓦底只有一水或一橋之隔，有很多工作機會讓移民勞工做；瑪雅瓦底經常因為砲擊而關閉。

河兩岸的天空似乎截然不同。緬甸這邊的瑪雅瓦底好像罹患黃疸普遍發黃。另一個時期留下來的拼裝補丁汽車，朝三輪車夫噴柴油廢氣；車夫們奮力踩著車子經過參差不齊的小棚屋，擠在棚裡的住戶租期不長，一如他們在對岸的工作。在一個棕櫚樹和菩提樹雜亂生長的山丘頂端，牆面褪色、地板龜裂的佛塔俯視悲哀的横渡景象：大型內胎或平板船上的瘦小身軀，偷偷越過岩河——泰國稱為湄河——又折返，重複上演，自我推動依賴此一模式的永不停歇循環。

河水在對岸與沙灘或泥灘交會處，瘦小身軀的緬甸人以破爛的木造小屋為家，屋旁掛著成排晾曬衣物。他們提供勞力給大約一百六十家大小血汗工廠，人數估計有數十萬，替換速度和他們被泰國警方逮捕、扔進拘留所的速度一樣快；如果沒有錢買通或沒有泰國情報單位的人脈，會被遣返，越過湄河回到大多數人出身的黑暗茅草屋小村落。

在那頭，湄索散發白、灰色房屋的乾淨感受，並反射在馬路或卡車、汽車的閃亮保險桿上。電線桿、鋪了瀝青的公路排列整齊，有酒吧、餐廳。餐廳菜單千奇百怪，有：適合西方美女和穿涼鞋白人男子的燕麥多穀片（muesli）；泰國人吃的泰式酸辣湯（Tom Yum）；迎合販賣不知來自亞洲何處貨品的走私客喜好的各式食物。每條街上都有倉庫，裡面堆滿可供應一世紀的化妝品。每個路口都有7-Eleven，擺滿飲料和便宜的電信儲值卡。即使流亡緬甸人吐的檳榔汁染紅人行道、缺乏邊城的魅力，它充滿壓不住的進步感，讓緬甸望塵莫及。

不過，它的現代化有點奇怪。尼哲從來不會對墮落視而不見。但是，血汗工廠的見聞，維繫邊境不法經濟活動的謊言，讓墮落情況變得清楚。他看到姊夫從事夠正當的翡翠交易卻被捕，因而學到自己無知的代價。沒有人不受影響，即便是小罪犯也無法倖免，即使他們身處由眾多想法相同人員組成的黑市。他覺得，沒有必要在意大家逾越的法律小界線。整個系統已經被腐敗穿透。這不是一夕之間獲得的頓悟，但尼哲從此活在真實中，明白自己的生命和他在更鮮明的現實中的定位，方式有如正念和經由內觀禪坐領悟活在當下；他和大多數緬甸佛教徒一樣，從小就被教導內觀禪坐。即便他後來參與政治，以曾挨餓者的身分觀察、學習，他從未忘記那個糟糕、存在已久的矛盾：頭腦簡單地誤以為同流合汙活著，勝過為崇高理念戰鬥，為原則、為正義和民主而奮鬥——以人權運動分子或政治人物角色。

但那是以後的事。當時，他什麼也不是，在泰國淪為一文不名，變成一個身在異鄉躲躲藏藏的流浪者，寫外國字、說外國話，遇到不同警察時，基於不同理由而以不同方式閃避。

如今，尼哲再度踩進河岸深及腳踝的泥沙，朝東面對湄索，他告訴自己，這次旅程不一樣：由特定目的驅動而來。而且做的事有意義。

阿偉朝西凝視。

瑪雅瓦底有一部分是管制區，在六十年內戰中被埋設地雷、傷痕累累。禁區不可能太遠，頂多距離這個克倫城鎮兩英里。阿偉不必進入雷區，不必進入某些倒楣農夫被設下詭雷的稻田中，也能感受戰亂尚未平息的衝擊，緬甸最棘手的難題。

他要說些什麼？要如何回應？他能否找到辦法，讓全民聯、河對岸的流亡兄弟，以及這裡和對岸分崩離析的少數民族等各路人馬團結？

緬甸由許多種族拼湊而成。持泛靈論、沒有文字的山區部族，數百年來以火耕維生，希望自絕於孟族、若開（Arakan）族、緬族。後面三族有共同的豐富宗教經文傳統、佛教；有不同王朝，歷代國王彼此在平坦的中央河谷爭奪領土，戰火不時延燒到現在的泰國、印度和中國境內。英國統治讓他們之間的差別擴大，因為英國實施典型的帝國主義措施，包括推動基督教信仰（主要針對山區少數民族），以及選擇特定族群提供優惠待遇。

緬甸獨立後，對抗脆弱議會制新政府的反叛勢力是個大雜燴，涵蓋共產黨員、犯罪幫派、一些爭取獨立或自治的少數民族。多年來，他們演變成多股、各自分開的叛亂團體，不時為亂，背後動力是有時定義不明、有時互相牴觸的五花八門議題：渴望宗教和語言自主、領土主張、天然資源控制權、對平原緬族數百年來的不信任或互相猜忌，以及軍閥主義。很少團體在語言、宗教甚至地理上是完全統一的。宣稱以某個團體的名義行動的派系通常擅用名號。在某些地區，對戰爭經濟的依賴創造了自給自足的經濟動力。幾個世代完全無法脫身。

與克倫族的戰爭是緬甸最無法考證的動亂。根據某些研究，這是全世界最古老的國內戰亂。

一部關於克倫族民眾困苦情況的紀錄片，最近在仰光街頭流傳。阿偉看了落淚。他看到兒童被地雷炸斷一條腿，靠單腿困難地移動。其他兒童心靈受創，兩眼無神，或是哭啼啼、穿著補過的衣服追著媽媽，做母親的則頭頂鋪蓋或汽油桶、鍋子，從燒光的村落逃到下一個村子。他們冒著雨、踩著爛泥巴、頂著不留情的高溫，經由危險的小徑翻山越嶺，逃到叢林更深處，進行一場沒有未來的無盡跋涉。

平原區的民主運動分子，沒有任何人會誤認為自己的遭遇更慘。他們在爭取民主過程中選擇非暴力。不過，他們從未批評少數民族訴諸武力，包括克倫族、克欽族、撣族、欽

（Chin）族、孟族、若開族或佤（Wa）族等主要族群。如果軍隊殺過來燒掉你的村子、強暴你的姐妹、強迫你父親走在前面當作人肉地雷防護裝置，你無法跪地祈禱，指望攻擊者突然良心發現而住手。

流亡者組織和外國組織掌握許多證據，證明軍方長期侵犯人權，包括大屠殺、大規模強暴、拉夫、強迫兒童從軍、大舉摧毀村莊。這些是緬甸國防軍一九七〇年代制定的「四管齊下」平亂戰略的一環，以切斷糧食、資金、情報和兵力來源方式，削弱少數種族民兵的實力。有些地點最近遭到嚴重破壞，且有足夠證據，外國的人權運動人士因而要求聯合國組成委員會，調查國家和平與發展委員會是否觸犯戰爭罪和違反人道罪。

這項呼籲是兩面刃。叛軍也將面臨審判，因為他們使用兒童兵和販毒所得資金，而且使用國際禁用的地雷，或是為了生存而暴力相向，以保護養牛牧場大小的土地，手上沾染鮮血。

光是以議會式民主取代軍事執政團，未同時解決少數民族的問題是不夠的。全民聯一再要求和軍事執政團對話，每次都將少數民族代表列為參與對象。不過，阿偉夠聰明，知道任何長久的解決辦法絕對不只是神奇的統一，以及各種族隨後一起合唱。

緬甸一度有成功的好機會。一九四七年，也就是從英國獨立前一年，緬甸臨時政府的領袖翁山將軍召集克欽族、欽族和撣族代表，在撣邦彬龍（Panglong）開會。撣邦位於緬甸東北部，當時轄下有三十個撣族小王國。二月十二日，上述三個族群原則上同意加入緬甸聯邦共和國，條件是他們可以保持自治權。撣族還擁有公投後分離的權利，而公投將在十年內舉行。並非每個種族都簽署協議。缺席的族群包括孟族、若開族、克倫族。不過，即便翁山遇刺身亡，而且緬甸獨立後幾個月就爆發叛亂，「彬龍精神」從此仍被當作評估一勞永逸達成政治解決、可能創造和平的多種族聯邦國家方案前景的標準。民眾每年二月十二日紀念聯邦日。

民眾在彬龍協議週年紀念日跳民族舞、穿傳統服飾，大概是官方對這種很難實現的未來唯一允許的事。但情況自一九四七年開始每況愈下。尼溫將軍一九六二年的政變扼殺了撣族脫離的可能性，而他以緬族為中心的統治，讓各族追求自主自治的欲望更加強烈。一九八八年以來，國家恢復法律與秩序委員會、它變成的國家和平與發展委員會較成功的政策之一，就是確保平原的非暴力民主運動無法和少數民族接觸。

結果，他們之間的不信任更嚴重，並對彼此缺乏認識。要衡量各式各樣不同語言、遠離道路的山頂前哨站民眾的觀點已經夠困難，甚至不必嘗試逃避英國統治時期的一九〇八年《禁止非法結社條例》；軍事執政團運用這項法律的模糊條文，將大部分的邊界團體和本土團體列為非法組織。前往湄索讓阿偉和尼哲一下子觸犯許多法條。

這個風險值得冒。阿偉是緬族人（如果他曾經想過自己的種族），他很早就了解到，一輩子投入平原區的民主奮鬥，仍有可能從未接觸少數民族面對的實質問題。他喜歡告訴別人，少數民族地區和緬族為主中央平原區的差別在於，如果你在平原「行使自己的權利」，會被抓起來判刑；在少數種族地區，你會直接被殺掉。沒有機會坦誠交換意見和願景，對抗軍事統治的主要各造，永遠無法真正組成團結的陣營。

然而，流亡者——一九八八年八月八日遭到鎮壓後逃離的學生——知道怎麼做比較好。他們曾在叢林中，在這個叢林中，與克倫族和孟族分享米飯和推翻當局的夢想。即便是阿偉和尼哲身邊的樹幹標記，也充滿過去的迴響，是學生當年逃離緬甸路線的殘留物。

成千上萬名學生亟欲尋找非暴力公民不服從之外的另一個辦法推翻軍事執政團，在一九九〇年代初期從中央區都市四散到印度、中國邊界，但以這裡為主——緬甸與泰國交界處。他們設法與克倫族叛軍或孟族結盟，或與任何願意訓練他們的少數種族武裝團體結盟。他們在這裡成立軍隊，名叫緬甸全國學生民主陣線（ABSDF）。

或許，一九八九年曾躲在阿偉盾迭家院子後面將近四個月的學生，也曾經路過這裡。神情緊張、血跡斑斑的他們，有一晚上門來。阿偉的雙親安排他們躲在被雜草和攀緣植物半掩的小屋。阿偉和三個兄弟多次為這些年輕男子提供不在場證明。他們一起過夜：八個男生擠四人份的睡墊和枕頭。萬一遭到檢舉或突襲檢查，他們可以用好友睡衣派對的名義矇混過關。如果出現危險跡象，他們會用暗號溝通：以阿偉父親發明的手語，在主屋和小屋之間，運用手電筒光柱製造的影子來回傳遞訊息。躲藏的學生接著知道要逃走——翻過圍牆，經由小巷逃到附近佛塔的黑暗角落。阿偉當時年僅七、八歲，這段經歷是他第一次參與反抗行動。

躲藏的四名學生最後都到邊界去。其中一人臨別前留下一首詩當作紀念。他勉為其難地離開，因為他知道，叢林裡的戰鬥會傷害文弱都市男孩的身體，以及不渴望流血的心靈。勝利或死亡是回家唯一的路。

在詩中，他的眼淚落在鐵軌上。這段文字的寓意可能是無法推托的責任，或是暴政無法攔阻、國家恢復法律和秩序委員會將他們踩扁。詩中的椎心之痛，這些年來縈繞阿偉心頭。一滴淚珠擋下了火車。接著，年輕人的眼淚消散。

他的先見之明夠準確。

在泰緬邊界、在叢林中，不同種族武裝團體之間摩擦嚴重、分崩離析，和緬甸全國學生民主陣線之間也如此；少數種族武裝團體不信任學生民主陣線，因為學生大多是緬族和柔弱都市人，他們的主要目標是民主，不能保證民兵戰鬥爭取的少數種族權益。更糟的是，學生們發生內鬨，裂痕有部分源自一九八八年兩大學生聯盟之間的競爭。溝通不良和裙帶主義最後凌駕了理性。克倫民族聯盟（Karen National Union）主席波米亞（Bo Mya）甚至嘗試彌補裂痕，在學生民主陣線第三次黨代表大會殺牛殺豬，一位基督教傳教士並適時介入，以團結為題講道。還有更大的爭議：在緬甸與中國邊界和其他地區，學生民主陣線成員被控間諜而遭處死。到了一九九〇年代中期，反軍事執政團聯盟出現多重分裂且情況嚴重，似乎支持了學者和分析家的傳統嘲諷：這就是緬甸文化，沒有人懂得協商的真諦，沒有人有機會建立任何功業，因為每個不同意見都變成個人恩怨。

這種情形每天出現，數十名昔日的年輕革命分子現在面對他們的遺緒，但他們不再主導抗爭，只能隔海或隔著邊界看著翻版的相同錯誤重複上演。由於年紀漸長、在較富饒的地方舒服過日子，他們肚皮鬆弛，除了破碎的夢想，所剩無幾；他們的夢想在獲得外國資助卻無能的騙局和內鬥中發酵。

謠言大致上這麼說。阿偉知道過錯不能完全怪他們。一九九〇年代期間，軍政府離間他們，逐一與個別少數種族叛亂團體簽署停火協議。這些協議屬於臨時性質，未能解決各地區的政治問題，但因將資源和土地分割給少數種族叛軍及軍警指揮官，確保某種程度的穩定。停火協議也打消各團體團結的動機。他們陸續停止收容學生，迫使學生後退到面積日漸縮小的戰鬥區域。接著，緬甸國防軍可以將日漸強大的進攻力量全部投入於對付仍然頑抗的少數團體。

最大的反叛勢力是克倫族。但是，一個佛教派系一九九五年脫離基督徒領導的克倫族解放軍，以及它的百年政治部門克倫民族聯盟。這個分支團體——民主克倫佛教軍——背叛自己人和軍政府合作，導致克倫族解放軍總部麥那博（Manerplaw）十二月失守，克倫民族聯盟和資深政治人物、學生組成的民主聯盟，因而失去緬甸境內的大本營。

接下來，快速老化的男女青年展開漫長而艱苦的自我放逐、反省生涯，他們和故鄉的連結被切斷，和正常生活或正當收入的前景告別。戰敗的他們四處飄零，終於被迫認清武裝革命只是自我安慰的幻想，是動物學和物理學學生因為瘧疾出現的幻覺，他們在叢林中過著半飢餓、疾病頻仍的生活，以竹棍而不是步槍操練，除了年輕人無法壓抑的固執，沒有更實質的力量支撐他們。

他們在菜園種菜，闢出空地當訓練營。他們舉行會議，擬定計畫、安排組織。可是，他們沒有資源，也沒有管道取得資源。他們改採暴力抗爭，在外人眼中意謂放棄道德制高點——一九八八年為和平的「人民力量」運動增添榮耀的因素。緬甸國防軍在多年平亂行動中變得專業，從合資企業、鴉片豐收和中國獲得源源不絕的物資供應，能大規模摧毀村莊；學生軍隊面對他們，毫無勝算。

阿偉後來得知，曾躲在他家院子、不情願地拿起槍桿的詩人朋友已經喪生。他到底怎麼死的、死在哪裡——為緬甸全國學生民主陣線戰死，還是因染病、傷心而死——只有阿偉周遭的樹神、山神等神靈才知道。

然而，他們的經驗並未失傳。阿偉幾星期前在仰光接觸一名神祕的流亡者之後，認為這是千載難逢的好機會。

緬甸人偷渡接受訓練或取得裝備已行之有年——不過，袈裟革命之後一年半，由於邊界關閉、網路封鎖，偷渡的可能性縮減。現在，他終於在界河——一條有些地方窄得幾乎可以和對岸的人伸手碰觸的河流——邊緣，他可以評估能在這裡了解什麼、親眼看到聯絡人遺漏的事物，並盡量帶回資訊，和民主運動的政治中樞建立關係。

他告訴自己，他必須看起來是認真的。這代表他需要一位幫手，還有誰比尼哲更適合陪他一起去？

❧

尼哲和阿偉兩年前在英國文化協會的開放大學認識。開放大學有幾個獎學金名額，英國大使館暗地保留給透過考試獲選就讀的全民聯成員。

兩人立刻成為對手，像首度發現自己並非唯一明星的年輕人那樣競爭。他們之間的對比幾乎到了逗笑的程度。尼哲明顯很認真，阿偉則永遠看似懶散，好像遊刃有餘。他反應最快，常在辯論時像蛇轉身攻擊那樣扭轉局面。別人思考某個問題的遲疑瞬間，他猛力出擊，將他的答案分成幾點論述，立刻讓對方感覺答覆簡潔有力而直接，即使事後發覺他的理論有些並不通。

尼哲先前已接到注意阿偉的警告。他聽到的是那種可能讓人以為有些真實性的流言——人跟人之間輾轉相傳，混雜極度無知、不信任和些許自認是真相的閒話。阿偉具有富家子弟、萬事通的特質。他似乎隨時忙著做兩件事——接聽手機，或是在你說兩句話的換氣空檔對別人說話——好像你不重要，或是腦筋不夠靈光、不值得他全神貫注。

阿偉是那種讓人不是痛恨就是崇拜的類型。很少人初次接觸他之後不為他所動。即使是美琪（Maggie）也一樣，而她是他們的英文老師；美琪是波蘭血統的外國人，對民運圈內的流言蜚語未多置評。

美琪教他們「操弄」這個詞。不過，即使她嘗試照顧尼哲，幫他出飯錢、車錢，並將阿偉列為「操弄他人」的最佳例子，尼哲發現她也一樣。總之，美琪未被阿偉迷倒。這是否真的讓他變成機會主義者、生意人、藉由出賣朋友免於被捕的叛徒？反正美琪對政治也一竅不通。對於她主要根據直覺進行的評估，尼哲從不允許她糾正他的政治理念本質——只能糾正英文上的錯誤。他可能觀念錯誤，在政治上還太天真（他自知如此），並不重要。他會自己摸索弄個清楚。

如果阿偉因為遭到如此中傷，或他心甘情願犧牲表面名聲，以掩飾更重要的任務、因為扮演某一角色太成功而遭到誤會以致受傷，他將傷口隱藏在心裡。他可以默默承受，似乎因而更神祕或更容易誤導別人；如果他的痛苦以膿瘡形式浮現，他可以用笑話將它戳破。

阿偉知道誰喜愛他。全民聯當初先派他到美國大使館的美國中心念書，他馬上贏得英文老師艾莉絲（Alix）的好感——包括阿偉和他的好友亞瑟。阿偉和亞瑟並非她最優秀的學生，也不是頭腦最聰明、做作業最用心的學生。可是，他們心地善良、情緒高昂且目的單純。艾莉絲比美琪更能體諒，他們看到外面發生普遍、多重層面的侵害人權行徑，需要另一種武器，卻要長時間坐著聽句法學和文法而可能失去耐心。艾莉絲也諒解阿偉另有工作，一份更困難、在刀口上冒險的工作。如果他上課遲到，原因不會是他懶散。有一次，開始上課四十分鐘後，他衝進教室，渾身溼漉漉，好像掉進或被人推進河裡。她未過問原因，他也未解釋。他自責不已道歉後，埋頭看課本，下課之前未曾抬頭，即使是熱帶動物吹到電扇的微風也會打噴嚏，他在美國中心冷氣機吹出的無情寒風中顫抖，而且抖得越來越嚴重。

另有一天，他帶來一名女孩，宣稱她是堂妹，然後問艾莉絲能否也教她英文。艾莉絲毫不遲疑，也沒問原因或想過酬勞問題，就努力了幾星期，嘗試突破新學生的單音節障礙，不論阿偉有沒有在場。有一天，阿偉和亞瑟有禮貌地問艾莉絲，他們以後是否可以叫她乾媽；這不是拿相對年齡汙辱她，而是一種福氣。

阿偉無疑是天生的發言人。

早在一九九八年，阿偉首次出現在黨部之後幾星期，阿姨就發現這一點。她碰巧遇上讀書會——阿偉後來開玩笑，他們研讀作品的「作者等於被判死刑」——看到一個瞪著杏色雙眼、不可能離開中學太久的小人物，以早熟的大膽態度和在場年紀較大的人爭辯相反立場；當時他們討論知名小說《羞恥》（*Shame*）當中自殺情節的重要性。她一定認為他夠叛逆、被他挑戰敬老尊賢和自制傳統的態度打動，因為她親自挑選他掌管全民聯的中央青年委員會。他在瞬間跳脫以年齡和地理因素為考量的指揮系統——從地方黨部到中央執委會的領導人物都以此為遴選依據，由於做法僵化，導致全民聯被批評未能落實他們聲稱代表的民主程序。

四年後，阿姨再度遭到軟禁之後，他到美國中心聽演講，講者是兩位南非賓客。他們分享如何透過不合作對策及巧妙的公關推翻政府，阿偉後來把善用宣傳稱為「政治化妝術」。講座結束後有一項競賽，獲勝者要負責製作兩頁的大幅專刊；阿偉非常著急，好像這個任務非他莫屬。他拿到最高分。那個獎提供很大的自由——他終於能完全表達自己對國家的憂慮。

他的專刊最後送到阿姨手上，運送途徑無疑是她當時還獲准接受的外交包裹。那是初生之犢的嘗試，是他全心投入的成果，但也有亞瑟的協助。阿偉心想，他至少一定讓阿姨笑了出來。她有這樣的傾向——不避諱因為他的生澀表現覺得莞爾，但仍予以嘉勉。他另有一次把翻譯的《新聞週刊》（*Newsweek*）文章拿給她看。她快速瀏覽之後笑出聲來，問他打算拿文章做什麼。他回答，為何不把它貼在全民聯青年黨部辦公室公布欄，當作觀摩文章。阿姨把她先前派去輔導阿偉英文的資深黨員拉到身旁。對方答覆，他很忙，但會自己把那篇文章再翻譯一次。阿姨表示，這樣做就失去意義。給他魚吃，不如教他釣魚，一向如此。因此，阿偉有了英文家教。

他在報紙上初試身手，還引起更大的效應。

一個叔叔不久之後告訴他，因為阿姨指示，他進了全民聯的中央新聞委員會。

這個升遷不是兒戲，阿偉不敢掉以輕心。黨內不曾有這麼年輕的人進入負責和媒體溝通的委員會；至少，一九九〇年代初期的逮捕行動導致青年黨部失去一九八八年學生革命分子之後，未曾如此。翁瑞當然未同意讓阿偉晉升。這位全民聯主席告訴阿偉，他或許是中央新聞委員會成員，但實務上不准和記者交談。

阿偉反彈說：「為什麼？我已經超過二十歲。我是年輕一代的代表。我應該有權利說話。」

主席回答：「你太常抱怨了。」

阿偉知道，爭論是沒禮貌的行為，違反傳統。然而，不公平的待遇，以及政治上完全不合邏輯，讓他更忿忿不平。

阿姨是自由身的時候，黨從未如此消極。二〇〇〇年，在阿姨第一次和第二次軟禁之間的空檔期間，也是阿偉入黨兩年後，全民聯試圖廣招黨員。每個鄉鎮的青年黨部舉行首次會議之後幾小時，黨員就會被捕，已經成為常態，是黑色笑話中最諷刺的一個笑話。每次模式幾乎一模一樣：本地或外地全民聯年輕黨員招募十四名在地年輕人，找到一九九〇年青年黨部的幾個資深成員，並設法找到願意提供場地的房東。年輕黨員在第一次、通常也是最後一次會議中，從他們自己當中選出三人當幹部。候選人名字寫在黑板上、每個人輪流簡短演講拉票的時候，阿姨會及時現身，充滿熱情、笑容可掬，頭上插著新鮮的花朵。

年輕人知道她會出現，她也知道該何時抵達，因為他們湊足規定人數後，立刻悄悄告訴她。她顯然會在未事先通知的情況下出現，顯然是一時興起，而司機是一名忠誠年輕黨員；司機最大特點是輕率、開車毫無規矩，同時知道要開車而不是騎摩托車接送，以示隆重。如果身分不同，他或許能在好萊塢當特技演員。在緬甸，介於身在監獄遭到拷打且營養不良的期間，阿姨的司機盲目地追隨她。

他們的目標向來不是成立更多黨部。二十一世紀之初的緬甸政治環境艱難，軍政府的邪惡荒謬舉動幾乎無日不與民間反彈衝突，而壓迫的一方幾乎每次都獲勝。阿姨離開大學路五十四號住處時，不可能沒有幾輛特務車輛緊跟在後。全民聯的年輕黨員早上還在黑板上寫他們的名字，傍晚就蹲在警用廂型車上被送到監獄。

目標是抗爭當局隔離她的企圖。她出現的時候，恐懼暫時退卻。達到規定人數組成黨部的年輕人會提前慶祝，在市場攤位或茶館大聲洩漏女士可能會來的消息。

「你聽說了沒？」

「聽說什麼？」

「女士啊！她要來這裡！」

「什麼時候？」

民眾聽說了。消息傳開來。大家湧上街見她一面。接著，她會簡單說幾句話，笑著和眾人伸長的手相握，接受獻花。在那片刻，她被禁止接觸的大眾再度被希望感動，效應可能維持好幾年。

全民聯放棄如此挑釁當局，已經整整六年了。

二〇〇三年五月三十日，聯邦鞏固與發展協會惡徒在北部城鎮德貝殷攻擊阿姨的車隊、殺害至少七十名全民聯支持者之後，阿姨受到「保護性羈押」而回到軟禁狀態。

阿偉和一群被其他人稱為「女士的青年軍」的年輕黨員，從此耗費許多時間在辦公室，他們在充當青年黨部辦公室的香菸煙霧瀰漫小房間傳閱信件、抄錄其中幾封，但主要是研擬計畫，然後看著計畫被打消。他們渴望更有成果的行動，想法和「主席翁瑞的青年軍」相反，後者傾向於乖乖坐著、遵守法律。兩方陣營延續了全民聯創立初期的立場差異：一邊是知識分子和學生「強硬派」，一邊是包括翁瑞在內的溫和派退休軍官。

雖然受到軍政府諸多箝制，他們還是有辦法挖掘真相、招募成員。阿偉和朋友們覺得他們有責任記錄人權受侵害情形並傳播出去。他們有雙腿，精力無窮。他們越想越生氣，如果最活躍的代表只會無所事事地抽菸，想要維護人民權益的黨還有什麼存在意義？

低潮期至少讓他有很多時間閱讀。辦公室裡可以看的東西不多。雖然全民聯嘗試統計問題和囚犯數目，黨員們經由慘痛教訓學到，可以讓他們入罪的活動細節最好記在腦袋裡。寫成書面、歸檔在牆邊積灰塵檔案櫃的資料，經過三次突襲搜索後，所剩無幾。

不過，還是有黨章、會議紀錄、存檔新聞稿可以翻閱。他盡量了解相關內容：拼湊出現代歷史的概要，加上他個人對國家淪落混亂現狀過程和原因的見解，向一些資深叔叔說明。他也摸清楚黨的運作情形：主要人物、挑戰、內幕。他現在知道如何「粉飾」一切，用粗淺的語彙打哈哈，這使他得以磨練最高深的政治新技巧。

新聞委員會其他的叔叔觀察阿偉，並肯定阿姨因為他的本質提拔他的意圖。阿姨即使處於軟禁，仍試著為黨注入新的活力和敏銳的政治洞見。

他們私下告訴他，會給他機會。從此，他可以擔任中央和地方黨員之間的橋梁，而且可以負責年輕人特別關心的議題。

阿偉從未承認，他是護士的兒子，媽媽一九八八年曾在仰光綜合醫院治療過阿姨的重病母親，後來和阿姨成為朋友。他也未提過，父親小時候曾和翁山蘇姬跳舞，因為當年他在兩人就讀的印度男校和女校聯合舞會上，碰巧挑中翁山將軍千金的鞋子。阿偉根本不曾談過父親。每個人都有悲劇。阿偉以正當方法，憑自己的實力贏得在黨中的地位，雖然方式不傳統。

但是，雖然他快速崛起，他未能從此不嫉妒。

⁂

可是，尼哲不一樣。阿偉具有察覺他人政治潛力的本事，很快就發現尼哲的潛力。一九九八年，阿偉進入全民聯的第一年，阿偉和亞瑟彼此一見對方就覺得不順眼。看看他們之間的摩擦程度：兩人如此相近，幾乎能摸透對方的想法。

不過，當然了，亞瑟當時墜入愛河。這是白痴般的判斷錯誤。他決定娶那名女子，而他的女友雖然可愛，連阿偉也承認，卻不是民運成員。因此，這項決定其實無法原諒。亞瑟結婚後，必須照顧她。他要想辦法賺錢。他必須——罪大惡極——放棄政治。阿偉和亞瑟曾彼此發誓：絕不談戀愛，絕不結婚。現在，亞瑟要直接背叛他。阿偉好幾星期不跟亞瑟說話。他根本未參加婚禮。

此時，尼哲出現了，他眼睛炯亮、態度積極、顯然聰明。因為和美琪觀念不同，讓尼哲和阿偉有點同病相憐，他們發現彼此擁有相同願景，而且能夠退一步以清楚觀察國家前途這樣的崇高目標，並具有觀點超越卑微小我的見識。

他們四年的開放大學上到一半時，英國文化協會官員決定把學程縮短為兩年的認證課程，他們同樣忿忿不平。官員說，他們可以到泰國完成學位。

尼哲接受了證書。阿偉基於原則，拒領證書。但兩人都不願冒險出國念最後兩年書，他們知道，這會嚴重影響他們的民運工作，因為他們的身分會因為護照管制和相關文件而曝光。在他們心中，縮短學程的決定是政策急轉彎、不正當，完全推翻祕密獎學金的用意：教育民運分子，讓他們運用所學解決國內問題。

阿偉清楚看出來，尼哲具有成為明星「第一線人物」的天賦。他是天生領導者。他願意成為眾人注目焦點，態度不驕。雖然表面上自視甚高，阿偉向來比較喜歡在幕後運作。他的本事是運用策略而不露痕跡。兩人搭檔的可能性，讓他想到阿姨和爺爺溫丁之間曾經有的創意互動；皺紋明顯的爺爺原本是資深記者，後來變成黨的軍師。

阿偉和尼哲從互看不順眼的敬重開始，酒過幾巡之後，培養出逐漸茁壯的信任。最後，他們高談闊論建立自己小組的構想。阿偉覺得，要組一個小團體，「風險最低但影響力最大」。全民聯青年黨部內部日漸緊繃。二〇〇七年九月的袈裟革命來了又走。全民聯看守高層主管未採取任何引領政治的舉動，而阿偉認為，如果他們有所作為，局面可能截然不同。

掌握許多目擊證人、影片證據、照片證據——卻沒有公布管道——他在鎮壓行動過後幾個星期聯絡上緬甸民主之聲的記者。緬甸民主之聲仰賴一群祕密記者供稿，在奧斯陸進行編輯、廣播。接觸這個媒體，意謂阿偉和同志們有地方可以送出他們蒐集的所有資料。如果流亡媒體搶走所有功勞，從未說明有些新聞——在阿偉眼中，大部分新聞——不是來自他們自己的「地下記者」，而是來自革命當中角色從未見諸報導、政黨無給職的基層成員，誰真的在意？

八個月後，全民聯主管對軍政府的新憲公投毫無動靜，成為壓垮駱駝的最後一根稻草。阿偉和黨高層的被動唱反調，找了幾個朋友監察投票。

憲法草案在爭議中誕生，於十四年期間在脅迫下斷斷續續草擬，而且包含似乎擺明要藉民意招牌鞏固軍方統治的條文。原本排定二〇〇八年五月十日舉行公投。大家都知道投票會有舞弊。阿偉覺得，即便天塌下來、水淹上來，他們有責任記錄投票詳情。

結果，天塌下來了。

熱帶氣旋納吉斯於五月二日到三日的夜間登陸伊洛瓦底江三角洲，剷平小村落，接著往西北方向橫掃，穿越仰光，席捲東西兩端的孟邦和若開邦（Rakhine）。最高時速達一〇五英里的狂風捲起滔天巨浪，從伊洛瓦底江出海口入侵內陸二十五英里處，淹沒途經的所有區域，沖走茅草和竹竿搭建的小屋，將佛塔傘狀尖塔像小樹枝般折斷。一大片土地宛如遭到地毯式轟炸。大致上而言，寺廟和學校是唯一留存下來的重要基礎設施。閹割過的公牛、水牛、庫存稻種，以及漁船、肉豬、牛車，也全部被吹走；這些都是三角洲小資農民和漁民生計所繫，而他們就算風調雨順，也只能勉強餬口。沒有收成，生計難以維持。整個仰光市區，街道被傾倒的路樹和吹落的屋頂阻塞，電力和基本物資供應比平時更短缺。

國際救援人員在曼谷或外海等候當局同意他們用直升機運入救災物資，等得心急如焚。軍政府拒人於千里之外，原本已在緬甸設有據點的慈善機構救援人員，申請為數不多的簽證和許可，處理速度慢吞吞。不過，他們動員執法人員催促、威嚇各地民眾前往投票所，及時投下憲法公投票。投票那天，成千上萬名民眾仍然下落不明，人數與日俱增，直到官方統計達到十三萬八千人左右。軍事執政團雖然允許三角洲災情最嚴重的區域可延後十天投票，卻迫不及待宣布，投票率為九八％，贊成票占九二％。

阿偉和同志們被迫露天工作。他們沒有設備或任何辦法進行科學性的全國監察。他事先聯絡各地認識的人，他們近得可以暗地觀察投票所，但不用冒不必要的風險。他們準備好資料待命，等待阿偉六個朋友從仰光打阿偉的唯一手機詢問。接著，他們會打電話給阿偉在緬甸民主之聲的聯絡人進行現場報導。

要進行這些工作而不被逮捕有難度，但不會是不可能的任務，要不是黨高層的官僚腦筋僵化：拒絕比平時的上午九點提前一點讓辦公室開門，拒絕讓辦公室開到下午四點以後，雖然投票當天，投票所黎明就開，下午六點才關。

至少十二名全民聯年輕黨員擠在辦公室外，而對面就是特調組的黃色小屋。他們違反禁止公開集會的命令，每個質疑軍政府「戒律式民主路徑圖」的想法、動作、小腳步另外違反至少六項其他法規。他們唯一能做的自保方法是，每接到電話就走遠幾步，以及祈禱。阿偉巴不得招手說「笑一個」。

他沒有這樣做，是因為知道手上任務並非兒戲——蒐集並傳播他們能取得的公投弊端的所有證據，因為公投是在遭到如此致命風暴侵襲、因應如此不當的國家進行，而成千上萬具屍體仍在漂浮，在他生長的三角洲退潮留下的小水流中膨脹、腐爛。

仰光的和尚及民眾自力救濟，到外地盡可能募集物資，或是到原野摘取蕨類骨幹，將喪生者放在大型柴堆上火化。三角洲少數的道路兩旁，成千上萬名無家可歸、飢餓、失去生計的災民蹲著待援形成長龍。阿偉位於盾迭的家是極少數屋頂仍然存在的房子，他只消走出家門，就能看到滿目瘡痍的災情。每個人都受到影響。剛加入緬甸民主之聲的佼佼覺得，他非得開始記錄在風災中成為孤兒的孩童不可。他的眼睛緊貼相機觀景窗，拉長焦距拍攝殘破景象，拍到他兄弟不小心踩到一具屍體。納吉斯氣旋和它造成的混亂局面，是他們這輩子看過最詭異的景象。

不到三個月後，翁瑞揚言要組成新的青年黨部，成員由他親自挑選，因為他顯然無法再忍受年輕黨員不斷抱怨、不聽從號令。為對付他們，散布他們行為不檢的謠言——濫用經費、出賣情報給情治單位，甚至亂搞男女關係。這些是口耳相傳的指控，一旦開始流傳，甚至只要有此暗示，就可能永遠摧毀民運人士的名聲、破壞其他人脆弱的信任。「女士的青年軍」特地向流亡媒體聲明，如果他們的意見未能見諸報導，他們將必須退黨。

即便是對二〇〇七年才加入全民聯的新面孔尼哲而言，跨出黨的時候到了。

他們心情惡劣且沉默，踏上歸途：再度越過河水，經由羊腸小徑，走過草長及臀和樹木密集的克倫族叢林小徑，走到一輛敞篷後車斗的皮卡車旁；他們要按照指示，坐這輛車顛簸前進到克倫族解放軍收費站。他們要付一大筆「茶資」代替離開泰國的出境簽證費，然後——假設一切順利——坐十五小時公車經由帕安回到仰光。

阿偉說：「我應該把閣杜達（Ko Thu Ta）告訴叔叔們。」他沒有正對著誰說話，目光盯著被風捲向河面的香菸煙霧。

尼哲終於打破沉默，開口了。

他說：「不行，你不應該說。你會被人唾棄。」

尼哲幾乎一字未說，五個白天聽流亡者和阿偉天南地北閒聊，五個晚上看著阿偉自吹自擂、喝酒之後放鬆，聽他吹噓他知道哪些、他不能或不願意透露哪些，聽東道主假裝知道什麼、不能或不願意透露什麼。他對邊界這頭的局勢，或這邊的流亡民運人士受到何種影響，未增加絲毫了解。他們有如動物園的動物，關在籠子般的園區裡，受少數人驅使、當作展示品；為首的人頭頂半禿、肚皮圓滾滾，就像喜歡重談往事的老兵，不斷訴說當年勇，喝太多啤酒澆陳年的愁。他可以發誓，他們眼中閃爍的不是羨慕嗎？他們把羨慕，或者是一些較深的哀愁，隱藏在他們的英勇事蹟、降格接待、表面姿態後面，藏得很好。在阿偉眼中，或許在阿偉和尼哲兩人眼中，他們的東道主似乎想挖掘緬甸境內民運人士的經驗，好像要藉此恢復他們永遠失去的世界。

但阿偉配合演出，原因是他心知肚明而不在意，或是觀察不夠清楚。每一天過去，尼哲心情益發沉重。他原本期望很高——期望什麼，他也不確定。他原本以為，自己和朋友至少平起平坐。結果，他發現自己沒有機會開口，變成壁花。

他感到挫折，並不只是因為他未曾當過凋萎的紫羅蘭。他和阿偉一樣，具有敏銳能力可分辨盲目的卑躬屈膝和偶爾必須依俗表示恭敬。他們家有九個手足而亂糟糟，家裡有現成的制衡機制可應付任何一人的僭越言行，讓人很早就學到權力分配不均的教訓。不需要高深學問，也能看出他們家這個小社會和外頭不公平世界的自然規律之間的差異。

這意謂情況適當的時候，他能夠擺脫內疚的感覺；這是緬甸文化特有的情緒，預期自己會造成別人不悅時，罪惡感和慚愧交雜湧現。這是禮儀的極致，可避免不愉快場面；緬甸人熱情、好客的祕密主要在此。不過，感覺內疚的麻煩在於，它經常和其他重重社會責任——對父母、老師、聖人或任何超過一定年齡者——糾纏在一起。這代表它可能，事實上經常與對抗當局的衝動互相扞格，如果當局錯得離譜，你出於本能知道他們錯誤。

從這個標準看，他沒有理由拍馬屁。當時的局面當然需要表現禮貌。尊敬則否。這些人透過誰的民意支持，贏得民主運動中的領導角色？自由的新鮮空氣——他們予取予求的世界——是否造成他們產生自己太過陶醉的感覺？

見利忘義更糟。兩人冒險越過邊界請求金援，已經夠難看了。但現在，阿偉把所得全部據為己有，所有現金、裝置和主人「閣杜達」給他們的其餘物品。到底得到多少，尼哲不確定，因為阿偉——現在坐在對面，把菸灰彈進河裡——未讓他靠太近。

像猛力一摑，他首次前往湄索旅程的衝擊，現在再度打在身上：突然發現，人們甘於坐視體制腐敗而不行動。至少可以說，這個心態位於他們消極和恐懼的核心。讓人腐敗的不是權力，是恐懼。眾所周知，阿姨針對這個寫了很多。想到這裡，他猛然發覺自己同樣罪惡，因為他和他們一樣，自願——直到那當下——屈服於無能為力的局面。

那麼，他先前為何想像此行會造成差別？為什麼？因為他現在是民運分子，參與比個人需求及願望總和更大的事？因為他相信阿偉和他們的共同願景，並因而認為阿偉信任他？要不然，阿偉為何邀請他同行，進行這麼危險的旅程？

尼哲向來不認為自己判斷草率。但生意，或者說偽裝成原則的情況下，金錢權力的交易，讓他看傻了眼。他在溼熱難以前進的河中，揮手驅趕蒼蠅，思索這次第二度前往湄索的教訓，比第一次打擊更大的教訓。大家不是因為消極而不參加某項運動，而是因為民運分子——正是那些其他所有人希望所繫的人——可能和他們對抗的制度一樣腐敗。

他並不完全質疑部分流亡者的真誠，或是他們在更大運動中的重要性。他幾星期前親自發現這一點；緬甸發展委員會發言人轉入地下消失後，尼哲接替他，成為委員會一個小組和化名「快樂」的流亡者之間的主要網路「保險絲」。先前，他擔任非正式翻譯，幫委員會發言人把簡短英文更新資訊透過Gchat告知「快樂」，以交換任何值得更新的消息。在Gchat使用英文有好處：告密者和特務通常不會監看，主因是緬甸文字尚無國際通用的統一編碼，使用不同編碼的電腦之間傳送文字會變成亂碼。

在他們的零星對話中，「快樂」的即時通訊內容散發慈祥長者的友善。這位流亡人士擁有親身經驗，但沒有自認高人一等的輕蔑態度，似乎能從他們傳過去的即時通訊內容獲得足夠資訊，並盡量提供建議。

尼哲從不知道，「快樂」曾經是個年輕醫生，念醫學院期間喝咳嗽糖漿，以麻痺親子失和的煩惱，以及尼哲後來也感受到的政治不滿；尼哲不知道，緬甸一九八八年爆發抗議潮的時候，他和尼哲在二〇〇七年一樣，發現自己基於天賦成為社區的組織者；他也和尼哲一樣，原先擁有革命的美好憧憬，接著因鎮壓而美夢破滅。

「快樂」從不認為他有必要透露，他是學生部隊緬甸全國學生民主陣線的兩個知名領導人之一。尼哲也無法從看不到對方長相的網路交流得知，他對當年悲劇的感受，他略微下沉的肩膀承受了他對革命失敗、造成他們關係僵冷的責任，因為它們至少和他個人一九九一年與摩迪善（Moe Thee Zun）爭執有點關聯；摩迪善是學生民主陣線另一個自信滿滿的年輕領袖，雖然比較注重意識型態、言行強勢。務實處理當下問題一向較為要緊。

尼哲和「快樂」在Gchat簡短對話的交流重點是「建立文明社會」和「發展社區」——較不具破壞力的革命策略語言；這是麥那博失守後檢討出來的策略，民運分子改為從事漸進式任務，推廣教育並教導工人、農民：民主和人權的意義、環境的價值、勞工或女性權益，或是擁有資源的權益。這些是協助建立國家的目標，在「快樂」一九八八年嶄露頭角時是口號，只是他們使盡全力吶喊、貼在橫幅布條上的文字，卻沒想過它們的涵義，或是如何透過努力和特別關注，讓它們在緬甸社會生根。

不透露詳細生平比較保險——「快樂」的本名是奈翁（Naing Aung），綽號DNA，最近和他人一起扛起規畫更廣泛民主運動策略的責任。網路時代來臨及袈裟革命失敗後，「快樂」已協助將十個左右的流亡組織整合為一個聯盟；他們雖然在海外發聲，讓分心的外國人繼續注意緬甸局勢，也在緬甸境內招募、協調民運分子，可是，由於沒有機會公開交流，尼哲對這個人和他在國界另一邊世界的所知，只及於他是重要人物。對尼哲而言，這足以讓他信賴「快樂」具有叢林的知識、見解，能夠將知識、見解傳授給困在叢林中的民運分子。

不過，尼哲未能在湄索和「快樂」見上一面。如今，他在叢林目睹實況，只證實了最糟糕的傳聞。

情況應該可以截然不同。閣杜達——近日接待他們的主人——似乎想和尼哲談談。他個頭高大，是流亡政府緬甸聯邦全民聯合政府（NCGUB）重要的二把手；聯合政府由一九九〇年當選的候選人組成，他們在國家恢復法律和秩序委員會對投票結果置之不理後逃到邊界。然而，尼哲和他沒有什麼機會真正互動；每次他嘗試說話，阿偉就將他打斷。

阿偉從其他接待人士那裡聽到的，只是他們國際影響力的片段消息。他們似乎涉足某種龐大的跨國事業，聽起來是骯髒、腐敗的勾當。或許，所有知識和國際人脈的力量已證明會讓人迷失，就像泰國有各式各樣的啤酒品牌可選擇。

他對著阿偉說：「我不信任他們。他們只想把他們的理念灌輸給我們。」

阿偉沉浸在漫長、複雜的思考，未思索回覆他。

後來，從他們之間關係結霜的後見之明來看，他會想出適當答覆。那個時間點或許能終結所有爭執，因為他知道尼哲心裡也這麼覺得，否則他們不會走了這麼遠。阿偉當時應該說：「或許吧，但我們必須想辦法和他們合作。我們的敵人太強大了。」

他也在泰國看到許多證據，感受局面大到他無法完全掌握。不過，尼哲覺得有些懷疑，一如瞎子摸象無法得知全貌，阿偉則了解得夠多，對龐大局面的概要情況感到好奇。

沒錯，部分流亡人士的財源或許不符道德標準。軍政府的宣傳機器向來把他們抹黑為外國傀儡，隨著不符合緬甸需求的音樂起舞。一九九〇年代中期有一段時間，國家喉舌媒體經常刊登虛構情節：單純的年輕人、逃到邊界的大學生，慘遭反叛大學生強暴或其他方式虐待，得到教訓、受到驚嚇後回到本土。這是聰明的傷害伎倆。這些日子，當局的宣傳有如躡手躡腳的食人魔鬼，笨拙中帶著巧妙。民眾不把這種消息當真，善用這種消息的來源——《緬甸新光報》（*New Light of Myanmar*）當作廚房火種。不過，相同訊息一再刊登，已留下負面印象，因為內容和緬甸文化中的重要觀念若合符節。那就是：錢不是好東西。它可以買到議題，它造成目標扭曲，它會害人被捕。

就阿偉理解，這個理論不完全虛假。流亡組織必須仰賴外國捐助維持生計，意謂他們必須配合對方要求，不再完全自行掌控議題。

這並不代表流亡人士的說法不值得聽。他們擁有許多累積的經驗。況且，真相比表面複雜，阿偉不必出國，也知道自己的成見可能錯誤。不是每個流亡組織都偏離正道或利用他人，或自我膨脹認為他們重要無比。他們的工作包括成功說服西方政府對緬甸實施制裁。在一九九〇年代期間和袈裟革命之後，一波接一波的措施讓將領、他們的家人和重要親信的財產及國際旅行權利受到手術般嚴密管制。即使未導致軍政府破產，他們無疑在破壞軍政府於國際、國內擁有的執政合法性方面扮演主導角色。其他組織甚至設法讓緬甸勞改普遍的情況曝光，在國際間引發足夠批評聲浪，軍政府難堪之餘，現在必須接受國際勞工組織（International Labor Organization）監督。流亡人士很早就察覺，軍政府想獲得外界認同的渴望，是最大的弱點，包括加入東南亞國協，他們可以加以搖撼以動搖其核心。

此外，阿偉非常明白，民運很可能變成山頭主義。他形容這是「家庭式政治」，說的時候有點嗤之以鼻。為了佐證論點，他會滔滔不絕地舉緬甸的破滅夢想為例，涵蓋當年全國對抗英國統治的首次抗爭，以及目前的停滯時期。他會從翁山和舅子丹通（Than Tun）之間的權力鬥爭講起；丹通是緬甸共產黨的領導人物之一。他接著會一直談到一九八八年，也就是第一個推翻一黨專制的好機會。然而，一九五〇年代的資深政治人物走自己的路，後來組成全民聯的知名領袖們走另外一條路；接著，創立全民聯的三巨頭分道揚鑣。

一九九〇年代之後，學生的歷史同樣黯淡。

阿偉會敲著桌子說：「我們必須改變這種歷史。」他指的是導致他們僵持不下的新歧見。

不過四個月前，他本身和青年黨部大多數成員大張旗鼓退出全民聯的舉動，似乎沒有直接關聯；阿偉無意違背黨的大目標。他退黨之舉是戰術決定，只是他一觸即發的桀驁不馴個性的反應。然而，此舉關鍵其實是他不滿黨的最後目標完全沒用；黨的目標是以民主取代軍事統治，在那之前，他們的舉動要宛如真的民意代表。

在外頭，在全民聯和他們想在合法範圍內達成民主的努力之外，更廣泛的民運界有可取的智慧。他十月退黨掙脫黨的束縛後，阿偉現在才能探索這些智慧。

可是，過去五天來，機會實在有限。基於安全考量，他們未能離開流亡者居住區，冒險進入湄索本身。湄索是個雷區，不但到處都是想要抓非法移民的泰國警察，也有很多特務，這是阿偉具有特別不愉快經驗的消息，因為他最近想取得護照但未如願。他掏了一大筆錢透過中間人辦護照，對方宣稱能快速過關，否則保證退款；這對市井小民來說不太可能，更何況是曾經加入全民聯而背景較複雜的人。阿偉被叫去護照辦事處，和高階情報官員見面，回答令人覺得大勢不妙的巨細靡遺質問，包括退出全民聯的原因和時間、是否仍然接觸資深政治人物及原因為何。他謹慎誠實地回答，足以在未實際出賣他人情況下度過質問。面談結束時，情報官員告訴他，二十四小時後回去領護照。官員笑著說，阿偉唯一要做的是，出國期間每隔兩週向當局報到，提供他見過的所有人物的名單。阿偉向官員道謝，露出燦爛笑容——然後快速離開。他甚至未想過找護照中間人索回龐大費用。

軍政府影響力範圍龐大。不以複雜的欺瞞手段、自己互相監視的關係對待他人，已經夠困難了。大多數人都有當和尚的姪子、有加入全民聯的叔叔、有從軍或當農夫的表兄弟、有念大學的姐妹，或是有個在某方面收受賄賂的公務員親戚。顯然，移居外地的緬甸人，不論是在泰國或其他地方，都有同樣的煩惱——因為常常回頭看，脖子長期不由自主地微微抽搐。

不過，這趟旅程雖有諸多限制，情況卻和神祕聯絡人幾個星期前告訴阿偉的一樣。

提出邀請的人讓他沒那麼尊敬且開了眼界：他評析的結果是，通往民主的道路鋪滿了善良用意，但能力少得可憐。他們需要技巧，他們需要知識，他們必須了解國際局勢。有多少次，阿偉思索同一難題，不斷想釐清原委。

阿偉認為，尼哲絕對不懂與重量級人物建立聯絡管道的重要性。尼哲認為這樣做是不正當的權力遊戲，好像阿偉累積這種人脈只是為了虛榮——如果阿偉捫心自問，他確實有一點。只不過，這是唯一辦法。民運界的人際關係非常重要。如果他對學術有丁點兒興趣，或許會針對這個主題寫大部頭書。民運不是慈善工作。有時候，它要依靠親屬關係或愛情、友誼的凝聚力，才能在偵訊時不為所動，不論偵訊有多嚴厲。然而，避免互相猜疑的唯一辦法通常是交換利益，你幫我、我幫你。遭到背叛、利用的風險在這一行是常態。社會運動在資訊封鎖的半透明環境形成、持續，又充斥告密者、受到只能片段進行的通訊阻礙，就會有這樣的特質。

十一年來，阿偉在民運的核心或核心附近工作，從最出色的人物身上學習。他和資深叔叔們成為好友，和阿姨變得如此親近，當她可以自由行動的時候，會叫他寶貝。他們成為姐妹、父親、子女的替身——他們永遠無法擁有，或者已經消失，或者因為長期離開而形同陌路的親人——是次要的。阿偉因為和他們熟識，成為老一輩和新一輩的重要橋梁，將數十年反對軍事統治的經驗和他這一代不成熟的能力連接在一起；他的世代失去接受良好教育的機會，在沒有長輩的情況下，摸索自己的反叛之道。

另一方面，誰能否認他們需要資源？為何不從流亡人士身上榨錢？流亡人士對於利用緬甸國內的聯絡人導致危險，並不會感到內疚——負責聯絡的活動人士，每個行動都有失去一切的風險——當他們向外國人請求金援的時候，這樣才能宣稱自己擁有較大影響力。阿偉知道夠多他們的把柄，或者知道某些流亡團體肆無忌憚地對他在國內的朋友提出要求造成的風險，因而臉色鐵青。

但當時，在舢舨上，他沒有時間安撫對方。尼哲是個菜鳥，在全民聯資歷還淺，必須扮演次要角色。他就是不了解。就政治上來說，阿偉必須看起來擁有主導權——雖然尼哲似乎會覺得不公平。要和流亡者建立平台，阿偉必須看起來有分量，比他覺得的更具分量，至少足以讓對方把國內的叔叔們需要的消息告訴他，同樣也似乎有能力領導可能在更廣泛民運中占有一席之地的組織網。

跑這趟，他們多了一支手機和十萬元（約五百美元）。當然，藏匿戰利品的責任落在他身上。擴散風險有何好處？閣杜達這麼告訴阿偉：阿偉是主要的聯絡對象，阿偉要求這次會面和設備。因此，阿偉要負責把財物走私回去。

但這些要說也說不清。

阿偉和其他人一樣，生下來就處於不利環境，被迫生活在軍事執政體制豎立的高牆之間，即使最親密的朋友也不能倖免——雖然他能夠分辨傳統和習慣，明白極權統治的桎梏造成社會多大傷害。不論阿偉或尼哲，或是任何想法開放的人，能夠以言語突破高牆，允許自己開誠布公、直接了當地溝通。每個人的想法互相閃避。每個消息必須衡量有無虛假。即便賭上性命信任，就像阿偉信任尼哲，對於每個人來說，保持沉默永遠比較安全。

不過，他內心還是有些不快。阿偉感覺自己微不足道。是真的嗎？他被人玩弄了嗎？雖然他盡力嘗試，他無法完全接受自己的說詞。任務完成了，在某種程度上。現在，他們必須想辦法齊心一意地回去。一切為的是什麼？

其實，這趟旅程戳破他設想的局面。當然，他得到了更多聯絡對象。他見識到國際決策的力量，學到如何運用「迴力鏢」效應，訴諸外國第三方對軍政府施壓。他看到更多創新做法的可能性，例如經營藍山電台（Radio Blue Mountain）的團體；這家電台製作雙向互動式節目，針對派駐在偏遠地區的國防軍不滿成員播出，鼓勵他們大聲說出怨言。謠傳上百名士兵逃兵。

通常關鍵在於適時小推一把。策略性非暴力行動方面的美國理論大師赫維（Bob Helvey）上校和夏普（Gene Sharp）教授，大約十五到二十年前曾對這些流亡者當中的部分人士傳授祕訣：你可以破壞支撐獨裁制度的結構——公務員、官僚體系、普通士兵——前提是你提出一個可行的、不同未來的願景。

阿偉甚至可以察覺到，東道主不過把他當成菜鳥——一個不入流的玩家，擁有打帶跑、快閃組織網的可憐計畫。他擬好方案，原本指望從閣杜達——當通（Thaung Htun）醫師——身上獲得兩倍的錢。

但如今，他欠一個流亡者人情。阿偉和尼哲離開時，他們缺乏資金、仰賴別人的狀態，讓主客雙方像老虎繞圈彼此打量的感覺更加複雜。沒有足夠時間讓他們打破不信任。

而且，流亡人士對全民聯運作機制，以及誰做了什麼、如何做、為何做的了解只有一點點。政府有軍事情報局、聯邦鞏固與發展協會，還有特調組。他們在每部電腦、每支手機、每個街角都有耳目。追根究柢，流亡人士能憑經驗、人脈幫助他們達成什麼？他們想到——從邊疆回到家的路上——軍政府或許終究獲勝了，心裡非常痛苦。

軍政府真的贏了嗎？緬甸國內外的民運分子，不是正在建立超乎任何個人想見的更遠大事業嗎？阿偉說不上來。這趟旅程唯一的持久結果，是令人極度沮喪的確定事項：他和同志們只能靠自己打拚。

The Rebel of Rangoon

# 爺爺
# Grandpa

在這個1930年出生、眼光宏偉的男人心中，想辦法參與政治第一線工作，一直是當務之急。他的童年在緬甸爭取獨立的奮戰中度過，在脆弱的議會民主時期那幾年成年；他在無政府的內戰亂世擔任記者和總編輯，逐漸歷練，經歷軍事統治，以及接下來國家每況愈下、持續到1988年的漫長沉淪……

今天是二〇一〇年三月十二日。我今天滿八十。八十歲有點太老了。從我這裡可以看到公墓的火葬場。它並不遙遠。當我說「它並不遙遠」，不要問我，這最後一段旅程的終點是否逐漸接近。不要告訴我，終點還很遙遠。

我知道我的人生旅程終點逼近。我知道火化的柴堆近在咫尺。

我知道有生之日越來越少。

我知道死神接近。

不過，除了知道這些，我知道自己還有很多工作要做。這是我在這裡想要說的重點。

——溫丁，《那是什麼？人間地獄》（*What's That? A Human Hell*）

一向講究遣詞用字的爺爺，未美化自由。鐵窗之內沒有自由；在單獨拘禁的沉寂中，沒有了不起的頓悟；沒有讓人獲得救贖的心靈解脫時刻。沒有一絲理由可以證明，他四分之一的生命應該耗在監獄。他們把他踢出來的時候，一切情況沒變。溫丁告訴一名到仰光採訪他傳記的法國國際電台（Radio France Internationale）記者，他獲釋後的自由是齣「鬧劇」；記者並不知道，溫丁正在和自己的生命賽跑，亟欲在那一年推出自傳。

他們在二〇〇八年九月二十三日把他踢出永盛監獄。他在牢裡待了十九年兩個月又十九天，只剩九個多月就服滿刑期。他們打開牢房時，太陽尚未把上午曬成溼熱火爐。他拒絕走出牢房，不按命令收拾少數書籍和舊衣服；拋開根據刑事罪程序法赦免條款第四〇一條釋放的汙辱，因為同意獲釋意謂接受政府特赦，好像當初他真的犯了法。此外，釋放有個條件：簽字具結未來不參與任何政治活動。他們還不如緣木求魚。

首先，他以前拒絕過獲釋。一九九一年，他們以豐盛的中飯款待他之後，提出相同提議。後來，一九九五年又有一次誘惑；事後來看，那次機會難得，可讓他和翁山蘇姬、剛獲釋的其他全民聯創辦人吉蒙（Kyi Maung）及丁吳團聚。上一次誘惑不過是七個月前的事。當時，他剛動完第二次疝氣手術，躺在仰光綜合醫院地下室看守嚴密的病房休養，而他們必定認為身體虛弱或麻醉造成的暈眩讓他腦袋不靈光。

此外，他在二十年牢獄生涯全程中，從未低聲下氣臣服。他一九八八年成為全民聯高層之前，擔任記者工作四十年，這個經歷等於在緬甸政治亂局中逆流挺立的長篇紀錄。他結束第一份工作，從仰光大學蹺課，幾乎徹夜未眠，趕出法新社最新報導電文，在日出前將稿子傳到瓦城；他和夥伴創辦報紙，首開以嚴厲社論批評的大膽作風；他前往靠近中國的山區採訪克欽族，發表他們赤貧和隔絕慘況的報導，第一次和緬甸國防軍槓上——從頭到尾，他從不畏懼說出需要讓外界知道的故事、他覺得必須付諸輿論探討和澄清的議題。如果這代表他要採取有爭議的立場，冒被關的風險，或面對軍方危險的僵化思想，就順其自然吧；早在一九五八年軍事看守政府時期，他就洞悉軍方思想食古不化。

在獄中，他嘗試過絕食；和監獄警犬關在狗籠裡時，隔著鐵條以吶喊方式發表重要紀念日的演說；當局舉辦展覽，將一九八八年示威潮描繪成「破壞分子和恐怖分子」煽動的暴動，他撰寫二十五頁長篇文章駁斥。他們一九九一年曾把他帶出牢房，到仰光威斯亞（Wizara）路的特使展覽館（Envoy Hall）看展覽，這是他們首度嘗試轉化這位知識分子的伎倆之一。展覽的宣傳標題是：「唯有軍方強大，國家才會強大」，溫丁像個很有耐心的小學校長，回應說：「事實是，軍方出自人民的子宮。因此，宣傳標題應該改成，『人民是軍方唯一的父母』。」他繼續陳述己見。他開誠布公寫出內心的話，珍惜每一張得來不易的紙張，以真相戳破他們的謊言。

他最大膽的反駁需要運用另一種技巧。犯人禁止擁有紙筆，在二十年監禁的大部分時間，有東西閱讀是痴人說夢。唯一的解脫是獲釋或者不知苦痛，如果肉體可以對偶爾遭到毆打、光禿禿水泥地板傳來的透骨寒冷感到麻木。以禮物形式或交換方式獲得方頭雪茄，但不點來抽，而是把芳香的雪茄葉拿到鼻孔前聞，蓋過四周的臭味；剝開菸葉，以顫抖的手指找到拇指大小的濾嘴，總是以報紙碎片包裹的濾嘴；然後將紙片對著光線看，端詳上面的兩三個字或隻字片語；這是他發現，或者說重新發現世界的方式。

讓他們摧毀肉體。讓他們把每一天蹧蹋成像動物苟活的例行公式。牢獄的艱苦蓋住皮膚每道龜裂處，從每個毛細孔冒出。不過，為言論自由而活的文字工作者溫丁，不願容忍精神挨餓。只要囚犯集體在獄中受苦，且腦筋還靈光，他們會嘗試以其他方法調適。他是獄中寫作和出版活動——他形容為永盛聯合行動委員會（Joint Action Committee）——領導者兼前輩。相關活動的構想涓滴累積，藉由敲打水管或飯碗、牆壁，在牢房之間傳遞訊息；以特殊排列的小石子或打結塑膠袋、捲在方頭雪茄裡的紙條傳遞，他們用香菸、緬甸鈔票或其他任何暗藏的值錢物品收買獄方人員和輕罪罪犯，幫忙傳遞方頭雪茄。洗澡時間成排集體淋浴的十五分鐘，或是特別幸運的話，放風一、兩個小時，這些零星進行的實際對話溝通效率高多了；能放風多久取決於特定管理員，他們知道何時睜一眼閉一眼、該假裝視而不見多久。

在幾個月期間，團結一心的嫩芽綻放成一項運動，唯一的界定是持續不屈服、針對監獄的不公義發聲，以及不斷擴大參與者網絡，直到最後擴及至少兩棟房舍和二十多間共住牢房。說真的，將反對軍事統治最力的人一網打盡，然後把他們所有人關在幾百碼範圍內，從來不是聰明之舉；這些反對者五花八門，涵蓋狂熱共產黨員、武裝少數民族游擊隊的領袖、天真的中小學生、退役軍方指揮官、國會當選人、一位皺紋不少的新聞界大師。永盛聯合行動委員會的領導人如果在鼎盛時期點名，可能出現三百多名囚犯，以及太多的警衛和基層工作人員。

他們的規模呈現在集體表現。在憤怒偶爾發作，或痛苦得讓人想啃掉自己手臂的長時期無聊之間，囚犯們陷入國家多年來的麻煩：派系主義。監獄裡派系情況更糟，宛如太陽的全部熱力集中在高牆圍繞的金屬欄杆世界培養皿中，而裡面的人除了囚犯編號什麼都不剩，他們必須不斷對抗低落和沸騰的情緒，以及淪落同類相殘的省事野蠻行徑的衝動。

在監獄裡，必須找出並防範受刑人房舍當中的間諜——囚犯裡的普通罪犯，他們如果發誓通報政治犯的言行，可以不用清理戶外廁所，或從事其他最骯髒的雜務。在這裡，民主只是個計謀彼此競爭的公平場地：利用廢物發明簡單電動裝置的足智多謀或鬼腦筋；如果窮得無法賄賂，就運用社交技巧建立人脈，以便有更多機會取得一顆雞蛋、一些魚乾、任何少許蛋白質，在沒有其他營養來源的困苦環境補充養分。五個沒洗澡的身體擠在十呎乘八呎的牢房，會使他們小小不同待遇的自戀心態惡化、擴大，直到演變成生死攸關的事，有時伴隨暴力。牢裡發生過這些例子：「共產黨」揚言要把他們「當女人」，害「學生們」嚇得半死；或是可以救命的走私痢疾藥物不給病人服用，而是囤積起來分給意識型態和自己相同的小圈圈成員。這樣的怪誕小動作足以將同情者變成死敵，甚至是終身敵人，而且造成敵人的機率較大。

不過，同仇敵愾的焦點超越一切，弭平這些差異，直到形形色色的人都整合在一起；從核心政治犯開始，擴散到輕罪罪犯、毒販，以及經常被迫關在同牢房、不在乎政治的雞鳴狗盜之徒；接著延伸到同情他們，或者有物質需求，或是不滿處於軍方種姓制度底層的監獄工作人員。溫丁很得意，聯合行動委員會當中，每個族群都至少有一名成員。

每個人各司其職。自命為「媒體與資訊委員會」的成員運用迂迴巧思，將這些東西走私到監獄裡：本土雜誌、罕見的《時代》（*Time*）雜誌和《新聞週刊》（*Newsweek*），以及——太神奇了！——兩台而不是一台袖珍型八波段收音機，還有電池。他們蹲在陰暗處，將收音機傾斜到適當角度，可以收聽非法的流亡組織廣播，也能聽到官方緬甸電台，掌握國家宣傳的最新內容。為了以公報形式傳播消息，他們找上筆跡最漂亮的年輕人，他後來因而負責督導「手寫期刊產製委員會」。

「醫療協助委員會」共同主席索民茂（Zaw Myint Maung）醫師和敏奈（Myint Naing）醫師在獄中執業，兩人是全民聯一九九〇年國會議員當選人。乾淨的針筒或草藥、酊劑進到他們牢房，變成土製藥品送出來——療效有限但很重要，即使不能治癒任何一例肝炎，仍足以讓人維持希望。

其他人撰寫感性或象徵性的長篇大論，內容展望監獄之外一杯濃郁香茶的詩意，或回顧大學時期不安分的心情。他們的詩大概會寫成這樣：

讓他們知道，
那些渴望權力的軍方人士，
那些邪惡的軍人，
他們想建立一個軍事國家，
實施軍事民主和軍事政治，
我們將以打鬥孔雀的力量抗戰到底，
願我們的努力名留青史！

他們永遠無法創造出傑作。不論作品多抽象或是像簽名塗鴉那麼難懂，它們只夠讓渴望有事做的心靈、除了勞力不能做任何事的手創作文字，以表達觀點、抒發情緒。

對於溫丁而言，他將成功寄託於以一筆一畫爭取自由。能辯到最後的真理才是真理。他帶著叔伯般的驕傲，看著年輕囚犯將遭到壓抑的熱情轉化成兩本新雜誌。第一本叫做《海嘯》（*The Tidal Wave*），主旨是紀念一九八八年三月第一個喪生的學生；另一本叫《新血浪潮》（*The New Blood Wave*），配合仰光大學創立六十週年推出。他們湊了一百零二頁，封面、封底以插畫裝飾。手抄本在他們能力所及範圍內流傳。至少有一本埋在四號房舍外面的泥土裡。有人把另一本藏在池塘和軍官宿舍之間。

他們發行的刊物還有政策文件、每週公報、純政治文章，以及私人向緬甸偉大人物致敬的作品，致敬對象包括翁山蘇姬和總理吳努——失落的議會政治時代的前輩。相關內容裝滿兩吋厚的書，由手最巧的囚犯以塑膠袋、紙板、木片和廢布縫合而成。到了一九九五年十一月，囚犯們作品集的內容，已形成言論自由的燃燒彈。一九九八年抗議潮高峰時期後在街頭消失的那類內容，如今像夢一般盤旋在專制政權末日，以及下一階段的黑暗黎明之間。

那些文章也不是鬼魂的囈語。把訊息傳遞給探監者的機會也許不多，因為當局有人在旁做筆記，但囚犯當中總有人可能獲釋，那麼，他可以把「國家政治」委員會、「教育」委員會，或是負責紀念某特別日期委員會的理念帶出去。如果說，在永盛裡面、懲戒房之外的時間變成緬甸為期最久的政治研討會，並非諷刺之語。

至於溫丁，則掌管大局。

在這個一九三〇年出生、眼光宏偉的男人心中，想辦法參與政治第一線工作，一直是當務之急。他的童年在緬甸爭取獨立的奮戰中度過，在脆弱的議會民主時期那幾年成年；他在無政府的內戰亂世擔任記者和總編輯，逐漸歷練，經歷軍事統治，以及接下來國家每況愈下、持續到一九八八年的漫長沉淪。

一九四五年，年少的他犯了一個錯誤。他當年十五歲，看到翁山將軍正用自己從井裡打的水專心盥洗，不禁瞪大眼睛、呆若木雞。翁山那時轉移基地，暫時在仰光北方兩小時距離的溫丁叔叔家休息。年輕人一時不知道說些什麼，後來問偉大的將軍，他能否加入爭取獨立的戰鬥行列。他已目睹日本人占領的殘暴，還從和翁山並肩作戰的叔叔身上感染到一身民族熱血。將軍起先像個幻影毫無反應，最後停下動作，仔細打量少年。他問：「你還在念書嗎？」溫丁點頭，他其實只比將軍小十五歲。翁山說：「那好好把書念完。我們有足夠的戰士。我們需要有頭腦的人。」

事情就這樣過去。

他早在十八、九歲和二十歲出頭時，就拿散文初試身手，學到兩件事。第一，他永遠當不成詩人，文筆也比不上朋友。學朋友們寫詩或文章，一再證明他不適合吃這行飯。第二，雖然他大部分時間總是把「真正作家」奉為圭臬，他很快發現，自己渴望身在暴風眼。簡單說，他是個記者的料。

一九五七年，他剛以荷蘭出版社顧問身分，結束在歐洲大開眼界的行程回到仰光，創辦《每日鏡報》（*Kyay Mon*）；他和共同創辦人在報紙中添加主張和平的社論。緬甸獨立九年之後，就被戰火蹂躪。三個共產黨組織和幾支少數民族叛軍，與軍方爭奪實質控制權，而軍方仍擁有贏得獨立戰爭的驍勇和效率。一年半之後，《每日鏡報》成為國內發行量第一大報。兩年後，吳努總理宣布他的政府無法遏止動亂，將權柄交給尼溫將軍領導的軍事看守政府，報社被迫關門。

溫丁接著在瓦城擔任國有報紙《漢達瓦底日報》（*Hanthawaddy Daily*）總編輯。他引領報紙度過新聞自由持續緊縮的時期，看著自己從直接了當的新聞轉型為以隱喻和影射方式報導。在他管理下，這種情況最後難以為繼。《漢達瓦底日報》終究遭到勒令關閉。他無法找到工作，眼睜睜看著國家的貧窮和他拮据情形日益惡化，透過和碼頭工人及工廠勞工談話獲得慰藉。他終於有時間和少數民族相處；對於一個年輕的忙碌緬族人而言，大致上無法體會他們的困苦。經由接觸少數民族，他擴大了人脈網和他對社會的了解。

有一天，他學到一個耐人尋味的小知識：蚊子叮螃蟹的眼睛，會讓螃蟹送命。他根據這個寫了一篇文章，日後成為他最受歡迎的作品。文章在學生和革命分子的地下報紙流傳，這些人一讀就知道它主旨是批評軍方統治，而且用心觀察的話，可以找到罩門。在獄中，溫丁有足夠時間思索，他在一九八九年七月四日被捕——即便對全民聯領袖而言也算早——是否為當局對〈螃蟹〉作者的特別報復行動。

在永盛監獄裡，他至少不必再拐彎抹角。他為聯合行動委員會草擬全民聯獄中「會議」的報告、提出主張和緬甸共產黨及學生政黨「新社會民主黨」（Democratic Party for a New Society）合作的政策說明，以及他直接稱為「團結十大原則」的行動計畫。

政府的運作一九八八年戛然而止時，他的選擇有限。他成為作家聯盟（Writer's Union）副會長；專業人士當年八月和九月組成團體，以呼籲、鼓勵或探索解決國家動盪的社會辦法，作家聯盟是類似組織之一。他們聚集在翁山蘇姬的湖畔別墅，而翁山蘇姬仰賴溫丁提供建議、經常說明國家現況，因為她剛從僑居的外國返回少女時代就離開的緬甸。他隨即被任命為新成立的全民聯的三位祕書之一。從全民聯創立到他被捕的九個月期間，他和祕書長翁山蘇姬並肩工作。他成為重要軍師。

那幾乎稱不上是辦公室工作。即使到了一九八八年，全民聯還不算是一個實體，比較像理念——恢復人民自由權利的基本渴望，而在革命困境中一拍即合的廣泛聯盟。那是個沒有界線、沒有高牆的任務。在監獄裡可以找到對抗軍政府的新方法，是溫丁迄今最厲害的反擊。

他的反擊關鍵是監獄實況的紀錄。資料從每個角落慢慢流入：六號房舍六公尺見方的懲戒房或是五號房舍的供詞；五號房舍又稱「女性區」，因為囚犯被迫學女性說話、動作，否則要在鋪了碎石的地上來回跪爬，或匍匐前進好幾小時而皮開肉綻。一九九五年底努力三個月之後，他們在一個塑膠袋上蒐集了七十多個簽名，囚犯編號也列上。他們以三包即溶咖啡的價碼買通監獄人員或一般罪犯，把塑膠袋藏在水桶提把裡傳遞。

塑膠袋最後送到三舍二房編輯。溫丁因為另一次手術而起先視力模糊，躺在充當病人睡墊的墊高木條上，瞇著戴圓框眼鏡的雙眼閱讀，抿著牙齒掉光的嘴唇。他全心投入：修改、調整，再度以此生的主要動力──以語言代替行動的節奏呼吸。聯名信完成後傳給索民茂醫師、亦即「Z醫師」，再走私出監獄送到一個朋友手上，接著輾轉透過一連串人脈送交橫田洋三（Yozo Yokota）教授──聯合國緬甸人權特使。

就在那時候，也就是十一月十一日，整個行動曝光。一名重要參與者在偵訊中招供。一名囚犯被逮到持有聯名信。當局花了幾天挖戶外廁所外面的土地，以及四舍一房到十八房和三舍、五舍、六舍的水泥地板，搜到夠多違禁品──指甲剪、十呎電線、兩枝簽字筆──引發常見的不公開獄中審判啞劇。

光是因為從事聯名信的勇敢舉動，他就免不了受到更多毆打、被關在狗籠九個月，以及後來在單獨監禁狀態下保持不發瘋的艱苦歲月。

由於持有違禁品，十個人被判勞改。另外二十二個人，包括溫丁，總共被判刑期增加一百五十七年。他們的刑期執行方式涵蓋單獨監禁、移監到偏遠地區監獄、毆打和勞改。五花八門的處罰導致失明、失聰、行動能力損害，雷丹（U Hla Than）更因而送命。雷丹是毛淡棉（Moulmein）農民之子，後來當上律師，接著成為殖民時期監禁罪犯的離島科科群島（Coco Islands）的全民聯國會議員當選人。死亡證明記載他的死因是肺結核和感染愛滋病毒，卻很少有人質疑懲罰措施在他身上留下致命傷的痕跡。

在這件後來變成罕見政治審判研究個案、但屬於較傳統的制度漏洞例子中，一位姓名不詳的書記盡責地記錄審判過程，文件由法官簽名，不知如何外流到他人手上，接著轉手給其他人。最後，文件轉到政治犯扶助協會（Assistance Association for Political Prisoners）——一名永盛監獄前囚犯二〇〇〇年在湄索成立的觀察組織。

當過藝評人的溫丁如果遭遇不同，或許會喜歡這份審判報告的評論。前後不連貫的陳述和矛盾處，因為每個人的證詞相互牴觸，具備荒謬主義劇本的故作正經模式。不過，報告從零散的資訊建立了一座記錄他們小心翼翼合作的紀念碑，證明決心從事改變社會重任的人在高壓環境桎梏下，不但不願屈服，反而砥礪得更倔強。身為參與報告的一員，他找到另一種滿足。他獲得機會寫自己的劇本，然後發表他前兩次在永盛受審時沒有機會發表的獨白。

他一九八九年被捕的罪名，是涉及一名未婚年輕女子非法墮胎案，因為他收容她的男友。這名男子的父親剛好打電話到遭監聽的全民聯固網電話，打聽他的消息。很不幸的，溫丁因為擔任黨祕書，接起了電話。當局草草判他三年徒刑，他刑期即將屆滿時，他們又加了一項十一年徒刑的新罪名。他的第二次審判和第一次同樣草率。

當年的偵訊，一九八九年的第一次和一九九二年的第二次，讓他猝不及防，但他被打擊得頭昏眼花，不是因為他們毫不尊重長輩，或是偵訊時的凌虐打掉他上排牙齒、造成六旬身體割傷和挫傷累累。強力震撼來自他發現，他心愛國家的司法系統和基本人文徹底遭到扭曲。

他一九九六年三月第三度受審時被剝奪聘請律師的權利，和其餘二十一名被告陸陸續續被推進祕密法庭。每個人提出自己的抗辯，有時傳喚另一被告當證人。所有人都不承認十五名指控者提出的罪名。一九五〇年的緊急條例規定，民眾故意散布不實消息要受懲罰，他們將這項規定反過來運用，作證說，寫的每件事都是事實；不過，詩歌、信件或其他各種被控的文字不是從未存在，就是無法追查源頭到他們當中任何一人；如果查得到源頭，那些內容其實是情治人員捏造的；他們的簽名如果不是真的出自偽造，也是在脅迫下簽的；或者，假如某份草稿和某個囚犯的筆跡相同，純粹是因為個人因素寫的。

溫丁在自己的審判中慷慨陳詞。他的答辯重點在審判筆錄紙上足足寫了一頁半。他重提自己先前參觀批判一九八八年動亂展覽後的二十五頁長篇駁斥文章主題，歸納五個重點：（一）「軍方想繼續在緬甸實施軍事統治」，（二）他「無法接受國防軍主導國家命運」，（三）他「反對軍方干預新世代學生和全民參與的一九八八年抗議」，（四）他「支持翁山蘇姬女士為下一代建立民主不眠不休的努力」，（五）呼籲當局重視政治犯受到的折磨，他獲准會晤兩位外國代表，包括見聯合國特使和美國參議員李察遜（Bill Richardson）時，就提過這件事。

接下來，他抱怨影響囚犯的幾個較急迫問題。囚犯要求權利時，當局只准他們加熱食物。有人要求將政治犯單獨列為一個類別的囚犯，後來無人聞問；一九八八年以來，政府一直否認有政治犯。此外，獄裡亟需醫療服務。

最後——因為，為何不當個執著細節的人？——他深入說明自己被控的罪名。他找到幾個可以挑剔的罪名。他表示，老實說，他無法寫詩，因為他太老了。而且，僅僅因為文章沒有署名，並不代表是他寫的。問法庭上有無任何人見過聯合行動委員會向聯合國申訴信中提到的其他問題，似乎不相關。

整體而言，他的陳述有點詳盡過頭。可是，沒有人可以說他完全逾越體制現實的界線。

就他現在——沉悶的二〇〇八年九月二十三日——的看法，如果他們的規定有任何邏輯，他應該三年前就提早釋放；監獄規範說，囚犯每服刑一年可減免二或三個月刑期，他據此算出假釋日期。

在這方面，他有過經驗。最糟那天發生在二〇〇五年七月五日。結束了，他告訴自己，十六年零一天的整肅。我坐完牢了。他收拾少數幾本宗教書籍、一件T恤、一件龍吉，然後把其餘私人物品送給一名友善的警衛：一個舊枕頭套、幾片餅乾、一名探監朋友送的最後愛心包裹的少數剩餘物。當天，他在牢房外和大約一百張熟面孔站成一排。監獄主任跳到他們前方開始演講，滔滔不絕而且內容不合宜，引起常見的連聲抱怨。他一度停下來，把溫丁叫到身旁合照，有如看到明星高興不已的遊客。困惑的溫丁照辦。接著，所有人被架著走到出口。他們走過紅色的門，穿過監獄中央道路，然後走出大門到街道，外面有兒童嬉笑，顧客在街角茶館以剛出爐的烤餅沾辣湯吃，輕鬆聊天嘈雜不休；朝聖者在大金塔金碧輝煌的光芒中膜拜，鳥鳴隨塔尖響鐘的震動起落。每個人都能聽聞這些以及更多景象，只有八個人例外，因為他們被要求留下來。

警衛笑著說，當局為他們這一小群人安排特殊的告別儀式：和內政部長進行出獄面談。他們被帶到一間辦公室。溫丁被單獨請到另一間辦公室。他在裡面等。等了又等。打破寂靜的只有蟬鳴、烏鴉叫，以及將永盛一天分割成地獄般片段的警衛沉悶喝令聲。中午變成黃昏，日落淪為夜晚，他最後被悄悄帶回原來的牢房，沒有人解釋原因。

如果四年後他再度上當，那就太遜了。

因此，那天早上六點半，他們搖晃鑰匙開門時，他厭惡地揮手撥開早餐的粥，把它倒在牢房門口的大洞，不願走出牢房到外頭樹蔭下；長在監獄乾燥庭院的那棵樹，枝幹雜亂扭曲，可能從英國統治時期就開始目睹所有鬧劇。獄卒客氣地請他出獄，一個接一個來，但他不為所動。這絕對沒好事。最後，下午三點四十五分左右，他們把他擁有的少數小東西連同尿壺塞到他手上，接著將仍然穿著藍色囚服的他踢出紅色門外。

也許，他們覺得，那天全國特赦其他九千零二名犯人的混亂中，沒有人會注意到多了一個老人被放出來。

他重獲自由，但一無所有。

⁂

他後來在監獄回憶錄《那是什麼？人間地獄》導言中細數損失：收養的女兒，被流放；牙齒，剛入獄時被打落；一顆睪丸，他在永盛監獄簡陋醫療所第一次動手術治療絞勒性疝氣的後遺症，外科醫生後來承認，手術晚了三年。

溫丁原本在藍迪耶達（Lanthit Yiek Tha）社區有一間公寓，一九八九年被沒收，那時他甚至尚未因第一次起訴在永盛監獄法院受審。他當年擁有的少數財物早就不知去向。

他有個妹妹住在五樓，是他僅存的親人；房子沒有電梯，樓梯陡峭。然而，他再過半年就滿八十歲，心臟不好、呼吸會喘，已經沒力氣上下樓梯。有一段時期，他像游牧民族居無定所，自認會如此老死。出獄第一晚，他借宿兩名至交之一位於永盛附近的家；對方曾和他共事，多年來一直典當自己寥寥無幾的財產，接濟獄中的溫丁。接下來，他在永盛區和揚金（Yankin）區來來回回；溫丁每兩星期必須從偏遠的郊區甲搬到郊區乙，因為永盛和揚金有相關借宿規定，而規定是衝著他來的。

這是小動作攻擊，導致擦傷，但傷口不深。客人來的時候，必須湊合使用一小段路緣、一間茶館，或是即便乞丐也有權利使用的一片荒地。

總之，他一向比較重視精神生活。他的行李也不多——一或兩支拐杖；一把牙刷，在他終於看醫生做假牙之後；一些藏書，從他人的贈書累積成半個書架的量。為了表示力挺仍未獲釋的犯人，他拒絕脫下藍色囚服。當局要他歸還囚服，讓他心意更加堅定。因此，服裝不是太大的問題，雖然天氣很熱，而且他為了幫助國家不願放棄公開露面，值得準備幾件乾淨的藍襯衫替換。

他從未結婚，還是個工作狂，脫離政治新聞的舉動堪稱藝術。如今，他再也不能發表文章，即使是天馬行空的音樂、繪畫賞析。他所有筆名都被列入黑名單。如果他找到以前為藝術或詩歌著作寫的序文，署名也是他認不得的化名。什麼樣的民營媒體總編輯會冒險刊登文章，即使主題不敏感？他們只是一小撮人，每星期或每個月冒著被新聞檢查人員發現的風險，主導近年出現的少數雜誌和民營報紙的編輯方向。但每次發行最新一期，他們都冒夠大的危險。

有一段時期，版面會在按規定送交新聞審查委員會（Press Scrutiny Board）之前付梓。等到成千上萬本印好，出版機構才接到指令說，要把某些句子或者整頁塗掉，或者把兩頁黏在一起，或是把小塊銀色方形貼紙貼在不妥的照片上。接著，每一本必須重新檢查，每個地方都要看過。有時候，新聞審查委員會下令整批印好的出版品銷毀。這會浪費不少錢，沒有人有必要每次為了幾句有點風險的暗喻，而賭上整批印刷品。出版業者已有部分預算花在政府的紙張配給。其餘預算投入黑市紙張供應，而後者價格必定較高。留給無法避免的、新聞檢查導致的重印備用預算向來不多。

溫丁坐牢期間，新聞檢查機制多少進步了一些。檢查人員的手印更加不著痕跡。現在，所有稿子交印之前要送新聞審查委員會。以粗藍筆或紅筆標記的問題字句必須改寫，或者以當局提供的較正面文字取代。因此，自我審查的負擔轉嫁到發行者身上。溫丁知道，自我審查是個詭計。它是一種脅迫方式，不只藉由削弱你的理念發揮作用，而是和軍事統治體制其他許多層面一樣，透過實質的經濟因素打垮你的意志。從使用電子裝置到使用影印機的權利，每件事都有繁文縟節的規定，要從事本土地下出版活動向來機會不多。

此外，溫丁並非過度恃才傲物的人。但他也不會在成為新聞界頂尖人物後，低調得像鬼魂一樣爬行，懦弱地躲藏起來。況且，即使他嘗試，也無法奢望隱藏他運用雙關語和韻腳的招牌天賦。他在獄中運用天賦寫出*Suu Hlut Twe*、*Suu Hlut Twe*口號，變成個人的鼓聲。這是自由的聲音。*Suu*代表翁山蘇姬；*Hlut*代表人民議會（Hluttaw）及召開會議；*Twe*意指對話，全民聯、軍政府和少數民族代表的對話。

至於以黨的名義出版——痴人說夢。全民聯的新聞出版登記證一九九〇年遭撤銷；二〇〇八年一月，全民聯青年通訊在網路上發表後，新聞部發現，登記證撤銷的情況再度拿來做文章非常好用。全民聯發言人奈溫（Nyan Win）被叫到新聞部，面對新聞審查委員會主任、特調組上校、地方和平與發展委員會主席、地方法務官員、地方法官，以及一名陸軍中校。因此——這條路行不通。奈溫是名道地律師，臉皮下垂、心腸軟，但作風強硬。他也像專業律師很有耐性，知道不要為無關緊要的斬獲浪費心力，因此那天選擇逆來順受。他覺得，最好否認對青年通訊一事知情，並代表全民聯具結，保證不會再散發出版物。奈溫後來向美國大使館解釋低聲下氣的哲學：「如果某條路被擋住，不要硬闖，應該另覓途徑。」

姑且不論政治汙名的龐大陰影、他的名字從記者名單上被刪除，而且坐牢二十載年老力衰，溫丁還面臨另一個問題：沒有身分證。

他想擁有身分證號碼。這不是屈從軍事統治：攜帶身分證的規定可追溯到一九五七年，議會民主的年代。當年，他以自己的公民身分和CG-068482這個號碼密不可分感到自傲。他的身分證號碼一九八九年隨著所有其他財產煙消雲散。

他沒辦法取得新的身分證。向官方申請無異買樂透，和一切複雜的腐敗體制一樣弊端叢生。有些人在邊界申請到證件，有的人花大錢透過中間人取得。還有人發現，多年來的辛苦遞件，或以「茶資」討好官員的申請，神奇地以高效率通過，讓他們剛好來得及參與二〇〇八年五月十日的憲法公投。因此，一名曾被指摘為翁山蘇姬操控者的男子，要成功取得另一組號碼，簡直異想天開。對於他操控翁山蘇姬的抹黑，他覺得好笑而不是生氣，因為每個和她夠熟的人都知道，她和父親一樣固執、心直口快。他可以、也確實曾和她唱反調，而年紀小十五歲的她會以聰明、機智強力反駁他的論點，在他心目中，這正是讓她成為他們需要的領袖的特質。

另一方面，他沒有身分證字號，意謂他不可能租到房子，即使他有錢；不能投票，如果有選舉，而他不覺得有必要杯葛；無法離開仰光前往外地，雖然他所到之處都有人跟蹤，問題最迫切地區是隨時會開槍的少數民族的邦，而這些邦反正也禁止大陸平原的人前往。

所有不便之中，最後一項或許讓他最難受。

即使在他的生命無法逆轉地朝政治發展之前，他對民眾現況的好奇心，已驅使他穿越不同世界，進入工人、農民和山區少數民族的生活；這些人是緬甸社會豐富樣貌的組成要素。

還有瓦城！他不知有多懷念瓦城，一個陽光普照、從砂岩雕出來的城市，那裡有語氣強硬的女郎、波光粼粼的護城河、讓人心頭一震的魅力。一九八一年以來，整個城市曾兩度焚毀。大約一半市區已經重建，呈現中國風。不過，它仍然令人迷惑——傾頹的藍色柱子突然從榕樹之間冒出頭，金色之中突然出現深紅。在瓦城，熱愛文學的溫丁會再度找到緬甸文化的跳動心臟；在八十四街和三十三街口，隱藏在狹窄書店後方，路圖（Ludu）出版社已有百年歷史的印刷機，仍然在午後熱氣中送出印好的書頁，旁邊有一台連接發電機的機器，藉由振動圓珠抖掉印刷版上的油墨。他剛從大學畢業時，曾在那裡短暫工作，而他對作古多年的出版社創辦人、偉大的作家路圖拉（Ludu U Lha）和路圖阿瑪（Ludu Ahmar）景仰不已，這種景仰在他成熟後的作品中不斷迴盪。

但是，如果他跳上當年充滿年輕人宏願的自己搭過的同一班火車北上，哪家旅社或哪個朋友可以冒險收容他？他本身什麼權利都沒有，要如何為他人爭取權利？因此，他必須像坐牢期間那樣掌握民意脈動：依賴二手觀察和他自己的記憶。

沒有身分證，溫丁成為幽靈，和其他所有人一樣。

軍政府就這樣吐出一名老囚犯，強迫他走投無路。他不斷收拾和打開塑膠布包裹的行李，低頭評估接近行囊重量的貧窮狀態，然後擠出微笑。

沒有人能平息他滿腹的熱火。有這麼多事要做，熄不了。在他獲釋那一刻，溫丁像彈簧般彈起，獨力鼓舞整個反對陣營。

出獄後第一天，他接受外國和流亡組織媒體專訪，從上午六點持續到下午四點，接著又從晚上七點到十點受訪。隔天的專訪持續到午夜。他並未邀請媒體。他沒有住址。但他們就是有辦法找上門訪問。

「我為何接受這麼多專訪？」溫丁告訴一名一九八八年抗議學生在泰國清邁創辦、由「開放社會」贊助的流亡雜誌《伊洛瓦底》（*Irrawaddy*）：「因為我希望動起來。我沒有時間聽自己說了什麼，分析說的話對或錯。我只是說個不停。」

他估計，他大概有五天可以自由發表意見引起注意，而不會被處罰或再度被捕。這是當局劃分兩次判刑之間空檔的唯一辦法。

他一而再、再而三強調「團結」和「活躍」。他的話透過外國或流亡媒體傳回習慣言外之音的民眾，直接且讓人安心，揚起希望的熱烈氣息，直攻民運的四分五裂和消極狀態；大家都有共識，長期遭到打壓而癱瘓的民運，可能因為力量分散和消極而遭受致命一擊。

他還說：「有些人可能會說，那個老人家胡說八道。他已經過氣。很多事情他不懂。」他預期受到批評，而這種批評將伴隨朋友前一晚的警告：避免過度激動。「這可能是真的。可能有些事情我還不了解，我試著將這個因素列入考量。我自知缺點很多，但我嘗試言行積極。我為何想提升活躍程度？因為不活躍的話，我們什麼也沒有。」

對於剛出獄的政治犯，記者蜂擁而至已成家常便飯。他們的名字不能出現在國內媒體，遑論受到特別報導。但是，國際通訊社和流亡媒體爭先恐後報導他們的故事。

不過，情況一直有點像碰運氣。理論上，軍政府當作沒看到他們受訪，以假裝寬大為懷，而當事人明白，當局是為了他們自己打算：最大規模的政治犯特赦，通常剛好碰上外國重要人物來訪，尤其是聯合國特使；特使接著會在官方報告上說，特赦是「進展」的跡象。

可是，運氣不好的人可能會直接被送回鐵籠裡。北方監獄釋放的犯人最難掌握命運，因為聯合國特使從未到過這麼遠的地方，況且在那裡，地方官員擁有最高權限。地方官不懂世界局勢，因為他們缺乏基本的都市化，而且他們不懂事關重大的政治，所以無法理解高階將領的動機；他們只知道管好紀錄，以及禁止接受媒體訪問的大小規定——簡單說，只會死板聽命於更高層的官員行事。

然而，仰光的層級不同。而且，溫丁是個明星。雖然他為人謙虛，他知道自己不但吸引各式各樣的同胞，也吸引國際注意。他曾因為捍衛言論自由和實話實說，而獲得聯合國教科文組織（UNESCO）及國際筆會表揚，即使他坐牢和他參與政治的關係比較大；他也在全球人權排行榜上名列坐牢最久的政治犯，但這個頭銜並非完全正確。

在國內，坐牢最久政治犯頭銜競爭激烈。緊追在後的是——隨便舉例——索民茂醫師，也就是Z醫師，從好醫生變成全民聯國會當選人的他，因為參與永盛聯合行動委員會遭到處罰，包括移監到偏遠的密支那（Myitkina），與靠近中國邊界的克欽邦艱苦民眾為伍。在那裡，基督教克欽族囚犯的感恩聖歌，和佛教徒獄友的巴利語誦經聲揉合，讓他每天清晨保持理念，進入第十八個坐牢年頭。

另一人是欽茂瑞（U Khin Maung Swe），他也在永盛囚犯寫給聯合國的聯名信署名。他是九月二十三日隨成千上萬名囚犯特赦的七個政治犯之一，從靠近泰國的撣邦山區臘戍（Lashio）監獄獲釋；他原本關在敏建（Myingyan）幾年，那裡的管理人員沒有太多人性，就和周圍的中央平原乾燥土地一樣。他在敏建對群眾抗爭的力量失去信心，右耳聽力也完全喪失——被人用肥皂塊敲打虐待太多次的後果。不過，這位地質學家出身的全民聯共同創辦人臉頰保持紅潤，體魄也仍然強健如鋼鐵。出獄那天，他幾乎已坐牢十七年。

那個星期二也獲釋的溫廷（U Win Htein）呢？他曾經擔任翁山蘇姬個人助理，是上尉出身的企業家，聲音宏亮、脾氣很好，身體在獄中出了許多毛病。他剛坐完六年牢，就被判刑十四年，已在閣達（Katha）監獄關了十二年。

唉，他遭到典型的移送北方羈押手段對待。他們星期三逮捕他，然後送回閣達。上一次的笑話比較容易忍受，而且是由他主導，因為一九九六年的時候，他已經收拾好裝有肥皂、牙刷和其他監獄奢侈品的行李，等著五月任何一晚響起逃避不了的敲門聲。

最好別提起少數民族叛軍領袖或基層士兵面臨的刑期。如果他們能活著被送進監獄，通常會處於死刑犯的永久折磨中。

重點是，他們全部處境堪憐。溫丁曾一度被翁山蘇姬形容「很少談論自己」，自認他並不比別人重要半分。

然而，不論別人怎麼看，他自有令人敬佩處。凌亂的白色長髮、飽經風霜方臉上的熱情微笑、圓框大鏡片眼鏡後方閃耀的雙眼，向世人呈現一個真正知識分子的形象，連同苗條優雅的翁山蘇姬，讓沒有面子的軍政府的模糊身影形成更強烈對比。

邀請他回到黨內的請柬兩星期內送達。中央執行委員會成員請他擔任以前的職務，他婉拒了。他說，他必須先觀察。

不過，他並未空等。要做的事太多了。

星期六，他重返全民聯辦公室，參加二十週年黨慶。這是全民聯當今可以舉辦的最公開活動。可想而知，西方使節群聚這個場合；而所有亞洲鄰國，包括中國、印度，以及東南亞國協成員國都缺席。甫從東北部撣邦臘戌返家的前地質學家欽茂瑞鶴立雞群，他身穿筆挺白襯衫，以及克欽族龍吉——全民聯多年來的制服。他也是全民聯創黨元老。溫丁和其他領導者被捕後，他一九八九年挺身成為黨的主管階層。

辦公室外頭，少數支持者釋放和平鴿，並高喊釋放翁山蘇姬的口號。警察抓走他們當中三人。另有十人半路上被攔下來，送到拘留中心，在慶祝活動全程期間被押，增減幾個小時。

在裡面，中央執行委員會重申譴責二〇〇八年憲草的聲明。憲草當中最不民主的條款，是保留四分之一國會席次給軍方；還有，如果發生未明確定義的國家緊急事件，全部行政權將交還總司令。若要修憲，需要四分之三以上多數，這根本無法達成，如果其餘席次分配給軍方，而軍方議員會根據命令集體投票。憲草在熱帶氣旋納吉斯侵襲後的舞弊公投中強渡關山，它最大的汙辱是，一旦在二〇一〇年決定日期的國會選舉過後生效，一九九〇年的選舉結果將永遠作廢。

大多數民眾認為，選舉過程不會對日常生活造成任何改變，對他們來說，全民聯的批判徒勞無功又無趣。有些人比較關注軍政府密室運作細節——以及它們對全民聯或達成民主的更廣泛目標可能帶來的後果——對他們而言，事關生死存亡。

況且，有記憶的成年人已經看過類似的伎倆。一九七四年的憲法情況類似，未替國家帶來太多進展，除了美化尼溫將軍肆無忌憚的十二年極權統治。因此，他得以將頭銜改得較好聽：緬甸社會主義聯邦共和國（Socialist Republic of the Union of Burma）。

如果溫丁在週六的全民聯週年慶想說些什麼，他會先等待、傾聽，慈祥地對稱呼他老師、跪地叩首三次的任何人點頭；一般人通常只對父母、方丈、佛陀之類的神祇施以三叩首這種禮節。接著，他像個婚禮上勉為其難同意應邀講話的受敬愛叔公，緩緩站起來，開始即席演說，內容發展成涵蓋三個領域的宣示：要求釋放所有政治犯、與軍政府真正對話、反對陣營團結一心。

他因年老而聲音沙啞，遣詞用字溫和且真心，不高高在上。不過，他講到激動處，某些字特別鏗鏘有力，隨和笑容及開朗表情變成一絲不苟的嚴肅。溫丁公開演講的時候，令人聚精會神。

他信賴的朋友蒙蒙欽（Maung Maung Khin）忙了幾個月，幫溫丁在市中心找公寓。他準備搬過去時，租約告吹。他們試著在別的地方找房子，結果一樣。原本要租給他的房東都提出不詳盡的藉口，但語氣充滿發現未來房客身分的恐慌。他們表示，接到語焉不詳的恐嚇，但無法或不願說出內容。溫丁搖頭告訴朋友，原因是恐懼。他語氣沒有怨懟，毫無批判。不是每個人都願意以這麼大的社會代價扛起任務。但問題向來源自民眾的恐懼。

最後，這對朋友決定說謊。他們在地方當局的登記簿裡寫說，兩人是親戚。如果沒有人認真追查，意謂溫丁終於能在揚金住下來。老實說，他們為何要騙人？因為撒小謊是一九八八年後軍政府控制的國家保持不墜的軀殼基礎。他從此住下來——沒有其他地方可合法居住——住在九重葛圍繞的花園尾端的兩房小屋，距離蒙蒙欽夫妻的木造平房僅咫尺之遙。

理論上，這讓跟監人員比較容易排班。十名特務二十四小時輪流監視溫丁，他們穿燙過的襯衫、戴墨鏡，站得直挺挺，要不坐在茶館攪拌茶杯但不喝茶。他到全民聯或與他人會晤時，他們都跟在後面，或是逗留在路口、附近花市的攤位。他們有行動電話，用皮套固定在腰際，這種設備一般人負擔不起；他們還有仰光平民依法不能擁有的摩托車。看到他們有這些裝備，讓人持續對體制的極端腐敗惱火；軍政府捨棄尼溫的偽社會主義、改採裙帶資本主義的小利後即如此。

當局知道他是獲邀來賓之一後，主人會一直受到騷擾，直到活動取消。作客的人最好避免在住處和他見面，否則蒙蒙欽夫妻可能會被偵訊好幾個小時。他們有心理準備，並不會讓情況比較好受，或讓溫丁比較不內疚、比較沒有業障的感覺。

知情的圈內人流傳，這其實是設計好的。丹瑞大將玩老把戲，在大肆宣傳的二〇一〇年選舉前安排「強硬派」，再度運用先分化再各個擊破的戰術；這是他統治的最大特色，也突顯他明顯缺乏魅力。溫丁不妥協的個性出了名。他毫不保留明白說出政策立場，雖然他的主張只在全民聯創立到他被捕的混亂九個月期間試驗過。翁山蘇姬吸引到黨內的知識分子群當中，他是核心人物。雖然待過軍隊的全民聯成員勸阻，他大剌剌呼籲國防軍停止介入政治，退守軍營。國防軍手上沾了太多血，沒有別的路可走。

他在職業生涯中，曾前往西歐、蘇聯衛星國和亞洲各地，包括文化大革命之際的中國大陸。這些國家形成夠大對比，讓緬甸的政治困境顯眼。他知道如何鼓動、組織，對平息他是共產黨員的謠言幫助不大。他覺得這樣的指控不公平。他年輕時的確讀過馬克思著作、張貼過幾張海報；當時民族主義分子對共產主義趨之若鶩，他們正在尋覓革命性替代方案，取代他們認為由式微的西方帝國主義造就的資本主義。社會主義變成主流溫和派倚重的意識型態，是那段歷史的插曲。一九五〇年代第二大政治勢力緬甸共產黨訴諸暴力之後，溫丁在社論的立場傾向協商，大致上支持當時的吳努文人政府。但他的立場並未獲得軍方太大支持。他的立場造成夠大影響，以致准將退伍的全民聯三位創黨元老之一翁吉（U Aung Gyi）指控翁山蘇姬和共產黨員為伍。這導致幾乎致命的分裂。

但局面就是鬧到如此地步。以他的觀點而言，共產黨正在摧毀國家。出國所見所聞讓他對烏托邦理念未存有太多幻想。阿姆斯特丹的接待家庭令他意外，因為他們享受能買書的典型生活型態，而不是用借閱或獲贈方式拿到書；另一方面，從布拉格到北京，共產制度城市的生活和緬甸國內城市一樣落後、匱乏。

即使如此，他當年的言行，多年後仍容易成為抹黑材料。現在，他認為——他很想一吐為快——激進分子、不滿的人，以及在民運界周邊或裡面漂浮的廢棄物般小角色、個體戶，會湧向全民聯周圍或躲在下方。全民聯本身會往內崩塌，好像被白蟻徹底蛀蝕的房子，手指一戳就會瓦解。

不過，言語無法傳達溫丁的策略高明程度。

他在監獄的小世界中仔細觀察人類這種政治動物，造成他洞燭機先的能力精進。精明的他在多年獨自監禁期間，強迫自己每天練習，琢磨心智。他先以心算或在牢房牆壁、地板寫數字做算術題；他收集獄中一隻貓掉的毛充當毛筆，沾磚塊磨成的紅色粉末寫數字。接著，他寫字、寫背起來的詞句，直到自己被諸多智慧先賢的名言包圍。雪萊（Percy Bysshe Shelley）的「如果冬天來了，春天還會遠嗎？」之後，接著寫梭羅（Henry David Thoreau）的「我從未發現比孤獨更好的伴侶。」他先寫邱吉爾（Winston Churchill）堅決的「我們將奮戰到底」，接著以「頭破血流仍昂首」呼應；後面那句是亨利（William Ernest Henley）作品〈永不屈服〉（Invictus）當中他最愛的一句，對他而言意義特別重大，因為翁山將軍曾親自將這首詩譯成緬甸文。溫丁如果只記得一段演說或詩節的要旨——例如，灼灼發光老虎的可畏勻稱線條——他自創文字補充；在其他情況下，他會將自己寫的詩句當成無病呻吟的笑柄，但在獄中，他這樣做可避免自己變虛弱，當成反映自己更好一面的震耳聲音的鏡子。

如今，他受訪過程中可能被電話打斷，或是討論詳細提案時被一個複雜訊息干擾，但他幾分鐘後可毫不費力繼續討論，就從剛才中斷處接起。

他是徹底的務實主義者，而且具有在龐大時間壓力下工作的新聞從業人員的敏銳判斷力，從不重視學術理論或是常被拿來解釋歷史上小問題的迷信——例如，相信老天爺有眼，消極接受善惡有報；或是九這個數字的魔力。這種無稽之談讓人無法深入了解當局的措施，像是尼溫一九八七年廢除緬幣的倒行逆施；他為了打擊黑市，採取這個傷害重大的措施。就這個例子而言，形容尼溫純粹是瘋子，太過簡單了。所有關心的人應該分析政府決策的失當，要當局負起責任。

溫丁甚至對佛教的形而上學沒有太多耐心。不過，他了解禪坐的吸引力。他們安裝擴音器，每天清晨五點將巴利語誦念的佛經播送到牢房那些年，他也發現，靜坐並控制吐納、意念，有助於逃離現實。透過禪坐，他像同胞一樣，可以找到心靈解脫之道，而軍政府永遠無法擊破這種解脫。

他經常讓心思飄浮在仰光大金塔的建築物之間，沉浸在祥和氣氛、光線與聲音的交響樂章。十三歲的時候，他第一次出家，只想在廟裡待久一點。但他不再嚮往宗教生活，雖然他偶爾難免有天真想法，渴望回到寺廟中；在那裡，只有誦經聲和溫暖、乾淨石板上的輕柔腳步聲。

他認為，透過宗教方式達到精神解脫，可以舒緩眼前奮鬥的艱苦。心靈的自由從來不能取代在牆上張貼海報、不必登記就能旅行、五人以上集會的權利。他看過太多心持佛家慈愛善念的好人，把命斷送在日本軍隊的刺刀尖和監獄牢房中的疾病。

沒有時間可浪費。

他返回的國家慘不忍睹。

尼溫的緬甸社會主義綱領黨（BSPP）垮台後，他坐牢期間統治的軍政府完全放棄社會主義的幌子。理論上，緬甸已經擁抱市場資本主義。實務上，將領們把經濟緊縮成自己家族和少數精英企業人士的禁臠，後者在基礎建設、飯店、通訊、麻醉品和資源開採領域建立了龐大的獨占事業。他們透過特權和執照建立事業，以新加坡境內金額可觀的銀行帳戶回報將領。緬甸共產黨一九八九年解體後，緬甸和中國大陸的關係也大幅改善。中國從此變成軍政府的最大貿易夥伴。亞洲其他國家，包括印度、泰國和日本，爭先恐後與緬甸軍方的合資企業達成協議。出售天然氣、水力發電建設、石油、翡翠、柚木的所得，以及金額至今無法計算的鴉片、海洛因、甲基安非他命收入，被軍方拿來擴充軍隊一倍、購買大量軍火。剩餘款項投入於華而不實的大型建設，包括大體上空蕩蕩的「網路城」亞德納邦（Yadarnabon）；這個園區坐落灰色礫石上，位於一個英國人建造的老舊山丘據點附近。首都和全國大部分公務員也拔根移到「王都」奈比多；在那裡，軍政府的運作更加不透明。

相較之下，仰光似乎更加殘破、沒落，當地民眾生活匱乏、失去希望。七五%仰光居民仍然依賴鄉村收入維生，而農民們快被債務淹沒，幾乎無法承受季節雨帶來的每一次新打擊。國際貨幣基金、聯合國和數十位民間經濟學家追蹤後發現，緬幣匯率一落千丈、通膨率盤旋在二七％左右、經濟坐吃山空，而且外國資金逃離。可能不同意這種說法的人只有〇・〇一％——軍事執政團的企業界裙帶人士、丹瑞將軍周遭越來越大的泡沫圈人士；丹瑞造成可靠的資訊無法往上呈報到最高層。沒有人因為通報好消息而遭殃。就溫丁所見，真正自由化的唯一產業是豆類。他出獄的時候，豆子已成為想和外國做生意的小商人使用的主要貨幣。

要怎麼做？他們要如何推動改變，從哪裡開始？

阿姨有一天會結束軟禁，為那天做好準備的責任落在溫丁身上。

他創立的全民聯現在已經變成無牙老虎，電話線被切斷，全國各地辦公室二〇〇三年起就關閉。在充當總部的充滿霉味牛舍中，每個人似乎老態龍鍾。中央執行委員會剩下八名成員——扣掉仍處於軟禁的兩人——平均年齡超過八十歲。

全民聯成立初期的充沛活力到哪去了？一九八八年十一月，翁山蘇姬在北方挨家挨戶遊說時，她建議每一村里、城鎮、地區舉行黨幹部選舉的計畫怎麼了？如果說，全民聯變得太僵化的說法是真的，原因不在它早期缺乏進取心。一九九〇年之前和之後尚未遭到鎮壓時，它們在兩個城鎮舉行了地方黨部的選舉。

溫丁重返活躍狀態後沒幾天，到醫院探視中風的黨副主席吳倫。黨主席翁瑞因為流感在家休養。由於年事已高，如果病情惡化，流感可能造成他永遠失能。反正，黨看守幹部受到的所有批評都無關緊要。他們向來認為自己只是暫時替代人選，等待他們的領袖翁山蘇姬復出。

一九八八年加入全民聯的退伍軍官，都曾以自己的方式、在自己的時間反對國防軍和整個國家一九六二年以來的錯誤走向。翁瑞和吳倫與其他人一樣有輝煌歷史，但他們太了解軍政府的思維，知道對抗時要小心。的確，他們不如有些年輕人希望的那麼積極。他們的主要疏失是按照傳統，遵守嚴格的階層決策。不過，這種想法有如一種形而上的馬奇諾防線，讓後方仍然自由行動的人免遭國家無情攻擊的傷害。

在國家縮影的全民聯中，年輕人正離心離德。溫丁得知，一百多名年輕黨員因為和翁瑞意見相左而退黨。真正的問題不在於他們的投入程度，或是沒有任何暴君能夠粉碎的衝動和野心。他們欠缺的是技巧。首先要怪罪教育。他童年時期令亞洲羨慕的學校系統，如今已成遙遠記憶。仰光大學成立的諷刺處在於，英國人原本不過想把它當成忠心中階管理人才的製造廠。一九三〇年代的學生世代充分運用學生聯盟的自由辯論氛圍，將仰光大學變成孕育緬甸革命領導人物的溫床，因為他們把新發展的組織能力和已經普及到仰光之外遠處的民族主義結合。一九一〇年代以來，農民和方丈們已經在地方性、野火般的抗爭中對抗殖民統治的暴政。

歷屆軍事統治者察覺這個問題。一九八八年以來，各大學頂多能連續開三年。如果校方執意繼續開課，大學部要到外地上課，拆散到遙遠的新校區和衛星演講廳上課，這些不過是最後學位的生財管道，而學位必須花錢才拿得到。不這樣做的大學生集體靠家教上課。二十多歲的年輕人每天在班蘇當路（Pansodan Road）的護照申辦處大排長龍，人多到在馬路上繞圈。他們蜂擁到刊登阿拉伯聯合大公國、澳洲或印尼的木匠、服務生、建築工徵人廣告的公布欄前。新加坡和馬來西亞大使館的簽證處，擠滿想要獲得外國工作機會的申請者。溫丁看見這個社會災難。

他在獄中贏得「什麼新聞都要先生」的綽號，因為他老是纏著別人打聽些許消息。可是，最可靠的新聞隨著每一批新來的犯人湧入。接獲最大的新聞，不過是一年前的事，在袈裟革命之後，接著在氣旋之後再度出現；氣旋重創緬甸，威力大到永盛監獄的部分屋頂甚至也被掀掉。渾身溼透的犯人嘗試生火取暖。當局以為他們要暴動，用實彈壓制他們。

溫丁在有點諷刺的情況下獲釋，因為政治犯人數已達到歷史新高，接近兩千人。法官們裁定監禁制度史上最長的刑期，將五花八門的被告判處六十五年到一百多年重刑，不論他們是捍衛人權分子、爭取勞工權益分子、藝術家、諷刺作家、記者、部落客，還是佛教僧侶、比丘尼。

傳說終究不是完全錯誤：溫丁的人格有磁性吸引力。群聚他身邊的民運分子當中，包括退黨的青年黨部成員。他因為擔心黨缺乏「新血」，於十二月召開會議。他們毫不猶豫地參與。他們想要的其實只是聲音被聽到。

可是，其他人也被他吸引。他在獄中建立跨越社會階層的人脈，把反對運動的不同部分視為棋盤上的各種角色。現在最大的挑戰是組成統一的陣線，設法聯絡少數民族領袖、較有影響力的流亡人士，以及任何可以吸收到龐大、祕密架構的社會運動人士，或仍未死心的地下活動人員。

溫丁認為，一九八九年以來的一個光明面是科技進展。二〇〇四年的《禁止非法結社條例》、《電子傳送法》以及其他六項禁令禁止和邊界地區接觸，或是以某種方式將直接聯絡邊界地區列為危害國家安全的罪名。因此，他要避開這些法規，透過《伊洛瓦底》或《彌斯馬》（*Mizzima*）新聞社傳遞訊息，或者，運用電台廣播更理想，因為電台可以播送到叢林最深處。流亡媒體採用相同策略，以優惠待遇回饋他，大量刊出或播出他的長篇大論。

然而，他需要更貼近地面的耳朵。他需要眼睛，以看到跟監者看不到的東西。他需要雙腿。他需要不一樣的管道傳遞較敏感的訊息。

結果是，他需要年輕的阿偉。

❦

阿偉從不幻想自己對爺爺的重要性超越其他也在晚間偷偷靠近爺爺的活動分子。不過，他們第一次見面，阿偉就發現溫丁的想法不同，擁有不一樣的活力。阿姨本身自由之前，唯有溫丁在敬重、戰術能力、經驗老到方面恰好平衡，得以超越黨內小鬥爭和阿偉很久以前就認為影響所有人的「家族政治」。

對阿偉而言，積極行動不算強硬派。他自己也是一群務實派當中的務實派，而他認為這一派可直接追溯到最有效率的政治領袖翁山將軍。翁山從不死守教條，為了緬甸的利益，他不會遲疑從和日本結盟改為和英國結盟，從迎合法西斯主義者改為擁抱自由民主。

溫丁將全民聯年輕成員吸引回黨內後不久，阿偉和一個朋友到老人家的臨時住處，就在溫丁借住揚金那晚。他帶來一名犯人的口信，這個口信透過犯人的兄弟傳給阿偉。

阿偉再度將自己介紹給前輩，但這次是私下進行。阿偉伏地行禮，帶著靦腆微笑起身後，詳細說明他的活動內容、他的計畫和期望、他轉入地下的原因。他說，雖然發自肺腑服從阿姨和全民聯，卻幾乎無法言傳，他退黨從事黨的工作。

在溫丁面前，阿偉自然而然言無不盡。他無法、也不想隱瞞任一細節。他不是在敘述自己的經歷，而是宣洩感情，因為他終於有自然出現的機會說個痛快；除了對阿姨，他未曾這麼坦白。即使想定期說個痛快，也變得不可能。他只能透過阿姨的醫生輾轉談話；當時，醫師是她唯一的代言人。醫師探視她的次數已經夠少了，而且見面時被其他議題占據。

這個年輕人一再回去拜訪老人家，並自願擔任風險越來越大的跑腿工作，過程中，從未詢問溫丁的其他「管道」。阿偉知道得夠清楚，地下活動未死，仍然活躍。知道至少有個長輩勇敢伸出手指為它把脈，讓人放心萬分。

阿偉或許猜過，但無法得知，有個「微光鉛版」（Glimmer Cliché）找過溫丁；他是緬甸全國學生聯盟總會（All Burma Federation of Student Unions）領袖的弟弟，阿偉和這位領袖在袈裟革命時成立六個人的「降低物價」委員會。找溫丁的人當中，還有一名囚犯的哥哥；這名囚犯和關在景棟（Kengtung）監獄的一九八八年學生策士閣閣吉（Ko Ko Gyi）非常要好，情同父子。現在，微光變成活線，自由為閣閣吉和一九八八年世代學生大哥們工作。

阿偉不曉得，微光和他一樣，已在德高望重的老師溫丁面前掏心掏肺；溫丁身穿藍色囚服，因年邁看似弱不禁風，但心智有如宇宙無所不包。

微光認為溫丁是共產主義組織者，求教於智者難以捉摸的智慧，問溫丁是否考慮組成更廣泛的地下聯盟。他會不會和所有祕密的小團體「手牽手」？他是否考慮直接和全民聯空談而毫無作為期間行動的小組織合作？那些小組織這些年來一直向農民、工廠勞工宣揚權益和責任的觀念，總之，他們展現行動。

阿偉不知道，但可能從他在爺爺的所見所聞猜到，爺爺對年輕人微光的回應是，留在地下、繼續隱匿。他回答：「現在是科技時代，科技會幫助我們『手牽手』。從事你自己的活動吧。」時機總會來臨。

微光徹底失望。但他說的很有道理。現在還不是時候。

當然，沒有人能知道溫丁全盤棋怎麼走。即使阿姨也不知道。但她會感受到微妙的改變，並透過收音機聆聽隱含的訊號，正如阿偉希望少數民族領袖能聽到。

阿偉很快以爺爺稱呼溫丁，感情不做作而且與日俱增，似乎得到慈祥的回應；阿偉在溫丁老師身上看到自己：他也了解暗中運作的力量，必須將牌靠近身體保密，以便為只能模糊辨識的未來鋪路。

每有機會，阿偉會待在溫丁身旁，觀察、學習。他幾乎無意間發現自己愛他。溫丁動人工髖關節置換手術的時候，他在病床旁陪他，談論政治，談的永遠是政治，但他克制好奇提問的欲望。

結果，他有人脈不無幫助。他認識流亡人士，知道聯絡緬甸全國聯合政府（National Coalition of the Government of Burma）的管道。不然，他為何去湄索？

最後，最艱險的任務落在阿偉身上。

如果必要，他知道如何不引起注意，這或許是最好的辦法。

我還有很多工作要做。

The Rebel of
Rangoon

# 幽靈之城
## City of Wraiths

仰光變成鬼城，是拋棄個人身分飄盪的地方——無人發現、像幽靈一樣，禁止聯絡親人或回到出生的城鎮。人們受到驚嚇，像老鼠般過活，只敢在晚間活動，隨時偷偷摸摸，隨時疑神疑鬼。軍事統治在緬甸長期實施，它能夠運用你遭到監視的可能性，讓恐懼保持不滅……

阿偉的父親逐漸變黃，發瘋了。

他精神失常，不是因為失去骨氣或力量，而是他知道太多。他肚脹打嗝，對抗迷霧降臨。年輕時期直到醫學院畢業，他住過、領教過相去甚遠的世界：印度和英格蘭；文藝復興和食鹽長征（salt marches）；休謨（David Hume）和自治；現代主義、立體派或戰後存在主義。在他身上，在他稱為姐妹的阿姨身上，這種理念——或許可稱為世界觀——可讓人敏銳，看清一切是過眼雲煙、荒謬的。但如果其他人也遭到長年監禁，被當局試著剝奪生命的意義，心靈會沒有縫隙可以插針。同樣的，對於阿偉的父親，對於從幾天變成幾個月、幾年的監禁，長期的哲學派超脫想法能持續保護他——境由心生。心之所向，天堂即地獄，地獄即天堂——直到打擊力道如此大，他在逐漸擴散的痛苦，在水珠不斷往下流、滴在額頭同一位置的漸進方式中了解到，原來一切是謊言，是自我幻想的糟糕展現。尊嚴——這個隔一段距離保護他，使他不受制度傳染的盔甲——萬一它純屬虛構，而且像他本身一樣如空氣般無法捉摸，該怎麼辦？

一開始，他從海岬上遠眺，最後發抖起來，直到他再也無法分辨自己和塵霧。

他們將他單獨監禁，關在硬土上的狗籠，裡面只有一盆濁水——用來清洗、飲用、擦拭，最後或許讓他分不清是水還是自己的尿。右手、左手。他無法關掉那些聲音，不斷在他腦袋裡尖叫、大笑、呢喃的聲音。右手、左手。地獄即天堂，地獄即天堂。他再也記不得。分不清哪個是哪個。右手抓飯吃，左手擦屁股。右手擦屁股，左手抓飯吃。右手、左手。如今，這個汙穢、這個地獄般的世界，被惡棍扭曲以欺騙愚人，他將它擋在實話的薄膜之外，至少挨打時撐得夠久，仍然不向刑求者透露隻字片語，多年後終於守不住。現在，他弄髒自己。從此無法回頭。

他在永盛監獄裡犀利、得心應手地運用謎語，言簡意賅地嘲弄珍貴的每一分鐘，即便他們逼他在布滿尖銳石頭的小徑上爬，並笑著旁觀；即使他們把他綁在椅子上，放開他之後，又以另一種姿勢把他綁起來。他撐了很久——一年、兩年、四年——撐過初期抽打膝蓋後方、腳底的凌虐，以及拿塑膠袋套住他頭部、直到他快要窒息才鬆手的小把戲。為了在他們鬆綁夠久讓他小啜一口水、然後再綁起來扭曲之前舒緩背部或腿部的痙攣，他會找到一個施力點，讓四肢之一或腳掌的一部分倚靠或休息。接著，他會神遊到一個緬甸救贖寓言之外的地方，到他曾經信仰的基督教的寒冷發源地，以醫生角度想起解剖學上的想像畫面：即便被釘十字架，人可以找到底座邊緣墊起腳尖，直到抽筋而導致身體垂下來。阿偉父親的思想調和東方和西方找到平衡，理念夠豐富、夠穩固，讓他能堅守自己的智慧或想法——你或許會認為，他的理念足以讓他在等待的生命期間保持健全、充滿希望，直到他們放他回到監獄大門外。

在他終於放棄希望那一刻之前，他知道如何把自己的期望傳達給兒子們。他們一個接一個來探監。他逐一告訴他們——告訴小阿偉——他回家第一頓飯要加什麼佐料。下星期，他說。頂多下個月。孩子，我不知道確實日期，但快了，也許做兒子的在其他探監者噪音中聽到夠多，或是透過鐵條陰影瞥見夠多熟悉的微笑，因而再度感覺他的父親永遠知道，就是知道，他永遠不會錯——許多人湧向盾迭請教的蒙溫（U Maung Win）。

小時候在盾迭，阿偉會趴在地上，頭鑽到破爛門簾下方，以手腕撐著下巴偷聽。他父親總是被香菸或廉價方頭雪茄的煙霧圍繞，能讓病人的混亂情緒安定下來，安撫他們像暴風雨中劇烈搖晃的棕櫚葉的激動情緒。恰當時機說出想法、點點頭、願意聆聽、似乎從不評斷：阿偉的父親評估他們說的話，就是有辦法讓他們平靜。

> 噢，還要薑和淡水魚，香茅和四季豆。媽媽去年拜佛塔煮的咖哩蝦。記得住嗎？還有，一定要告訴媽媽，把我的藍色龍吉拿出來。不是褲子。不要忘記。

敲門聲那天晚上響起時，正下著傾盆大雨。睡夢中驚醒的三個兒子靠在一起站著，挨在母親身旁。老大念大學不在家。

阿偉的父親告訴他們：「別擔心。」他面帶微笑。「我馬上就回來。」

接著，他被帶走，他的兒子們垂下頭，什麼也不確定，除了雨珠的拍打聲，以及他們的父親不可能馬上回來。

他後來被判刑二十年。原因？不重要。阿偉知道得夠多：他父親是民運分子。他們全部都是。不是嗎？他痛恨那個政權。他每個晚上都談到政權。他做了很多事，認識很多人，而他無形累積的潛在犯行，可以讓預設立場的法官在審判資料中填滿五花八門罪名。最輕一項罪名是他們家在院子最深處小屋的幾個月冒險；小屋被濃密草木掩蓋，阿偉和三名兄弟與其他四個男孩，共睡四張草蓆和四個枕頭——那四個男孩年紀比較大，身上沾染血跡，一開始害怕不已，後來安心下來，接著逐漸失去耐心。他父母絕不加擺第五張草蓆，不露出任何收容他人的痕跡，也不讓兒子們回到主屋睡覺。並不是說，四個兒子曾想回主屋睡。總之，阿偉當時還小。他們在玩遊戲，其中一個規則是危險。從兒童不複雜的道德判斷來看，他覺得他們做的事沒錯。無論如何，真正要怪的人是他母親。他們會找上門，是因為幾星期之前，他們和她一起在街頭遊行。

不過，一個有影響力、有名望的人，不能也不願就這樣躲在自家院子深處。阿偉的父親有地位、受人尊敬、擁有自由思想，如果需要也想要，隨時可運用他的自由思想。翁山蘇姬有名望，溫丁有名望，阿偉的父親也有那種名望，軍政府覺得必須掃除；軍政府在一九九〇年五月二十七日的選舉後，面臨建立自己名望的極大壓力。

從空中看，永盛監獄像外星人太空船壓在仰光的北方。它是個遼闊的八角型工業設施，中央有高塔，房舍和設施呈輻射狀向外分布，周邊被三道圍牆包圍。監獄有一條長方形尾巴和市區相連，但這條通道被另一組房舍和道路切成片段。一九八八年軍政府掌權以來，共有一萬名來來去去的犯人擠在八角型核心區，人數約為英國統治時期的四倍。英國人一八八七年興建這座監獄，是大英帝國安全防護最嚴密的監禁場所。

後來，一如現在，通往長方形尾巴更大空間的唯一出口是紅色小鐵門；緊閉的鐵門位於通往精緻紅色建物正面的紅色拱型走廊尾端，這棟建築是漂亮的十九世紀英式火車站。

對於整天蹲在鐵門陰影下等候的皮包骨探監民眾，監獄是充滿壓抑的暴力和赤裸裸情緒的世界。監獄色彩太飽和，鮮豔的同時又空虛，就像晚間木偶戲當中醜陋人型大木偶那麼不寫實。監獄有零食販賣部和一棵紫檀木，還有排列整齊的木造小屋；這些小屋是警衛的宿舍，沿著八角型泛白圍牆的鐵絲網分布。這個地方應該是黑白兩色，散發腐敗味道。監獄不應該讓販賣金魚、叫賣現切芒果的小販靠近，他們對好幾代人被捕、對時間流逝毫不在意，即使監獄只有咫尺之遙。

阿偉當時大約十一歲。沒多久之後，他不再那麼害怕獨自到監獄，因為他多了一個想像的朋友作伴。對方比他大一點，年紀接近在他父親被捕後對他拒而遠之的同學。他無法完全明白。他以前從不缺少朋友。一定是他們的父母交代要和他保持距離。不過，他還是覺得受傷。他無法假裝沒受傷。總之，他的新玩伴好得令人激賞。他也提供忠告，勸阿偉不要喝酒、不要抽菸，但要努力念書。他的建議聽起來有點像阿偉父親的教誨。可是，他主要是陪阿偉玩；阿偉可和他拿樹枝在泥地上塗鴉，當警衛大吼小叫，或是口出惡言辱罵罪行輕微囚犯的壞子女時，阿偉的脊椎像被小炸彈炸到而微微發抖或震動。

他們或許可以比較客氣地對待阿偉。他永遠穿著體面。可是，監獄是個一視同仁的場所。他的母親如今獨自照顧診所，剛學養雞的大哥甚至連基本功夫都還不會。囚犯入獄頭兩年，每三週可以會客一次，每次十五分鐘，但他們永遠沒有足夠的錢讓他和一個哥哥或母親一起探監。兩個人同去，意謂從盾迭到達拉的車資要雙倍，渡輪費用要雙倍，從仰光搭公車往北一個小時的車資要雙倍。他們需要錢保證愛心包裹能送達；需要錢買包裹裡的少數必需品；需要錢買通大門檢查站、等候室的警衛，也必須買通最後一個急轉彎的警衛，才能通過監獄內部大門，進入八角型監獄核心的會客室。他們也要為自己準備便當和點心，食物必須能支撐白天全天或撐到傍晚，因為他們經常必須等候，在黃泥地上蹲幾個小時，或是下雨時在等候室等；等候室隨時充滿痛苦或集體緊張的情緒。

他有一次把探監夥伴的事告訴母親。母親聽了表示擔心，但阿偉要她安心。他知道，他的朋友只是無中生有。有一天，阿偉天剛亮就從盾迭出發時，他有如魔法般出現。阿偉登上渡輪、轉搭公車的時候，他還在。即便是監獄檢查站，他也未曾離開身旁。阿偉和其他囚犯的親友一起等。他們聚集在陰涼處，幾乎未移動，沒有閱讀，沒有交談，除了剝水煮蛋，心思和手根本無法做其他事。永遠有人低聲哭泣，可能是想要避免吵到其他探監者的少婦，或是轉身走向戶外廁所以掩藏淚眼的女兒。整天下來，有時候——他可以發誓，獄方是故意的——他們被迫等人叫名字，然後上前走到檢查站及紅鐵門，但經常可能沒被叫到。阿偉的朋友會失蹤，時間久得讓阿偉能專心和父親相處。探監結束後，他沒幾分鐘就會突然再度出現，緊跟著阿偉，直到他安然躺在自己的草蓆上睡覺。

後來，有一天探監突然喊停。

安靜，安靜，阿偉的母親說；她的眼神飄忽，眼睛亂轉得有點瘋狂。不再有探監，沒有了。乖一點，不要再提這件事。

阿偉不知道原因。他認識的人，沒有一個願意說。那是個謠言，像他父親的死本身，最好迅速終結。但它是真的。他的父親太優秀，受過太好的教育，太過堅持不接受不應該發生的慢性沉淪，而他最後知道沉淪永遠無法停止。

本名溫斯頓·民（Winston Min）的蒙溫死亡消息傳來。他罹患肝病併發症。阿偉的母親眼見他黃疸，一封接一封寫信求當局讓他轉到醫院治療，但徒勞無功。有人說，他遭到謀殺。那是一九九六年十月的事。已經脫離青春期、正要中學畢業的阿偉不相信。他為何要相信？懲戒房的囚犯一向不准會客。他們死不見屍。永遠看不到屍體。屍體會火化，靈魂輪迴。也許他到處飄盪，在監獄裡飄盪，肉體死了，但精神活著。

阿偉的父親被四個兒子當神一樣崇拜，永遠不會死。

**二〇〇九年五月**

走狗們聚在附近一張桌子。他們開始一個接一個離開，因為無聊，或是現金用完，或是下班時間到。小夥子們靜觀其變，直到最後一個走狗消失在夜色中，共乘的計程車全部駛離達拉廣場，而且再叫一輪啤酒的代價是反應必定變遲鈍。

那麼，最好解散。但時候未到。很可能有個特調組特務躲在角落等阿偉。他們已經費了好大工夫，從辦公室開始追著他跑，跟著他轉搭公車，還渡河到達拉，超乎一個仰光特務的狹窄轄區。最先跟蹤他的人已經消失，但好幾個人到這裡增援，在附近徘迴。

啤酒館是個不錯的避難所。而且，老闆不急著打烊。生意興隆，就這麼一次。誰說得準，政府何時會提高燃油價格，烹飪油何時會缺貨，或是，現在的謠言如果有幾分可信度，最近幾週賺的錢，會因為一千元緬幣紙鈔作廢，而一夕化為烏有？誰能預測，下一次乾旱何時來臨，飲水用池塘多快乾涸，或引發痢疾性絲蟲感染，而陶缸空空如也，被夏季烈日曝曬，直到年復一年越來越晚到的季節雨落下？

夜晚通常讓達拉歸於靜止，將幾乎完全為了游牧族群而存在的過渡地帶安定下來；這裡的游牧族群包括白天工作的勞工、街頭販子，或一大群蹺課的學童。學童們不上課，是因為他們夠狡滑或夠聰明，小小年紀就知道正式教育沒什麼用，尤其你可以在河對岸的仰光說動觀光客買明信片，並在交易過程中免費學英文。這些人行色匆匆、有如船過水無痕，數以千計的他們趕搭破曉的渡輪，到仰光河濱漁場或傳統市場，然後在黃昏趕回盾迭和果牧（Khamhu）或貢仰岡（Kunyangon）之間村落的家。

這種通勤模式存在數十年，和當地城鎮一樣沒進展。沒有陸路可通往仰光，只有兩艘破舊渡輪在混濁河水上對開航行五分鐘，這個地方永遠沒有機會發展。即便是較遠河流彎曲處、以前稱為蘭達雅（Hlaing Thayar）的空地，竟然晉升為都市「工業區」，因為終於建了一座橋之後，那裡開工廠。在達拉，唯一能持久的建築物除了一所孤兒院和一所學校，只有佛塔。佛塔矗立在鎮的兩端，鋪金箔的圓頂有巧飾的塔尖，鐘會在熱風突然颳起時作響；佛塔被顏色鮮豔的旋轉圖案和石獅圍繞，由虔誠民眾打掃、照顧，而信仰一向是維繫大多數人於狹窄正道的基礎。除了這些建築，其他建物薄弱，會搖晃的橋梁跨越充滿爛泥的溝渠，小屋用竹竿和茅草搭蓋，以浪板和防水布當屋頂，小巷在塵土中蜿蜒、通往垃圾堆。

對於只有一水之隔的仰光而言，這裡是都市毒瘤，不斷提醒人，仰光之外的區域在貧窮狀態下勉強生存，民眾用撿拾來的脆弱枝幹或重複回收的材料搭屋，幾乎無法抵擋另一次暴風雨侵襲，而每天面對死亡威脅。啤酒館本身就是不確定性持續的證明，它們用竹竿和防水布搭起來，以磚牆擋住汙水。

因此，二〇〇九年五月那個晚上，在突然一桌擠滿年輕的高興酒客、另一桌是嚴肅中年男子的啤酒館，店長左右為難，不知該打烊，還是繼續營業把握突如其來的好運；但一眨眼，客人已經走了。在一陣摩托車轟隆聲中消失。

他們的計畫很簡單：麻煩在跟蹤者身上。出了仰光，人人可自由騎摩托車。七個苗條、黑色長髮飄揚的身影騎車奔馳，在深深暮色中沿著坑坑洞洞的路往盾迭前進一小時，他們穿過綿延稻田，必要的話故意騎進田裡：要有貓一般的眼睛，或至少一隊功能不錯的運動休旅車，才能分辨摩托車上的人。這是沒有路燈的好處！一如貧窮和民怨，電力或者缺電，可以成為好搭檔。

阿偉搭朋友便車；他幾年前名義上為了家庭，實則是為了黨賣掉自己的摩托車，以購買電腦後，曾僱用摩托車買主載他。有一天傍晚，他被載回盾迭途中一時疏忽，接聽全民聯一個叔叔的電話時，未按平常使用代號和暗語，而洩漏太多機密。他當時在想些什麼？有時候，他只是累了。不過，話說回來，他和這名騎士相處已有一段時日；過了一段時間後，如果你感覺沒問題，你必須小心翼翼地和每個認識的人更深入交往。這純粹是工作要求的一部分，即使黨未嚴格規定。那個年輕人聽了立刻了解。他咕噥了兩句，兩人就此志同道合，建立了信賴關係。此後，大部分日子的傍晚，他在達拉碼頭等候。他今晚在此，像個得力助手般可靠，幾乎未說隻字片語，就在阿偉的危急時刻馬上出手相救。

他們先和一輛摩托車分散，接著又和兩三輛分開，然後和另兩輛分離，最後只剩他們一輛獨自往前騎。

在左側，一片快速掠過的模糊漆黑中，阿姨座車二〇〇〇年八月底被當局攔阻十天的原野展開。

她當時要前往伊洛瓦底三角洲的貢仰岡，參加當地青年黨部分會成立典禮。她同年稍早推動在各地成立分會的計畫，這個分會是仰光之外三個當中的第一個。當時，每個地方分會成立後就有人在半夜被抓的情況，已經變成例行公事，即使阿偉也不知道阿姨是否會、何時會冒險到貢仰岡，雖然這裡距離盾迭夠近，他因而負責協助籌備分會。他希望參與成立典禮，但她表示沒有必要。她說，他太年輕。他出力協助籌備已經足夠。她的意思是，要考量的犧牲實在太多了。俗諺說，生死有命，富貴在天，每有一個朋友被捕，他腦海就重複出現這句話。

為了湊足貢仰岡分會成立的人數，他請亞瑟和另一個朋友幫忙，他們倆不巧也被困在阿姨的車隊中。他們前一晚睡在盾迭的阿偉家，早上經由達拉碼頭前往辦公室，剛好看到渡輪返航。怪的是，碼頭沒有付費的乘客。治安單位人員像螞蟻般散布碼頭周遭。小船也被轉移到另一個碼頭。這意謂阿姨本人在附近，她正在測試自由行動的界線，當時要渡河，隨行者包括黨副主席丁吳爺爺、她的醫生和司機，以及十名擔任隨扈角色的全民聯青年。情治單位要過河顯然不成問題，只要這些全民聯成員活動範圍不超過達拉。

不過，阿姨耍了他們。她的司機在達拉寺院藏了兩三輛車，他們把車開出來，她溜上車，速度快得讓警察措手不及。亞瑟和他的朋友大約此時加入阿姨行列。阿偉因為已被達拉政府人員熟知，選擇擔任信差。在手機時代之前，這個角色意謂要利用小船及搭乘仰光公車往北到辦公室，來回奔波以便讓叔叔們掌握最新消息。後來的發展證明，這種安排是對的，因為最後要靠他張羅補給品，供應被困的人員；他們只有一包餅乾和些許飲水，就這樣撐了四天。阿姨——習慣於在結束日期無法預料情況下，規畫因應物資缺乏——扮演配給官，每天發兩片餅乾給每個人。

最後，她的座車和全民聯年輕人搭乘的廂型車被強迫拖到一條小路上；警方劃破輪胎後，第一批捐贈的香蕉送達，被他們連皮吞下；年輕人利用撿來的塑膠布，在野外搭了一個夜間棲身之所，但完全無法抵擋雨季期間會傳染瘧疾的蚊子，或是傾盆大雨夜晚上漲的泥水；他們準備長期抗戰，曾經在歐洲受過教育的老一輩，腦袋裡可能浮現法國維米嶺（Vimy Ridge）之役和壕溝戰。

政府在包圍行動第一天發表聲明說：「基於武裝反叛勢力的暴力威脅，重要人士目前最好不要前往某些地區」；這說法聽來好笑，因為三角洲地區真正的威脅只有登革熱和痢疾。另一方面，翁山蘇姬一行人被描繪成在達拉「休息」，後來被外交部長溫仰（Win Aung）邀請到風景宜人處，並獲得「海灘傘」和「流動廁所」；一連串聲明的主題鎖定在翁山蘇姬等人到鄉下野餐，受到國家保護。

在野外，阿姨和同行人士拒絕軍政府的象徵性餽贈。不過，飲水、白米和其他必需品最後從仰光的全民聯總部少量運抵，經過一大批形同看門人的警察同意後送到他們手上。阿姨冷靜地與叔叔們待在車上，或是埋首看書，幾個年輕人到城裡買竹竿，搭建比較不會漏水的棚子。亞瑟和朋友的年齡比其他人小一點，對搭棚興趣不大，寧可拿鋸下來的竹竿廢料假裝望遠鏡朝警察看，而警察拿真的望遠鏡觀察他們。

等到他們開始搭建茅坑、著手種菜園——阿姨的主意——局面已經變成國際外交事件。緬甸正值對外擴展經濟的關鍵時期，軍政府日漸憂慮，已經快找不到新藉口。它指控翁山蘇姬「精心策畫」，要在預定幾天後開幕的聯合國千禧年會議之前破壞國家名聲。就在此時，大約兩百名鎮暴警察在二〇〇〇年九月二日深夜十一點行動。當晚一片漆黑，根本無法看到臉龐或揮舞的肢體。亞瑟被人抓住龍吉，踢到棚屋角落。呼吸困難、震驚的他感覺一隻長筒靴踩在瘦弱胸膛上。幾根肋骨似乎快要斷了。黑暗之中有聲音傳來，要求打他的人住手。他懷疑，聲音來自他以假望遠鏡觀察時和他互相揮手、微笑的警察。同一時間，阿姨被拉出車外。她在黑暗中一開始誤將女警當成亞瑟的朋友，後來和女警拔河。阿姨使出吃奶力氣拉住一條腿，認為這樣可以救他。接著，她假裝昏倒。

阿姨和叔叔們被帶上同一部車之後，其他人被塞進一部警用廂型車，大老遠載回仰光，途中穿過亞瑟的貧民窟故鄉蘭達雅。他們經過杰旺佛塔和八號岔路口的購物中心。亞瑟已經想不出更多笑話。他口乾舌燥。他們朝特調組總部、翁德別（Aung Tha Pyay）的拘留中心走。他可以想見拘留中心的大門，以及隨後持續多夜的刑求。

警察向駕駛咕噥了幾個字。廂型車右轉。

亞瑟鬆了一口氣。他們現在朝大學路走。廂型車開進阿姨的別墅，他們被帶下車，軟禁兩週。同一期間，辦公室被勒令關閉，並遭到搜索。

整個僵持局面的過程，和以往如出一轍。一九九八年六月到八月，阿姨已經四度在離開仰光時受困車上。最後一次事件促使阿偉採取行動，以致未能完成醫學院學業。

第一次發生在一九九八年六月七日，大約三十名士兵把她的白色豐田轎車抬起來，轉一百八十度回到仰光方向放下，結束這次事件。第三次事件，她被拒馬和沙包擋住去路，在仰光西方大約二十英里的一座木橋上度過六天；她不願掉頭，而他們不讓她前進，所以她和司機兼助理睡在車上，直到她的飲水和糧食耗盡，她脫水情況惡化，國際公憤高漲，菲律賓外交部長——創下未大力譴責緬甸的東南亞國協的首例——呼籲緬甸人起而對抗軍事政權，就像菲國民眾當初推翻馬可仕（Ferdinand Marcos）總統那樣。最後，阿姨被武裝警察推到一旁，她因為發燒而半昏迷癱在後座，被強制載回家。她好幾天身體虛弱，無法參加一九八八年八月八日抗議十週年紀念；無法參加她六月間號召八月二十一日舉行的會議，這場會議是她要求軍政府召開一九九〇年選出國會的最後通牒；她甚至沒有力氣在鋼琴前坐直彈些曲子，而她平時彈琴可順便讓支持她的旁人知道，一切都還好——至少阿姨如此。

她再度啟程，第四度出訪時，健康情況仍然脆弱；和以往一樣，她出門是要測試自由行動的程度。她嘗試前往勃生（Pathein），伊洛瓦底三角洲西岸的城市。她打算會晤一九九〇年當選的議員，當局阻止他們前往仰光和她見面。她至少在第四次選擇使用廂型車：睡覺空間較大，能載的補給品也較多。

阿偉當時甫加入全民聯青年黨部，而且剛從難得去上課的醫學院返回盾迭家。他以新人的認真態度評估阿姨最新情況的嚴重性，說服一整輛巴士相同想法的大學生，帶領他們下車抗議，筆直地走向阿姨被擋住的廂型車。

他們沿著路邊水溝走沒幾步就被攔下來。立即後果是二十多人被拘留，雖然只是暫時羈押，以及同樣多人被大學停學。以阿偉來說，他能繼續追求學位的條件是，具結保證直接從家裡到學校上課，下課後直接回家，半路上絕不停留，即便只是買檳榔。

告訴他們在何處張貼具結書，讓他短暫獲得滿足感——具結書，以及沒啥用處的大學文憑，已經失去一度確保緬甸令人看好未來的特質和教育機構功能。他第一學年念不到一半就退學。

其實，他真的很想當醫生。首先，他一直渴望追隨父親的腳步。所有兄弟中，只有他的考試成績符合醫學院標準。有時候，他仍會夢到父親，而他父親正在鄉下診所認真看病。阿偉童年時期經常看這位優秀醫師動手術，已經磨練天生的敏銳，能看出民眾處境的艱辛。不過，這些沒那麼重要。抉擇權利、個人志向：這些是自由的奢侈享受。此外，他發現政治和治療疾病、解決身體問題存在共通點，或者說，他喜歡診斷更棘手的「社會結構」問題。

不過，阿偉想到那次火爆事件暴露他缺乏策略深度的時候，才會回想起胎死腹中的醫師生涯。即使如此，他現在會捧腹大笑說：「愚蠢？不。」如果時間能倒流，他或許還是會做同樣的事。

今晚飛車經過，他瞥見當初雙方陣營對峙的原野。那裡後來變成達拉垃圾掩埋場。這是聰明的手段：讓民眾成為共犯，在那次事件的回憶上倒垃圾。你也無法在塑膠袋、空瓶罐堆成且形狀會改變的垃圾山，無法在整個城市廢棄物散發的噁心發酵甜味中豎立一面紀念碑。沒有很多人記得這事件而產生聯想。但阿偉很清楚。他只消在每天往返仰光和盾迭途中，一如今晚，嗅一下那個地方的氣味，就不會失去自信或苦中作樂的幽默感；再過一個星期，他就準備好了。

⁂

忠僕在水溝邊暫停。

阿偉掏出一包紅寶石香菸，抖出一根給朋友，接著幫自己點燃一根。田野的盡頭和天空的開端不可能分辨出來。四周萬籟俱寂。只有一隻昆蟲偶爾扭動，如果你仔細聽；在腳下，有長時間、緩慢的起伏，宛如土地本身在呼吸。兩人各自把菸抽到接近濾嘴，然後重新跳上摩托車，再度加油門前進。

達拉到盾迭的路漫長、筆直、坑洞遍布、空盪。他晚上有時間躲藏。有時間重新組織，喘一口氣，以及思考。

阿偉認為，民主運動好比汽車。車子要運轉，從最小的螺絲釘到內燃機引擎，各式各樣機械裝置不可或缺。每個人都很重要，人人有互補角色要扮演，唯有每個零件各就其位，鎖緊並充分潤滑，他們才能萬眾一心，朝目標前進。然而，如同神奇產生意識的大腦，他們需要的不只是零件總和。民主運動需要一個奇妙的元素，無法言喻的特質。要讓其他所有人動起來，這個運動需要的是一個火花。

每個人總是在討論火花。

這個火花並非真正依賴理想主義。理想主義者到處都是，隨時可手抓傳單從公車車頂散發，在審判中提出美麗詞藻的辯護，突然慷慨激昂地在市場提到女士——而且很大聲。學生們率先投入不足為奇。他們迫不及待，一有訊號就行動，永遠嘗試組織起來。不論當局打壓大學多成功，他們可以依賴一股關鍵群體力量而屹立不搖，半知半解或清楚知道，他們一向在緬甸爭取自由奮鬥中扮演要角。時間，在大學不斷關閉的協助下，是他們最容易運用的資產。

可是，不論阿偉多深入探究席捲社會更廣層面的全國抗爭原因，導火線向來都是經濟因素。民眾必須感受到當局的錯誤，不是在心中，而是在肚皮。局勢必須恰到好處。局面要剛好夠壞，讓你覺得應該豁出去，但不壞到讓你不再有力氣收成作物，或在田裡挖根莖類。

阿偉對一九八八年最動盪日子的記憶，有如相片般清晰——在蘇雷佛塔路中央放競技風箏，渾然不知大馬路上沒人而顯得詭異。他母親慌張地把他帶回家；他必定是在宵禁時段從幾條街外的祖父家偷溜出去。或者，他被一名老翁倒臥水溝且頭部流血、汽車爆炸起火引發的哭聲和叫喊吸引，從大人們的臀部之間往前鑽看熱鬧。

不過，像一片尖銳水晶留下最深刻印象的畫面，是家裡的大人，因為他們神情緊繃，圍在收音機前，聽大學生和學生領袖的激動吶喊；學生領袖使用假名明果奈（Min Ko Naing），意為王中之王。他光憑詩歌般抑揚頓挫的演說，帶動全國民氣。那就是我的志願，阿偉記得當時自己這麼想。一個學生領袖。唯有在緬甸，風起雲湧的校園活動和永恆的歷史變化具有相同意義。

然而，抗議或罷工，頂多只是數十個戰術的其中一個。在最終目標——平心而論——是真正無色彩、制度化的民主的戰略中，抗議或罷工只是戰術之一。這種民主未來將根據選舉從一個領袖交棒給下一個，而不是意外誕生的為獨立犧牲的領袖。

阿偉從未停止思索這個問題，即便是現在，在他坐在忠僕摩托車後座顛簸回盾迭、逃避追捕之際。

認為某次抗議或其他抗爭失敗，一如草率觀察者的想法，等於否定鎮壓的附帶效應不會真正產生長期的建設性變化、多少能推動民運的進展。阿偉閱讀過黨的手冊。美國政治學者夏普（Gene Sharp）撰寫的《從獨裁到民主》（*From Dictatorship to Democracy*）向來是地下運動者的最愛；夏普一九九三年應一名流亡緬甸記者要求寫這本書，當時，逃到叢林的學生拿不定主意是否走暴力路線。少數學生目前在湄索舉辦祕密的研討會，探討夏普形容的「策略性非暴力行動」或「政治反抗」，將他的革命方法理論用來補充他們本身的歷史和個人經驗。革命，徹底推翻政府的那種行動，不是偶然發生的事。革命的理念，明果奈和其他堅持走下去的大哥們等流亡一九八八年領袖的主要用意，是擘畫走向民主的地圖，而且像軍事行動般詳細、精確。

對於不了解策略性非暴力行動的「策略」涵義的人，袈裟革命是失敗的。可是，現在要說這項革命的效應有多大，還言之過早。

軍政府制止持續二十分鐘甚至更短的抗議嘗試，已經為期一年。即便是八月的第一起抗議也逐漸平息，被安全部隊驅散。九月五日，一名和尚在重要宗教中心木各具縣被綁在電線桿上毆打，導致抗議行動擴散。不到四天，附近瓦城的僧侶結合一九八八年的經驗和年輕一輩的固執，按照老派地下團體的作風，成立了緬甸全國僧侶聯盟（All Burma Monks' Alliance）。他們的第一個聰明舉動，是取了一個代表全國僧伽的堂皇名稱。第二個聰明之舉，是向軍政府下通牒，要求九月十七日前道歉。如果不在期限前道歉，僧伽將不接受將領和他們的親信，所有僧侶會把化緣的缽翻過來。這是僧侶能對俗家人採取的最嚴厲懲罰。

軍政府低估僧眾之間的聯繫程度，忽視這項威脅。幾乎每個信奉佛教的男子，一生當中要出家一次。僧伽約有四十萬人，數目和軍人相當，而且組織和軍方一樣緊密。僧侶們在同一所大學修習，念同樣的佛教書籍，更重要的是，他們出家期間待過不同寺廟。方丈們長期以來對軍政府委屈求全，因為他們依賴軍方施捨。不過，較低層僧侶之間溝通向來比較困難。

全國僧侶聯盟如何串聯不難想見。九月十七日期限倒數那幾天，聯盟的較年輕領袖奔走網咖，把訊息傳給全國各地寺廟，並協調民間運動人士：阿偉在全民聯的朋友的朋友、大哥們，或其他較鬆散的團體。他們挑選的電台發言人甘比拉（U Gambira）曾前往湄索接受祕密的策略性非暴力行動訓練。這次訓練讓他獲得人脈，並在更寬廣的運動網絡中占有一席之地。一定有內奸——軍政府發現，他在湄索的聯絡人提供的情報很有用，當局十一月抓到他時，根據所得情報判他十一個月徒刑，後來加重為六十八年。如果阿偉需要證據，這是湄索和本土一樣充斥間諜的明證。

然而，這樣狼狽為奸的軍方聯盟，也無法預料寺廟爆發的大規模反彈。隨著反抗的僧侶日增，阿偉覺得希望越來越大。那種感覺奇妙，足以讓全國人民落淚。他再怎麼幻想，也從未想過這可能發生。

接下來的發展，是群眾可以毫無緣由劇烈轉變的實例——在關鍵時刻，夠多人的想法從失敗轉為勝利，一開始無法察覺，接著變成沛然莫之能禦的集體情緒，在局勢迅速一落千丈之前達到高峰。

九月二十二日，抗議活動明確轉為政治性。一群僧侶獲准通過大學路的警方檢查站，行經阿姨的住所。她帶淚出現在大門，雙手合十祈禱；這是她二〇〇三年以來首度公開露面。此後，成千上萬名僧侶加入，九月二十四在仰光達到十萬人高峰。在一個如此高壓的社會，這個人數是天文數字。

而且，抗議的是僧侶而不是學生，代表重大轉變。抗議活動也因時代進步獲益。一九八八年時，目睹鎮壓的外國人只有少數是外交官員。雖然最後喪生人數高於袈裟革命幾倍，數字眾說紛紜。但在二〇〇七年，安全部隊朝群眾開槍時，全世界即時看到畫面。即使沒有有線電視新聞網（CNN）或緬甸民主之聲等其他可以吸引外界注意的管道，他的幾十個夥伴在軍政府切斷網路之前，各自設法上傳，送出幾秒的模糊新聞影片。

軍政府再也無法以空洞的「亞洲價值觀」做為擋箭牌，更不能繼續擁有長期存在的佛教忠誠。不論奉獻多少佛塔頂端的鑽石，或佛像身上的金箔，都無法解決問題。將領們下令攻擊社會最敬重的成員時，等於與天下為敵。他們突襲、清空古老寺廟，強迫僧侶違背戒律——僧侶的神聖佛教經典。許多僧侶被逼著脫下袈裟、遭到毆打、失蹤，並出現死者不詳的火化場景。這種畫面到處流傳：身分不明的僧侶遭到棄屍，屍首俯臥小溪，被樹木枝幹卡住，袈裟在屍體周圍的血水中起伏。罪行如此昭彰，已經不被僧伽承認的國家和平與發展委員會成員，將受到死後下地獄的懲罰。

軍政府嘗試挽救名聲，散布謠言說，參與抗議的僧侶是冒牌貨。有些人聽了上當。但其他人看到惡兆。佛塔或佛塔的一部分崩塌。天也很快就會垮下來。做為天譴的納吉斯氣旋，不到八個月後侵襲緬甸。

傳聞有的軍官轉投民運陣營，少數軍官因抗命遭到降階處分。如果傳聞屬實，假使如此倒行逆施的鎮壓導致軍官之間出現裂痕，那麼他們的犧牲沒有完全白費。民主運動向來難以滲透軍隊。

不過，軍政府真正失去的是年輕人。他們多年來處心積慮破壞教育體系，或剝奪教育經費；透過宣傳和統一教科書，慢慢灌輸錯誤觀念；無所不在的恐懼；民眾極度缺乏獨立的資訊來源；這些因素綜合起來，造成新生代對一黨獨斷和全國抗爭毫無記憶，不了解自己國家的歷史，因此阿偉曾聽人感嘆，女孩子除了塗指甲油、男孩子除了在網咖打電玩虛擲時間，對其他事務缺乏興趣。阿偉很早以前就立志打破年輕人漠不關心的現象。

然而，二〇〇七年八月到九月的事件徹底改變局面。從青少年到三十幾歲的青年，不計其數的人關心起政治。不過幾天時間，學生運動就從灰燼中重生。街頭再度出現孔雀圖案，緬甸最後一個王朝的圖騰；一九三〇年代的年輕民族主義分子採用孔雀圖案，將孔雀姿勢從開屏改成打鬥，以象徵反抗殖民統治。金黃色孔雀圖案印在猩紅色背景上，出現在地下組織緬甸全國學生聯盟總會的旗幟上頭。

阿偉現在大可退後一步，以旁觀者角度分析局勢，但事實是，金黃革命——對外國人或阿偉而言是袈裟革命——已留下個人痕跡。阿偉在旁人聽得到或寫文章提到革命時，採用「詹姆士·龐德」假名。這是他成年及從事民運以來，第一次參與的大規模抗爭。他對這起革命懷念不多，除了敬佩僧侶和參與集體行動的持久興奮感覺；在這之前，萬眾一心的群體大致上只存在於想像當中。

他是個傑出的政治人物，因為環境所逼，而像非法之徒偷偷摸摸行事，他知道必須在這些層面取得平衡：領導統馭和身分保密之間、在地下活動和公開活動之間、在強硬推動革命工作和在更廣泛的抗爭扮演小角色之間。而更廣泛抗爭的成敗，取決於較平凡的辛苦工作——保持政黨的生存和透明。他有時要扮演螺絲釘或輪子的角色，有時又要花時間像技師那樣組裝車子。阿姨常說，民主是個過程。阿偉知道，在緬甸的重生道路上，達成民主只是一個微小但充滿激情的階段。

但當時，他分身乏術，無法同時出現在每個地方。他盡可能參與每個關鍵時刻。當局大幅調漲燃料價格後，大哥們和民運分子在蘇雷佛塔路發動第一場和平抗議，他置身其中。

他們利用八月十九日全民聯前主席吉蒙的忌日集會。在例行演講和中午聚餐之間，阿偉一名堂兄弟大聲建議，他們遊行抗議。大哥們帶領大約一百人走上交通繁忙的蘇雷佛塔路，阿偉小時候在前一次大規模抗議潮期間走過同一條路，只不過當時他盯著空中的風箏。遊行沿途有民眾加入，隊伍擴大成四百多人。他們往前走。走了五英里。沒有人舉標語或喊口號。整齊、秩序：這些已經成為民主運動的標記。遇到警察質問，他們聲稱，除了徒步別無他法。現在搭大眾運輸太貴了。

阿偉從未直接見過大哥們，雖然他曾密切注意他們的「白色祈禱」和「開放心胸」運動。二〇〇四年之前，以及二〇〇五年到二〇〇六年期間幾個月，他們身繫囹圄。吉蒙主席的紀念活動，讓阿偉首度一窺他們的多層次革命才能。他們看到，燃油漲價的政治用途潛力有急迫性。他們知道該在街角哪個地方就定位、站多久，知道何時、如何散開。他們有如優秀士兵，事先規畫好擴大抗議規模，一直持續到他們無可避免地被捕之後。大部分人幾天內果然遭到逮捕。

九月二十七日在達偉區（Tamwe）第三中學外頭的殘暴對決，阿偉在場。他失去夾腳拖、剛拍好影片和照片證據的攝影機，還有一位朋友。

他們肩並肩排成縱隊，和平遊行。他的朋友舉著學生的革命紅旗，上面印有孔雀。阿偉和其他人無法佩戴全民聯標誌，因而把孔雀圖案綁在二頭肌上，或像忍者般綁在額頭。

他們被武裝鎮暴警察和好幾卡車的士兵包圍，軍警已準備好動武。沒有人想到軍警會開槍，會對手無寸鐵的群眾開槍，絕對沒料到他們會對一大群青少年和接他們放學回家的家長開槍。阿偉的朋友被一顆子彈擊倒，他現在想到子彈飛的聲音，仍不寒而慄。一定是狙擊手開的槍。事先沒有警告。接著，士兵們大開殺戒。大家四散逃命。

他們在全民聯後面的青年黨部辦公室一面牆貼上那位年輕人的照片，然後在下方寫「你是英雄」致敬。沒有別的追悼布置。

一份聯合國兒童基金會（UNICEF）月曆掛在附近，月分停在去年某個月。沒有人想過把它翻到現在的日期，或者把它取下，原因不是時間停止，而是藉此表示，時間不重要。事到如今，他們還不如把辦公室變成石棺；有時候，確實有這種感覺。他們竭盡所能幫助喪生者的家屬。除此之外，沒有人有太多耐心照顧個別的傷痛。

但阿偉覺得自己要對死在身旁的年輕朋友負責。德本索（Thet Paing Soe）今年十六歲，阿偉親自把他拉進黨內，帶領他脫離漫無目的、醉生夢死的狀態。聯邦鞏固與發展協會地方分會主管企圖利用少年對大麻的喜愛製造事端後，他找上阿偉；那個主管主動提供足敷至少十二人抽的大麻，鼓勵他們抽個夠，只要他們公開抽。他們還被要求穿協會提供的T恤，上面印有翁山蘇姬的肖像，而這種衣服在其他情況下禁止穿上街。如果他們這樣做，會讓國家喉舌媒體有材料大作文章：「翁山蘇姬的年輕支持者追求嗨的感覺！」新聞審查委員會或許會破例一次，允許媒體刊登她的名字。或許他們會將新聞和大約二十個抽完大麻以致眼神呆滯的青少年照片一起登出，附上通常印在後面版面的警語：「滿天騙徒陰謀摧毀國家：英國廣播公司說謊、美國之音騙人、自由亞洲電台製造對立。當心，不要被這些有心人玩弄。」

可是，那個小夥子不遵從計畫。阿偉聽說消息後，提供他破壞計畫的辦法，並指點他逃脫，投入民主運動的溫暖懷抱。

更讓阿偉難過的是，他的新朋友在二〇〇七年九月二十七日不幸罹難那一天，拿了不該拿的旗幟。德本索如今屬於全民聯的一員，翁瑞禁止他們拿黨的旗幟已經夠讓人氣惱，不過，一個加入頂多才半個上午的年輕人為團體送命，更加讓人忿忿不平。

然而，這對狙擊手有何差別？他瞄準的時候，舉著那面猩紅革命旗的人，是最具代表性的目標。

❧

接下來，這個飛來橫禍帶來的麻煩是，被情治單位緊追不捨到仰光之外的阿偉，必須重新動起來，不是在髒兮兮的偏遠地區——幾乎收不到手機訊號，唯一一家網咖的網路穩定度，和流亡者的節操一樣難以確定。

現在不是被逮捕的時候。

永遠沒有適合被抓的時候。但目前處於重大危機。不請自來的美國觀光客，五月三日晚間游泳越過阿姨別墅旁的池塘後，警方已經扣押她。她因為收留他過夜，被送到永盛監獄賓館，面對違反軟禁條件的指控。審判已於五月十八日展開，會進行多久，誰也猜不到。

從阿偉蒐集到的片段資訊研判，那位美國人葉陶（John Yettaw）並無惡意，而是一時失去理智。根據葉陶的妻子表示，他似乎被某種「和平與諒解」為基礎的救世任務驅動。他穿著自製蛙鞋游過池塘，很容易被視為阿姨的全球崇拜者中另一個極端的怪人。

初步分析顯示，他似乎是那種害民運人士日子難過的麻煩人物。一般來說，阿姨的仰慕者，不論是國外或國內的，並不會讓外界對她的志業產生負面觀感。她創造的崇拜至少為整體情況造成慢性疑慮。他們達到參與式民主的遙遠夢想時，可能出現併發症。屆時，緬甸需要這樣的公民：能夠了解自身責任，願意參與議會政治的日常運作，而不是讓一位女王加冕後把責任交付給她。如此局面會和阿姨肉身每一細部背道而馳，無關緊要。

緬甸國內有些人甚至把她敬為神，認為她是神聖的「大學路天使」，是女菩薩，而她一九九〇年成為民主運動的領導人物時，佛像神奇地剛好出現胸部隆起現象。對阿偉而言，她可以直接運用他們願意給她的所有神奇力量。

不過，葉陶真的如此單純嗎？

爺爺黎明前被日本記者的採訪電話從睡夢中吵醒，首度聽到阿姨被捕的消息。他嚇壞了。他想盡辦法打聽葉陶的背景，得知他一年前才試過闖入阿姨家。那麼，當局為何發簽證給他？他如何躲過湖上的警察？他們朝他造成的水波扔石頭，宛如他是隻鴨子。爺爺認為——阿偉看法相同——葉陶在緬甸的紀錄，足以讓他終身名列禁發簽證黑名單。

最大疑點是這名男子出現的時間。他溼漉漉地爬上岸，筋疲力盡，卻能夠——如何辦到的？——避開阿姨宅邸的警衛哨，抵達她的門口，在她最近一輪五年軟禁只剩幾天屆滿時。

就爺爺及阿偉的觀點，將領們顯然需要藉口。孤立翁山蘇姬，以切斷她和民眾關聯的措施如此徹底，她無法收到信件、無法會客，也不能有代言人，除了醫生和幫傭，但這些措施表面上難以減緩將領的焦慮，或他們妻子的嚴重嫉妒。另一方面，西方從未停止談論她。二〇一〇年選舉之前，翁山蘇姬自由行動、嘴巴說個不停的前景，無疑讓將領們夜不成眠。

阿姨被捕那天開始，爺爺每天在永盛大門口守夜。如果有空，阿偉會站在旁邊，拍照或打電話叫人來助陣，然後到網咖把灌水數十人的參與人數告知流亡媒體。對於阿姨的命運這種引人關注的議題，若不採取行動，可能讓人產生反對運動癱瘓、從街頭推翻軍政府的長期美夢日落西山的印象。

判決公布的時候，必定簡短、戲劇性、獨斷，關鍵或許是丹瑞將軍下一次飯後打嗝的嚴重程度，或者，有鑒於他妻子愛吃醋的傳聞，取決於她打嗝的嚴重程度。

當局舉動已引起國際口誅筆伐。但在國內，民眾對整件事反應較簡單，他們以間接同情心為阿姨難過，或厭惡地別過頭。全國對她的尊崇敵不過大家對審判結果逆來順受。阿姨的判決，不論多不公正，已成定局——更廣泛戰爭中輸定的一場戰役。

不過，革命的夢想頑強。

大致上而言，武裝少數種族叛軍已經轉為低調採取守勢。亞洲生意夥伴加強競逐緬甸新發現的外海天然氣田和輸送管線，讓軍政府托大高談選舉。民主運動，如果有任何人相信民運存在於阿姨之外和周遭，似乎正在剝落。袈裟革命過後將近兩年，納吉斯侵襲之後八個月，緬甸——直到阿姨受審——甚至連全球公憤的安慰也沒有。

阿偉一位老友幾個晚上前，在一家市中心酒吧後面的格子座位說得好：「二〇〇七年到二〇〇九年時間不長——這意謂大家軟弱、不知所措，大體上把精力用於尋找食物。」

那位朋友不是隨口胡說。他之前幾個月和漁民為伍。一九八九年在阿偉家後院躲藏的四名學生當中，他是阿偉唯一能保持聯絡的人。從此，他成為遊走各地的專職革命分子。但他不時經過盾迭，在茶館和年輕朋友阿偉見面交換意見，後來提供手冊和書籍，激發阿偉的好奇心，以及透過某種祕密方式進行的造反，是改變世界唯一途徑的想法。

他說：「如果我要籌畫一場抗議，必須先了解自己的實力，」他的聲音在他們定期祕密會面的黑暗空間變得高亢，雖然那裡設計成情侶幽會的場所。「假如我們的奮鬥目標是打垮軍政府，我們必須讓民眾愛他們的權利，並將他們團結起來。」

他說得沒錯。但那要花上幾十年工夫。

此外，阿姨會在六月十九日滿六十四歲。她值得擁有一些支持的象徵，一個她可能透過收音機聽到的小表態，如果阿偉行事順利。

或許，用黃色……

盾迭高處，佛塔在夜間發亮。兩道光束在街道高度交叉。開始下坡的時候，「僕人」熄掉引擎滑行。「你覺得是誰……？」

「手機有訊號嗎？」

不過，阿偉已經把手機貼著耳朵。

他打給自己的大哥，卻發現前方兩道光束之一，來自他大哥騎的摩托車。另一道來自堂弟的車。

「快走！」他們的摩托車並排前進時，他大哥說。「他們到處找你呢！」

小時候，四兄弟中排行老三的阿偉很野，沒有成熟承擔責任的肩膀。他喜歡到當地農夫的果園裡偷芒果，丹瑞將軍的孫子幾年前也在這偷過。他喜歡在家裡橫衝直撞，小腿上的泥巴留下一道道腳印，或為了抓一把辣椒粉，從事誰也不知道的新花樣，而打翻大鍋熱騰騰的飯。

不過，他夠精明，知道自己冒著手腳受傷的風險，在舢舨和快艇靠在一起碰撞時，跳過船將它們繫緊，或磨練爬樹技術，爬上椰子樹摘取從高處引誘他的碩大綠色果實，是為了運動、好玩，或是練膽量；而他不顧年齡差距跟隨或持續打賭誰膽大的朋友，做這些事通常是因為不得不如此，或填飽母親的濃稠咖哩永遠無法滿足的肚皮。又有因為物資缺乏病倒的皮包骨鄰居躺在他父親的手術推床上時，年紀太小幫不上忙，但不致小到無法協助遞手術器械的他在旁觀看。那是血淋淋的教育，足以讓他體會到，他的生命立足在能夠自由享受一些小奢侈的家境上面。

很早就灌輸他這種體會的，可能是他父親的想法。阿偉已經記不得細節。但溫斯頓・民過世很久之後，他的理念仍在阿偉每個兄弟身上迴響、傳承。

大部分家人——包括阿偉的母親——基於責任壓抑回憶。最好如此，保持沉默，讓往生者不受打擾。每年只有一次，他們會在十月那一天聚集紀念他。阿偉談到他的時候，以虛構的叔叔稱呼他。可是，他的思想會在阿偉最意想不到的時刻湧現，出現在吉卜林（Rudyard Kipling）幾行詩中，或是他父親反映在阿偉開放想法的容忍態度典範。這種想法讓阿偉對民眾不知方向的情況擁有超凡耐心，他暗地將逐一重新教育民眾視為己任。

如果阿偉的真名反映實際情況，他是星期六出生的。星期六屬於西南方向的土星，以及龍。那天出生的孩子聰明、反應快。他會覺得，在團體中工作很難，但若有耐心，可變成那個團體的領袖。大多數父母認為星期六出生的孩子是掃把星。不過，凡事總有例外。一九一五年二月十三日星期六，一個男孩在中部乾燥城鎮納茂（Natmauk）出生，對緬甸的影響超乎任何其他人，他是：翁山。一九七八年另一個星期六，在仰光北側的貧民窟北歐格拉貝，奈敢林，也就是「光明國」——尼哲誕生。

不過，阿偉的父母都不太在乎星相。他從不知道自己出生的日期。他後來知道，生日不詳是父母在尼溫統治末期的怪異環境中特意造成的，以便把孩子們的未來寄望於出國留學。達到一定年齡後，緬甸的男女方能到國外深造。四個兒子的出生證明都被燒掉，並將灰燼丟棄，可能拿去餵鄰居養的豬了。

阿偉後來發現，自己因生日不明受到批評。同學拿這一點指控他虛擲黃金歲月，如果他年紀有那麼大，言行舉止應該更穩重。他年復一年奔跑穿過校園，比起體重逐漸增加的同學健步如飛，從地方學校的表現來看，他的年齡明顯虛報相當多。

一九八八年後，他們一家搬到盾迭定居。在那之前，他在仰光三十一街的祖父家度過學童時期。他祖父是個嚴厲的人，逼他父親走上醫生這一行，在英國殖民統治時期創辦生意興隆的合資紡織廠，後來在一九六〇年代國有化時失去一切，包括一整車庫的古董車。他父母主動將自己放逐到鄉下落後地區，阿偉卻有如回到天堂，擁有一望無際的遊樂場。伊洛瓦底江流域附近，水量豐富、起伏不定，河面有點點舢舨，漁民在上頭撒網享受豐收的喜悅。水牛倒臥泥濘的河岸，懶散地躺在涼爽的水流中。沿河偶有濃密樹林，每個轉彎處都有粗壯的羅望子和菩提樹樹幹扭曲往上、往外伸展，引誘人爬上去。

他的雙親在仰光綜合醫院結識。兩人都不受官僚制度或嚴格的傳統習俗束縛，懶得舉辦婚禮。兩人選擇在盾迭行醫，是因為他們都覺得，這裡正是最需要他們的落後區域。這裡有夠多疾病讓他們忙一輩子，包括肺結核、痢疾和其他五、六種疾病，而這些問題在較完善的制度中是可以預防的。此外，這裡距離仰光夠近，可將越來越多的孩子送回去念書。

阿偉和隨風拍打旗杆的旗幟一樣機靈，放開心玩，自己定規矩，任何人誰想管教他，都被他當耳邊風。即使他思想開明的母親、關心社會的父親定了規矩，在蒙溫走了之後也很快分崩離析。

阿偉的大哥試圖替代父職。在所有弟弟中，他最疼阿偉。那時已進入青春期的阿偉，會修理家中汽車的線路、發動引擎，左搖右晃地把車開上泥巴路。還有一次，他取用父母的存款，下午進城拿來請朋友或碰到的旁觀者。桀驁不馴的他似乎容易被毒品誘惑；毒品被當成作戰武器，在邊界地區的少數民族叛軍之間散布，即便在本土也能輕易買到。阿偉參與幫派打鬥，最後頭破血流地被送進醫院。

但大哥如今身負其他責任。他比阿偉大三、四歲，比較有書卷氣，四兄弟當中，他們兩個遺傳父親的膚色。那些人來抓父親的消息傳來時，老大念化學系一年級，是個重視課業的學生。世界風雲變色。他記不得自己在仰光街頭漫無目的晃蕩多少小時或者幾天。他對市區道路應該瞭若指掌。與父親一起長時間走在這些街道上，已經成為彌足珍貴的習慣。

他允許自己花時間晃蕩一次。他很快從大學輟學，宛如念大學只是兒戲。接著是嘗試養雞。這是農家的工作，需要粗人的技能，念書長大的醫生之子不容易學會。他嘗試過但失敗，轉而用推車運送冰磚給勃生外海的養殖漁場。他後來晉升為主管，慢慢建立較穩定的收入養家。

他不需要擔心阿偉。那個男孩心中有一把火。他唯一欠缺的是目標。他們的母親把所有兒子集合起來時，那天來到，距離他們停止探監沒有幾個月。她告訴他們——大家從來沒有太多疑問——幾個兄弟之中，有個人從此必須和女士一起工作。

老么當時仍是少年，老大、老二有工作而且剛成家。各大學再度關閉。剛從高中畢業的阿偉，似乎在啤酒館虛擲生命。他明顯是最適合的人選。其實，阿偉早就知道，母親有一天會要他這麼做。那並不純粹因為她已崇拜翁山蘇姬十年，自從她一九八八年在仰光綜合醫院照顧女士的母親，注意到那個做女兒的擁有罕見的管理頭腦。

他像被放回水裡的魚兒那樣，欣然接受在辦公室工作。他當晚剪短頭髮、承受紀律規範，以自己還不明白的驕傲，穿上漿燙過白襯衫搭配克欽族龍吉的制服。不出幾星期，他遇見亞瑟。大約十名年輕人圍繞他們組成緊密的小團體。他們一起度過多事的第一年，克服第一次恐懼，設法祕密爭取不同派系合作。辦公室並非單純的獨立巨岩。在黨內基層，他們被每個人相互競爭的力量拉扯，包括小心翼翼運作的成員，以及在地下兼職從事民運的強硬活躍分子。

阿偉的大哥曾短暫和他一起在辦公室工作，不過，他並未愛上這個讓阿偉著迷的職業。他去了幾次之後，不再到辦公室。還有其他方法可幫助女士。因此，他會看顧好弟弟，持續提供現金，確保弟弟絕不會挨餓。阿偉大部分開銷因而仰賴大哥。

阿偉的朋友們因為經濟拮据陸續退出政治，他則逐步晉升。他和阿姨關係親近，是新世代的核心，從未放棄經常犯錯的創意做法。他投身政治之後，不久就了解到，如果他採取行動時猶豫不決，別指望任何事會改變。十年或者二十年後，民眾會陷入更深的絕望。少年會受到新聞箝制，少女會抵不住賣娼的吸引力。歷史壓在他肩頭，壓力像稻田般無盡、不變地延伸。緬甸佛教徒根深柢固的無常觀念，灌輸他這種想法：當時候來臨，當他被捕或黨內大老失敗，他和他們一樣，不過是滄海一粟。

他因此奮力向前，公開或半地下，毫不分心，一年接著一年在流血事件中度過，從未停下來想過，他的所作所為是自我犧牲。莽撞，當然。「愚蠢」，他會如此形容一些行動。他或其他任何人展現道德或其他方面的勇氣的說法，對他而言是笑話。「我們只是為所應為」，他會這麼說，而且唯有被追問時。這項說法一再重複。他的座右銘也許能這麼說：有取捨、務實、不露痕跡地避免多愁善感。那是逆來順受、承擔責任的態度，對他來說和呼吸一樣自然。它甚至可能讓人覺得平淡，如果你單獨聽到這段話，不知道他身心完全投入、毫不懈怠，持續十一年，為的是讓緬甸獲得民主。他一旦確定目標，不達成絕不停止。

人們開玩笑說，仰光是軟禁之城。軟禁人數起伏，取決於軍政府的一時好惡，以及較規律的生物法則。

當然，被軟禁者包括大學路五十四號的阿姨。技術上而言，她五月十四日起住在永盛監獄的「賓館」。不過，她先前十九年有十三年關在灰色別墅，她位於茵雅湖（Inya Lake）那端的別墅已經具備磁石的特質。有些人開車經過大學路兩頭的崗哨附近時會加速，或者不敢轉頭。然而，大家仍感受到她的存在，宛如他們腦袋裡有羅盤。

被軟禁的還有爺爺——不是溫丁爺爺，而是另一個爺爺，丁吳；他曾任陸軍參謀長和國防部長，後來被判刑，變成和尚、律師，再變成全民聯副主席。一九八八年夏天，他和准將翁吉、翁山蘇姬組成全民聯創黨三巨頭。他八十二歲，已經上了年紀，可是幾乎沒有退休的意願。他不願意放棄長期投身軍旅的規律生活，或每天喝茶、禪坐，這些習慣讓他保持行動敏捷，頭腦和操守維持清明。即使如此，比起再進監獄一次，軟禁是比較健康的選擇。丁吳爺爺因為對推翻他昔日上司尼溫將軍的陰謀知情不報，於一九七六年到一九八〇年入獄，一九八九到一九九五年期間又因參與全民聯坐牢。後一次的處罰是勞改。

第三次監禁，在閣列（Kalay）監獄待了九個月後，他至少可以和妻兒住在一起。這並未使日子好過。阿姨的車隊二〇〇三年在德貝殷遇襲，他試圖抵擋欲奪人性命的惡徒後，就在未起訴情況下遭軟禁；丁爺爺和家人的財務很快山窮水盡，他的妻子二〇〇四年十二月偷偷找美國大使館幫忙，以出租他們家閒置房地產的名義為掩護，每個月獲得三百美元資助。此舉代表他們走投無路而如此冒險。收受外國政府資金，意謂主動栽進當局經常提出的指控：全民聯只是舶來品，是一個羞辱自己血統的女子的非法產物，她成年時期住在國外，嫁給英國人，生了兩個雜種兒子。但美國使館的保密能力信得過。

還有失勢的將領——最重要的是尼溫，外號「老人家」，被稱為「第一號人物」也滿長一段時間。他其實在二〇〇二年於軟禁狀態死亡。不過，如果你沒忘記，緬甸的時間似乎暫停；進步是衰敗的作用；以少數光鮮亮麗大樓美化仰光的嘗試，被黴斑和伴隨而來的物品毀損抵銷；那麼，讓一切演變至此田地的強人已經不在，也就無關緊要。好像要證明這種看法似的，他終於過世時，沒有人想為他辦官方喪禮。他形同虛影已經多年，如果說他一九八八年七月辭職後，有一段時間擁有高官的龐大幕後影響力，指揮系統下的人通常會給予尊重。二〇〇二年三月企圖推翻丹瑞大將的政變失敗，據傳這是他家人策畫的最後一搏，只讓大家有藉口淡忘他。他沒幾個月之後死亡，當時他和最疼愛的女兒桑達溫（Sandar Win）關在別墅。

如今，只有他的鬼魂長存，糾纏著軍方、經濟，一直深入到社會最細微的結構。你可以爭論，緬甸一直未從二次大戰的重創中恢復元氣，這個國家種族分裂和內戰的種子，源自十九世紀英國殖民時期追求共識的偏好。不過，恐懼、軍事統治，以及封閉、緬族為中心的沙文主義，是一九六二年奪權那個男人的功勞。

欽紐（Khin Nyunt）將軍仍然在世，但已無法作威作福。他關在國防部，位置就在茵雅湖北方。他二〇〇四年因案情輕微的貪腐醜聞被捕，但外界揣測甚囂塵上，指此舉是第一號人物丹瑞和第二號人物貌埃（Maung Aye）鞏固權力的措施；貌埃當時是國防部長。欽紐太狡猾，太擅長權力政治。他一九九四年獨力和十七個少數種族團體達成停火協議；巧妙開放，讓人覺得他似乎和翁山蘇姬和解；還有，二〇〇三年宣布「達成戒律式民主的七年路徑圖」，這一招比軍政府以前美化形象的任何嘗試更讓國際難以回應。

然而，將領們和革命一樣，會自食惡果。欽紐曾任國家和平與發展委員會第一祕書，他是尼溫的徒弟，一度擔任總理，長期掌管情報單位；失勢後，他建立並用來監視同僚的情報機器整個瓦解。數百名受過訓練的情報官員連同他被捕。他們如今在永盛到葡萄（Putao）的各地監獄服刑。其他人樹倒猢猻散，有的為了錢跑到邊界做小生意，協助流亡者較容易接送地下活動分子偷渡。

對於其他民眾，仰光也變成鬼城，是拋棄個人身分飄盪的地方，一開始飄盪幾星期，後來變幾個月，最後變幾年——無人發現、像幽靈一樣，禁止聯絡親人或回到出生的城鎮。

一名老翁某個下午向來訪的義妹打趣地說：「我們是國內難民。」他其實不是在開玩笑。因為不同理由和命令，他二〇〇二年被迫從木各具往南搬到仰光，她則在二〇〇五年被迫從仰光搬到奈比多。

他是個熱心的社區領袖和公務員，從未想過離開出生地木各具——位於伊洛瓦底江畔的佛教學術中心，土壤被太陽烤得接近袈裟的顏色。離開緬甸社會主義綱領黨的一黨箝制，他倒比較少掙扎。一九八八年，他要求黨開除他，而不願遵守命令招出鬧事的同事。他不知怎麼的具有先見之明，在黑暗時代來臨前，把一家小書店有關政府的大部頭書籍一掃而空。接著，他加入全民聯。

從此，他的兩大樂趣是政治和他的冰淇淋店——聖母峰（Everest）冰淇淋，店名不但是全球最高峰，也是地方話題。這家店不是木各具第一家冰淇淋店，卻是最好的一家，成為新和尚出家、佛塔慶祝活動、舉行婚禮的場所。每天供應的冰品種類——香蘭、椰子、芒果或香草——取決於相鄰製冰廠能否順利運作，也就是電力，即國家的燃料配給和補充的黑市燃料存貨。他全心奉獻給全民聯，覺得自己對妻子不忠，有一次寫了一封內容引人遐想的信給她，供出祕密情人。他在結尾寫了一句最有力的話，揭露他的小老婆是政治。

可是，他後來被踢出全民聯，理由是他未獲得仰光總部允許就對媒體發言。接著，根本不在乎他被開除程序適當與否的地方當局，把他的供電線路剪斷。一名愛上他女兒的年輕上尉，因為牽扯上全民聯地方要員受罰，被調職到遙遠邊界戰火無情的區域。

一日為亂，終身為亂，當地軍方指揮官表示，俗話這麼說。他如此告訴屬下，部屬如此告訴士兵；士兵們帶著鉗子，把聖母峰冰淇淋店的電線剪掉。一個全民聯幹部賺大錢，本身就是挑釁行為。冰融了，工廠倒了，老闆賣掉房子和公司。冰淇淋店剩下來的東西，只有四張椅子和一張格子亞麻板桌子，如今充當仰光一間單身公寓的餐廳；六十九歲的他，現在和妻子、愛犬巴魯、未婚女兒同住公寓。他的理念不改變，就別想回去木各具。

至於他的義妹——一位法官——和大多數公務員一樣，接到通知後沒幾個星期可準備，就被調到新首都奈比多。她在法律中找到生命目標，到日本念研究所，加上苦讀，四十歲不到就當上法官。她喜歡司法系統的腦力激盪，和其他人一樣很清楚，司法充滿矛盾之處。緬甸司法毫無獨立性，但她認為，並非完全無可救藥。有一陣子，她負責文書工作，因為她私下告訴上司，她不能接政治案子：罪名可能和政治無關，但有命令指示要定罪，而且命令永遠來自政府最高層。唯一的彈性空間是刑期長短。

她另一名兄弟也是民運分子，而且被逮捕過，讓她決定這樣安排。她的上司同意這樣做，他家裡咖啡桌上剛好有一些緬甸禁書，以包裝紙包起來。他認為，政治案件已經夠罕見，她終於恢復審案權力時，視她的派駐地點而定，會有夠多爭議讓她忙。有層出不窮的國防軍占用土地案要審，還有棘手的毒梟貪腐案，而毒梟可能獲得地方高層軍官包庇。

因此——她有時徹夜輾轉難眠，或是透過佛教慰藉自己——法官的生活其實在理性和感性拉扯中度過。她在官僚體制中工作，聽從領導階層下達她明白錯得離譜的指示，她痛苦地反對許多至親被判的死刑。她有兩個兄弟，一個被全民聯開除之前是高階幹部，第二個兄弟的工作由她承接。第二個兄弟向來自稱獨立派，在引發袈裟革命的事件中，是木各具民間領袖，她在奈比多新辦公室偷聽自由亞洲電台廣播，聽出他的聲音時才發現。他被捕、接著死在監獄裡之後，她悄悄接手他的非正式工作，成為自由亞洲電台記者的主要消息來源。

那名記者是緬甸醫生，住在美國華府，他一九八八年起從事這項工作，加上名字出現在新聞訊頭，永遠斷絕他返回祖國的機會。現在，他每個星期和法官聯絡，接收只有她這種位居要職人士才能夠提供的內幕消息。點點滴滴累積，一次又一次對話之後，他們之間的祕密通訊牽涉情感。他對她兄弟被捕感到歉疚；她為自己的工作，也為隱瞞上司感到愧疚，但後者較難捉摸。兩人都覺得寂寞，但如今不再這麼孤單，每次對話機會來臨，他們心跳加速，在不可能的環境中重燃希望，而電力增強：一段跨洲、牽扯政治的複雜愛情，試圖跨越遊魂靈薄獄（limbo）祕密小島之間的鴻溝。

阿偉在全民聯的第一位英文老師，是仰光另一個孤魂野鬼。

他曾擔任全民聯伊洛瓦底區黨部副主席，溫和的態度、聲音與看待世界的觀點，掩飾了他冒險犯難的生活。這位老師和聖母峰冰淇淋店的主人屬於相同世代，認為回歸議會民主的前景，並非群眾抗議一時激動引起的幻想，而是理所當然的共識。他現在原本可以含飴弄孫。

然而，他二〇〇〇年就開始逃亡，是全民聯一個五人小組中唯一躲過逮捕的人。他們兩年後受審，各被判七年勞改，他在缺席審判情況下被判刑。他們的起訴是根據一九五〇年的《緊急條例》，因為他們在二〇〇〇年九月十日和十二日集會，就在阿姨的車隊於達拉被包圍多日後。全民聯總部遭勒令關閉、搜索。但阿偉老師的小組已印好聲明，提出與平時訴求略有不同的要求：解除翁山蘇姬和其他黨幹部的軟禁；允許全民聯總部和仰光地區黨部重開；舉行政府、全民聯、少數民族團體之間的「緊急三方對話」。他們以打字機打好聲明，透過美國大使館送交美國之音。

過了一段時間後，你可以找到辦法以看似正常的方式繼續生活。如果你是小人物，像是阿偉的老師，或是聖母峰冰淇淋店老闆，你永遠無法確定當局是否長期監視你，追蹤你的動態，以掌握你和誰見面，以及見面的理由、地點。話說回來，為何要歸咎於當局出於惡意，是因為情況可能如此：在一個人口上千萬的都市中，待遇不好、教育程度不足人員組成的官僚體制績效欠佳。哪個公務員的意識型態會強到讓他按規定徹查身分證件，一直查到你出生城鎮的塵封記錄簿？

是什麼樣的意識型態？

此外，如果你已受到適當驚嚇，像老鼠般過活，只敢在晚間活動，隨時偷偷摸摸，隨時疑神疑鬼，國家哪需要在你身上花費更多人力？軍事統治在緬甸長期實施，不是因為制度完美，而是它能夠運用你遭到監視的可能性，讓恐懼保持不滅。阿姨最危險、破壞力最持久的攻勢，是協助民眾變堅強，抵抗恐懼。這個主題早在〈免於恐懼的自由〉文章裡就開始探討，一直持續到一九九五年和一九九六年，她週末和丁爺爺、吉蒙在她別墅大門談笑風生的表現。

阿偉的全民聯英文老師偶爾現身，幫助辦公室的老朋友，例如最高法院的一名律師。

後者最近也變成幽靈。

雖然法官最後仍會判有罪，這名律師為政治犯辯護了二十七年；他在二〇〇八年十月二十九日吃上藐視法庭罪名，因為他告訴法官，他的委託人拒絕承認審判的正當性。毫無疑問，這個指控和他委託人的知名度有關：他們是一九八八年世代中九個最出名的人物，明果奈和其他大哥，每個人已在未起訴情況下被羈押一年左右。藐視法庭讓他自己也進了永盛。

他服完六個月刑期。他覺得，他們對他已經夠客氣。他的待遇和他職業生涯中記錄的毆打等凌虐行徑比起來，根本不算什麼。可是，他出獄時還是變瘦了，顴骨突出，白髮理成犯人的平頭。接著，他的律師執照被吊銷。現在，他再也無法執業。

要如何重建身分？他原本是阿姨四人律師團的成員，是為政治犯辯護的先驅。一案接一案，年復一年，就可見的成果和自我信念而言，他的辯護只是徒勞無功。即便在閉門審判，他成功地——一如阿姨的精神導師哈維爾說過的——打破外表假象，揭穿國王的新衣，生活在謊言外。他的言行舉止以哈維爾所說的真相為依歸——「真相可能導致社會良心出現難以衡量的轉變，有朝一日可能進而產生後果無法預料的政治崩解」。

有法律專業人士經歷一、兩次刺激後，決定背棄制度的虛偽：例如那位女法官，動機是家族忠誠；或是溫丁一九八九年首度受審時，負責起訴他的檢察官，他對自己的工作反感，從此變成全民聯最堅強的法律辯護團隊一員，和阿姨的私人律師。

那位高等法院律師行事較直接，他建立的知名度激勵幾個較年輕的後進。雖然他未能協助異議分子免於長期徒刑，他因為職務之便，能偷偷將詳細案情傳遞給文字犀利的流亡媒體，如果沒有他，報導或許要參雜臆測而不清楚。

律師坐在四十一街地下室的辦公桌，在如今像幽靈掛在衣架上的退休黑色律師袍底下，過著同樣忙碌的生活。他印了新名片，上面少了傲人的「高等法院律師」頭銜，改為印上「法律顧問」。從巷子對面某個角度監視他辦公室的特務，似乎已經解除任務。

結果是，他有很多事要忙：蒐集土地徵收、強迫勞動案件的資訊，或強制徵兵的實例。如今，他找的新的生命重心，將這些資料送到蘇雷佛塔路上商貿飯店十二樓的國際勞工組織兩人聯絡小組。他現在行動比較自由一點。律師如果謹慎一點，可以單獨溜出仰光到鄉村，躲過檢查哨，蒐集資訊。他不必再浪費寶貴精力來回奔波，白費唇舌在永盛監獄的法庭進行不會成功的辯護。

不過，要在仰光發現幽靈，最主要的地方在地下。

這裡的幽靈人物名單和類別眾多。他們經常必須使用假名、更換手機號碼、擁有幾個假身分，造成的混淆、不信任和自我欺騙不輸雙面諜。

就拿名字、影響力、實力、多世代經驗最顯著的人為例：一九八八年世代學生團體的在逃成員，也就是阿偉和同伴口中的大哥們（以及少數大姐們），他們之中幾人已建立聲望，因為他們領導的草根抗議，造就一九九六年世代和一九九八年世代。一九八八年世代的偶像已經全部被送回監獄，大部分在二〇〇七年八月二十一日。其他人在隨後幾個月內於藏身處被捕。

他們的同伴和後起新人，根據交情、策略高明程度、聲望或純粹憑運氣，在二〇〇七年之後代替他們行動，但沒有長相會被認出或名字為人所知的劣勢。

其中一人是三十多歲的閣多（Ko Taw），笑的時候露出很多牙齒的他，在平常負擔不起的高級咖啡廳，提出這樣的說法讓美國記者大感訝異：他期待再度進監獄——有空禪坐、練伏地挺身、真正從不斷變換身分的勞累中解脫。

「我有太多證件卡了，」他笑著說，一邊輕鬆地從盤子裡抓薯條吃，好像他是權貴親信的兒子，經常上高級咖啡廳，有高筒運動鞋和漂亮的卡啦OK伴唱女郎。「有時我是老師，有時候我是學生。」

前一天晚上，他和背景五花八門的人開會討論在何處、何時發動「游擊式罷工」，與會者來自緬甸全國僧侶聯盟、年輕僧侶協會、二〇〇七年世代和緬甸民主委員會。他和緬甸全國學生聯盟總會有私人關係，但不同團體之間較細的區分並不重要。幾天後，他和與會者之一將假扮工人前往一家工廠。他們要把罷工要求改善工作環境和待遇的構想傳達給工人。

另一人「索吞」（Soe Tun），選擇躲到最出人意料的場所。

當局發覺索吞很可能是自由之身的一九八八年世代領袖時，他聽到風聲，在一個軍營裡找到房間和願意包庇他的人。

索吞身材瘦長、個性謙虛，以一九九六年世代之姿活躍，是另一個對短暫浮現問題不滿，但明確表達渴望追求改變的大學生。他曾被逮捕，獲釋後又被捕，在袈裟革命之後和年輕的微光鉛版並肩工作；微光鉛版要求溫丁讓他當領導人，他的哥哥在景棟監獄認識大哥策略家閣閣吉，曾出於機緣在袈裟革命中和阿偉合作，並和目前身在湄索的阿偉朋友合作。地下活動人士守得最好、也因此最危險的祕密是，大哥們其實從未分離得很遠。

索吞最近也和一個化名「鳳凰」（Phoenix）的家教老師合作。

鳳凰口才便給、眉毛濃厚，縝密的策略讓外國人佩服其才智，一九八八年曾阻擋憤怒民眾毫無節制地對一名情治人員動私刑，在最近的活動中發揮相同的冷靜。二〇〇八年立憲公投前幾星期，他和索吞串聯國內各地民運分子投反對票。他們預期會有嚴重舞弊，因此組織觀察團體，招募當局先前不知道的人，安排他們到地方選區暗地觀察開票結果。這個舉動不容易成功，因為它違反地方選舉規定，雖然民眾認為保持乾淨的投票是更重要的責任。

鳳凰心思靈巧，讓西方大使館隨時知道他的分析和最新活動情況。他也具有要求資金援助的罕見能力。

袈裟革命後不久，當局關閉邊界，流亡人士的援助斷絕，他從大使館獲得小額資金。此舉結果不理想。後來，流亡人士之間傳聞，資金遭到濫用。有謠言說，鳳凰打電話給一名躲藏的民運分子，幾分鐘後——並非巧合——她就被捕。還有一個謠言流傳，而且殺傷力更大：他對一名女子做了無法原諒的侵犯舉動。

追根究柢，有人覺得他僭越本分。他自行擔任不是他發起的運動的領導角色。他不認識明果奈，王中之王，大哥們之中的詩人領袖。他也不認識軍師閣閣吉、鐵奎（Htay Kywe），或是吉米（Jimmy）——爺爺在永盛監獄走廊斜對面隔幾間牢房的牢友。鳳凰從未走出戶外參與大哥們的公民不服從運動。他渲染自己在他們成就中的角色，誇大自己人脈的重要性。他的同事如今指出，他唯一效勞的是擔任他們的通譯。

還有，他為何未像他人躲起來？即使壓低音量，他的高亢聲音為何能清清楚楚地在市區酒吧二樓傳遞，以美麗文字談論政治？他們問，這些年來，他為何未曾被逮捕，或者未嘗過可疑的短暫拘留之外的苦頭？

鳳凰遇到這些質疑的時候，以實質行動為自己辯護，推動要求民主的陳情和其他具體行動。他有一個小女兒，有妻子。他問任何願意聽的人，他為何要好大喜功，讓妻小陷入危險？誰真的在乎，他有沒有知名度、有無加入任何團體，只要他和最能撼動體制的人士一起追求目標？他已累積招募的新成員，聲音未脫稚氣，不被政府懷疑的人。此外，他懷疑，有什麼人透過民主投票授予大哥們崇高地位？

然而，外交官員不再相信他，將泛泛質疑視為真相的新一批民運分子出現後，鳳凰最後也隱身到陰影中。

仰光本身似乎鬧鬼，是以往城市的屍體，被拋棄回到自生自滅和一種特殊的都市瘋狀態，雕琢的巴洛克裝飾建物門面，被五種深淺色調的藍綠色黴菌吞噬。納吉斯氣旋吹倒了許多大樹。但是，那種溼熱、那種繁殖力和蟑螂、蚊子，有辦法無止境地在湖泊中發酵，在管道中爬行、穿透磚塊，推翻或撐裂實用的電線，以及維多利亞時期英式建物的堅固牆壁，好似幾年內可能會征服遠東一片區域原有的活力；這裡和灰暗、細雨綿綿的倫敦有天壤之別。有時候，在雨季高峰期的滂沱大雨中，或是另一次靛藍色晚霞即將出現時，仰光似乎不是從叢林鑽出的城市，而比較像叢林本身，以黑色之姿插向天空，有些地點在熱帶生活的負擔重壓下，有崩解的石頭和灰漿堆疊。

吵雜的烏鴉啼聲蓋過所有聲音，甚至壓過白天沿著坑坑洞洞馬路鬧哄哄行駛的二十年老爺轎車和破舊日本公車的噪音。日落後，烏鴉聲讓位給一千隻蝙蝠的聲納——甚至可能有成千上萬隻蝙蝠，牠們從大金塔西門竄出，在紫色晚霞中排成弧形高掛天空，然後分散展開誰也不知道的吸血任務。

牠們飛到何處，看到、聞到或碰觸到哪些人類肉眼如今看不到的地方，引發豐富想像。牠們是否五隻排成一列，飛到反抗公園（Resistance Park）那頭閒置的人民議會，或是成批穿過外交部破損的窗戶？有多少蝙蝠倒吊在祕書處的城垛結構？祕書處仍然鮮紅、仍然聳立，曾經以殖民當局的威嚴俯視整個市中心街區，包括南北向的阿諾亞塔（Anawrahta）路到班杜拉大道（Maha Bandoola），東西向的頂普（Theinbyu）路和波翁爵（Bo Aung Kyaw）路。祕書處的鐘面現在朝下盯著仰光舊城區，兩側破損，有如一個牙齒外露老嫗嘟起的嘴唇，嘲笑這個城市；市民像蟑螂般匆匆走過，或是蹲在架有鐵絲網、無法攀越的大門附近的水溝，他們不會羞於便溺，卻不敢在偉大的翁山將軍和原內閣成員一九四七年七月十九日遭暗殺的地點立牌或獻花紀念。

民眾說，軍政府二〇〇五年突然將首都搬到北方的奈比多，是因為害怕像算命仙說的，遭到海上來的侵略。奈比多原本叫賓密那（Pyinmina），是個荒涼小鎮。將領們尋求星相、命理或神祕占卜方式的建議，和現代科學理性主義背道而馳；雖然外國觀察家認為這些是走回頭路的舊派做法而瞧不起，卻也讓民眾獲得一線希望。而軍方政策從未脫離嚴肅的策略。遷都有明確的理由，屬於軍方一九六二年統治以來的威權、自我檢討措施的一環。英國艦隊從安達曼海沿伊洛瓦底江逆流而上，打敗緬甸最後一個王朝。納吉斯氣旋過後幾天，美國、法國、英國軍艦再度停留在安達曼海。將領們怎麼知道，曾經侵略附近的越南，或是在奈比多破土兩年前攻占伊拉克的列強，會不會將這個位於遙遠熱帶的專制政權視為「小而重要的議題」？緬甸成為磁鐵，吸引亞洲各國干預，不是因為擁有豐富的天然資源嗎？

嶄新的奈比多集中控制六個軍團指揮部，包括克欽邦的北方指揮部，以及撣邦的東北、東方指揮部，共有一百零五個營巡邏戰火活躍的地區。軍政府從奈比多更容易抵達少數民族地區，同樣也較接近輸油管和河流系統上的水力發電廠。水利發電的收益由他們的合資事業和泰國、中國雲南省、除了國內之外的任何參與者瓜分。

軍政府的合法性一直有爭議。宗教和歷史是各方爭奪的戰場。新首都有古代國王的巨大塑像和王朝富麗景象，毫不掩飾具有象徵意義，要讓人回想起神祕的輝煌過去。相關建設也提供合約給將領們的商業夥伴——岱薩（Tay Za）和羅秉忠（Steven Law）——他們的公司興建八線道公路、乾淨又有電力的高樓，而且馬路有三排路燈，亮得足以讓訪客覺得它是可以產生快感的電子裝置，似乎是要宣傳緬甸和曼哈頓一樣現代化，又似乎要自大地蓋過星光。

奈比多尚未完成，除了建築工人和公務員，缺乏生氣，是一張未受混亂過去汙染的白紙。丹瑞大將可以環顧四周，如果不仔細眺望紀念拱門之外，或看到從空盪人行道水泥冒出的雜草，他或許會短暫地相信唯命是從的屬下的宣傳：他已經創造一個擁有密集橋梁和道路的緬甸，雖然他的專案工程師說，這些建設根本沒通往何地方。

但是，實際情況似乎是，有位將軍某天早上從貼著膠布的仰光窗戶瞇眼往外瞧，絕望地攤開雙手，然後舉起棍子一指。連同仰光被拋棄的是街頭化膿的群眾亂象、印度區的民族特色燉菜、東邊華埠積極叫賣動物內臟的小販，以及散亂分布的黴菌、惡臭、髒汙。還有，民眾從檀娜卡（thanaka）後面偷瞄時隱藏的惡意；檀娜卡是以檀香製成的美容敷料，他們塗在臉上，有如小丑假裝歡樂的面具。每個角落都看得到人力車夫或賣冰塊小販剔牙，或瘦巴巴但結實的烤餅攤販將鑊底的木炭搧得冒火。髒兮兮的小孩在他們之間飛奔，預告會有混亂；可疑的兌幣商悄悄走向客人，言簡意賅推銷報紙裹著的整疊緬幣新鈔，說他能以優惠匯率換美元、泰銖或歐元，只要你跟我走。

晚間，民眾再度湧到街上聚集，站在發電機上或縮在水泥分隔島上，觀賞臨時舉辦的籐球（chinlon）比賽，是當地一種充滿美感、類似排球的運動。從事任何可以擺脫擁擠公寓的悶熱、貓尿騷味自由呼吸的事；或是看一眼最後一道、免費的鹵素燈；或是找到閒情逸致，收聽非法的自由亞洲電台、英國廣播公司、美國之音緬甸短波廣播。

違背自己民眾的結果是，你一直擔心民眾隨時會反叛你。如果奈比多發生爆炸，沒有人知道，因為白天沒有人看到，因為從仰光開往瓦城，或從瓦城開往仰光的長途巴士經過奈比多時是晚上。

如果你剛好在附近，參觀全新的烏拔達薩迪（Uppatasanti）佛塔，也就是皇家佛塔，一座以閃亮玉磚搭建的佛塔，比兩千五百年的仰光大金塔矮一英尺；或者，你到動物園的空調展示區看企鵝；或者是參觀珠寶博物館，裡面收藏的礦產，會讓阿里巴巴和他的小山洞內寶物相形失色；除了這些，你其實無法到其他地方。在奈比多，徒步觀光不可行。各景點之間距離遙遠，需要車輛代步。建築工地之間沒有任何東西，除了灰漿和塗抹痕跡。

然而，在仰光，愛吵鬧的鬼會在忌日鬧事，活著的人雖然忙著想辦法過日子，從未讓任何地方空著。一九九八年六月在仰光北區的眉陽貢（Myaynigone）市場，亡靈——可能屬於最近被人違反宗教慣例從附近公墓挖起來的屍體，據說當局把公墓賣給毒梟坤沙（Khun Sa）；或是屬於整整十年前，在一九八八年六月二十一日在市場喪生的七十名學生和二十名警察——總之，在眉陽貢，某種黑暗力量將杯盤從茶桌上推落。在附近的電器行，電視機飄起來在空中碰撞。一名路人聲稱，看到一台電視活起來，出現鮮血四濺的畫面。

❦

阿偉有天晚上消失，成為鬼魂的一員。

他現在是逃亡之徒，也是地下活動分子，眾多躲藏的人之一。因為兄弟警告，當局會到處巡邏，所以阿偉避開盾迭的佛塔，他沒有地方可躲，除了躲在他們眼皮底下。他當晚躲在童年朋友的家，對方是城裡最有錢的富家子弟。因為家世關係，阿偉和共同朋友們替他取了個「大亨」的綽號。對於迫切需要幫忙的人，這代表他家有棟三層樓的房子，足以讓人躲進去消失。

阿偉在那裡躲了三個晚上。由於朋友家人逐漸懷疑有人躲在家裡，阿偉利用朋友叔叔家剛好有喪事，轉移過去。他們將他全身包緊緊。路過的人會誤以為他是守孝的穆斯林婦女。他外貌中性，很有幫助。

那個晚上，大亨、阿偉和另一個童年朋友趁著大家辦喪事的機會喝一杯；這個朋友是名窮詩人，阿偉曾把他拉進全民聯十個年輕人的緊密小圈圈中。他們夾在大亨親戚往生的哀傷和一起被捕的可怕威脅之間，喝一瓶廉價緬甸威士忌，過程中笑得比較多還是哭得比較多，很難判斷。他們在哀樂之間來回，甚至一起享有短暫的解脫時刻。在佛教觀念中，萬物都會毀滅。一切都是過眼雲煙。他們必須把握這樣的時刻。

接下來幾天，阿偉大部分時間再度獨自一人，他坐立難安，想了幾個笑話，懷疑自己到底有無必要躲藏。幾個小時過去，他越來越無聊，直到無聊快要將他生吞，一個關節接一個關節。

他的思緒總是不由自主想到政治。他想到自己的「十秒組織網」，如今幻想已變成一個部隊，有五十多人、有一千多人，可靠又有紀律。他把部隊介紹給阿姨，她露出一抹微笑，再度擺脫軟禁，眼睛再度像以前閃亮。

最主要的是，他試著想黃色這個顏色。

黃色是阿姨最愛的顏色——或者說金色，如果你以當地語言解讀。它是緬甸國花紫檀花（padauk）的顏色；芳香的紫檀每年在雨季開始時開花一次，只開一天，頂多兩天。阿姨永遠喜歡在頭上插鮮花，並注意花的象徵意義，會在頭髮插上帶葉的紫檀嫩枝。在民眾眼中，她自得的女性優雅、紫檀嫩枝與新年是天作之合。她一直有這樣的特質——微笑中帶著清新，似乎不會隨年齡凋萎。

阿偉的十秒組織網會在路口集合。在約定的信號出現時，每個人掏出某樣黃色物品：不是很顯眼的東西，或許只是帽子、一塊布，或是橡皮玩具鴨。阿偉，或是其他某一人，會拍張照片，然後大家解散；拍照者趕到網咖，把照片傳給媒體聯絡人，對方再把新聞傳回緬甸，雖然不能讓參與者的臉孔曝光。

這種行動的構想，部分來自聲援政治犯大哥們的「白色」運動，類似快閃活動，其他地下活動流行的第二代街頭策略。它們的準備工作小於全面抗議，較容易協調、比較安全，而且雖然轉瞬即逝，卻能像戲劇片段一樣，讓不知情的旁觀者留下深刻印象。

這些努力到頭來可能只是以突襲方式表現支持阿姨，或者是——他多喜歡幻想！——點燃難以捉摸的抗議火種的引信。行動沒有失敗的空間。在這些行動中，失敗不存在，當然，除非沒有人現身或冒那幾秒鐘的險。還有更大的效果。幾個月培養友誼或招募新人的努力，會在瞬間達到終點。不過，如果他們成功，可向自己和彼此證明，他們有膽量做更多事。

他喜歡幻想，他的十秒組織網結合了小風險和大志向。這是他和尼哲前往湄索的一半原因，當時他冒著終身監禁的危險，向一個沒有理由信任的人尋求金援。

他喜歡幻想，他的構想並不可笑，不是大哥們成功鼓勵成千上萬人抗議的不成氣候模仿。

最主要的是，他幻想自己能和尼哲溝通清楚。

但他沒辦法。尼哲已自立門戶辦了一個組織，而且稱呼自己的組織是袈裟革命世代。他們倆難得有機會交談。雖然尼哲幾星期前邀請他一起到皇家湖畔的餐廳和記者見面，他們之間的關係仍然緊繃。一定是錢的緣故。他們之間的問題一向可歸因金錢。由於尼哲也邀了另外兩個民運分子，阿偉小心翼翼避免談論自己的詳細背景。阿偉說不上來為什麼，只是直覺認為，兩個民運分子其中之一隱瞞某些事。

阿偉躲在大亨叔叔家覆滿灰塵的衣櫥，蹲著整天做白日夢而肢體麻痛，他後來向詩人朋友打聽到，當局找上他的兄弟和母親。

他若想逃脫，必須調虎離山。最簡單，也是最好的辦法，是製造事端。

阿偉的親兄弟和堂兄弟找了幾個朋友聚在芒果樹旁的茶館，不論他們只是假裝喝醉或是半路上喝了幾杯，計畫奏效了。他們打架，有人報警，警察立刻趕到平靜城鎮中央，血氣方剛的年輕人在天黑後打鬥的現場。

他還有一項不完全出自偶然的人和；大亨的父母開了一家營造公司，有幾輛卡車。大亨叫來私人司機，好好跟阿偉道別後，然後摩拳擦掌趕到茶館參與混戰。阿偉爬到一輛卡車的貨物中，躲在輪胎堆中，從經過蘭達雅工業區的漫長路途顛簸回到仰光中心。

午夜還未到。

去王宮，以前的藏身處，還太早。他必須等挨家挨戶的檢查作業告一段落。不過，沒幾個人會認得他。他的母親透過朋友提出建議，說他應該戴假髮。這個建議讓他覺得荒謬。但他同意套上髮網。這讓他的頭髮壓得服貼。他纖瘦的身體飄在三倍大的連帽風衣裡。他感覺自己縮水了。輕快的步伐變得畏縮。

他用自己的舊號碼在盾迭交換新號碼，撥手機給尼哲在皇家湖介紹認識的記者。政治人物的工作不能因個人危機而結束。爺爺先前曾用固網電話接受訪問，談論阿姨的審判，電話裡間歇出現常見粗糙監聽手法造成的雜音，已讓他知道會有這種日子。

那位記者以西方作風問個仔細，是個會逼他思考的少見人物。阿偉喜歡這樣。總之，她可以當成相當有力的不在場證明。他們一起走在空盪的人行道上，然後進入一家卡啦OK。但那個地方讓他覺得太吵、太丟臉，甚至是把緬甸道德淪喪情況呈現給外國人的證據。看到來自各地涉世未深的女子排成一列，穿著泰式緊身裙、濃妝豔抹，以走秀方式將自己推銷給出價最高的男性。

他們轉往一家開到很晚的啤酒屋。阿偉以筷子戳整盤的炒鳳爪。他迴避關於個人英勇事蹟的提問，改為談論喜愛的人物。阿姨和溫丁名列第一和第二名。他嘗試翻譯敬佩人物第三名薩嘎納（Zaganar）無法翻譯的雙關語，但宣告失敗；薩嘎納是緬甸在世的最厲害諷刺家，因為對媒體談論納吉斯氣旋後有數百萬人無家可歸，在二〇〇八年十一月被以妨礙公共秩序罪名判刑五十九年。

一小時一小時過去，過了服務生清理好桌面、將抹布攤在工作區，在蚊子嗡嗡聲和偶爾出現的狗嚎聲中打瞌睡的時刻。他離貧民區很遠，而黎明即將來臨。反正，現在沒有公車可搭了。累得沒有力氣回家，還不如留下來。

女記者大約凌晨兩點回旅館。

阿偉再度孤單一人。

仰光當時萬籟俱寂，幾乎純淨，宛如心胸狹窄人士的殘忍、恐懼的制約可以壓制睡意。蘇雷佛塔附近的大馬路沒有車輛和夜間踢足球的人，像宵禁般空蕩蕩躺著。唯一的動靜是流浪狗。牠們悄悄走過聚集起來，一直等到凌晨三點，然後一起吠叫，狂野的合唱傳遍整個城市，朝著被雲遮掩的月亮發出長嚎。

他慢慢走向碼頭。一股熱風吹動椰子樹葉。他手裡夾著菸，眺望河對岸達拉和更遠的伊洛瓦底三角洲的點點燈光。他幾乎可以碰觸到燈光，如果他往墨汁般的漆黑伸長手臂。

從此，盾迭對他封閉，他不知道多久。到頭來，靠全村之力才救了他。這個教訓他不會很快忘記。為了阿姨，為了民主運動，他可以奮戰至死，成為另一個犧牲的無名戰士。可是，為了盾迭，為了朋友們的努力，他必須保持自由之身。留在市內有好處，較接近叔叔們和爺爺。他可以在他們之間穿梭，直到凌晨。但他必須調整其他方法。他不能再依賴年輕的白雪（Snow）、精明的波波（Paw Paw）和有智慧的阿佳（Acca）——他的母親無人盡孝道時，這三個姐妹如同乾女兒。

要上哪兒去？

他決定不去王宮。他希望把這裡保留，做為叔叔們在辦公室之外不會被監視的開會地點。他最好消失，變成河濱縱橫街道中的數百名龐克族之一，置身岸邊路、蘇雷佛塔路的書販和無人碼頭，深入華埠暗巷的動物內臟攤位和昔日鴉片館。

清晨四點，在他以逃犯身分待在仰光的第一個夜晚，他無處可以藏匿，只能消失在黑暗中。

# 第二部

★ ★ ★

## The Rebel of Rangoon

A Tale of Defiance
and Deliverance in Burma

# 休戚與共
## The Stakeholders

他們有錢或有軍方人脈及護照，意謂他們相對上能自由出國，一個大部分人無緣享受的權利。這使得他們總是啟人疑竇。他們有點像為某種理念辯護的人士。實則，他們的理念並不完全相同，而且細節各有千秋，但他們的共同點是，願意盡力突破限制，把新的聲音、做法注入兩個楚河漢界的陣營之間。因為這個緣故，他們其中一人，喜歡稱呼他們是「休戚與共者」……

## 二〇一〇年四月十日

指控的罪名不好聽。其實，它們非常危險。晚間利用網路從事以Gchat祕密聊天之外的目的，可能已經導致不利後果。不過，在如此敏感時期，利用網路散布這封電子郵件裡提到的各種細節，接近犯罪。消息會傳千里。謠言會四處傳播，提供法律懲罰的藉口。

現在，叔叔們——阿偉的叔叔們——惹上麻煩。那個全民聯年輕黨員惹上麻煩。民主運動本身也一樣，因為它在最不適合怨聲載道、離心離德的時刻曝光。容納軍政府的建築群、整個國家以至全世界，都看得見。防衛森嚴的奈比多別墅裡的丹瑞大將必定額手稱慶。最高領袖幾天前在年度軍人節閱兵演說時，洋洋灑灑提到許多定義不詳的罪名，他們等於在半數罪名前面的框框打勾。

阿偉一輩子從未想過，他必須處理對黨傷害如此大的危機。他以為他們現在會已經學乖。他希望相信——就像任性的天真者，微笑走過成列紅旗走廊的新情人。

通知電郵消息的電話打來時，阿偉正和尼哲於晚間漫步在岸邊路到波德濤（Botataung）佛塔過去那個碼頭之間的死寂區域。那個地方不會有人聽得到談話內容，而且很通風，沒有都市白天吸進關節和水泥動脈，然後在晚上吐出來的熱氣。除了二流卡啦OK和晚上到佛塔祭拜的匆忙民眾，那一帶沒有什麼人跡，頂多有幾對為了少見隱私區域而來的年輕情侶。

他們有很多事要討論：交換心得，主要關於選舉監票網的「第二線」人選。準備周全變得日益緊要。傳聞中的選舉日期不斷改變──任何人可以確定的是，選舉會在那一年內舉行──不過，選舉法規終於在三月八日在官方的緬甸電視台宣布。這些規定證實大家最擔心的情況。

為了避免有人沒看到，接下來幾天，選舉法規刊登在國家喉舌媒體和民間雜誌的強制增張上。接著，開始倒數。政黨必須在五月六日前重新登記，否則期限過後，代表他們解散。

全民聯那幾星期處境艱難。阿姨和叔叔們之間沒有明確的聯絡管道，除了依賴葉陶事件後阿姨唯一的代言人奈溫偶爾傳話，而他必須先以書面向奈比多申請獲准才能探訪阿姨；和遠地黨員討論的機會不多，和大眾討論的機會更闕如；如果黨員不是在確定不會遭到監聽的後面房間討論，就必須一直以拐彎抹角的方式討論，因此，全民聯是否應該登記參選的決策，懸而未決一段時間。

執行委員會成員之間的歧見難以掩藏。一月擴增人數，將一些較年輕的叔叔納入後，執委會如今有二十人。他們可以根據總部的綱領，正式和來訪的外交官員接觸，並接聽流亡媒體的電話，後者擅長追問全民聯一九九〇年以來面對的最重要戰役的答案。

半失聰的地質學者欽貌瑞（Khin Maung Swe）贊成參與選舉，他和爺爺同一天從永盛放出來。對媒體講話時，他小心翼翼地遣詞用字。他用心避免不必要地惹惱軍政府，同時堅守黨的立場，特意展現讓步態度，雖然聰明人可能才聽得出來。一年前的〈大金塔宣言〉（Shwegondaing Declaration）為全民聯的基本立場定調，仔細斟酌的宣言文字大部分歸功於他。爺爺是精彩引述的最佳對象。他不是講話含蓄的人，不會猶豫公開說，二〇一〇年的「選舉」為何是危險的騙局。主席翁瑞比較謹慎。不過，他顯然和欽貌瑞看法相同，而他的任務是確保黨能合法生存。至於副主席丁吳，甫於二月十三日結束七年軟禁的T爺爺，也大致保持沉默，但大家知道，他想先聽到阿姨的意見再說話。至少他們都有共識：整個程序充滿變數，直到選舉法規公布。

最後，全民聯的決定是在辦公室召開中央委員會會議；屬於黨第二級領導階層的中央委員會有一百多人，十多年來首度集會。

「你看！」阿偉指著他們經過的左側空盪廟宇。

這座廟通常供奉翡翠宮娘娘（Lady of the Emerald Palace），頭部是眼鏡蛇的龍神娜迦（naga），具有龐大神力。在世的時候，她是有錢人，在波德濤佛塔大方奉獻，一九五五年在抹谷（Mogok）紅寶石礦區死亡。她的靈魂以微笑女子的模樣跪在佛塔對面，雙手合十祥和祈禱，頭上以蛇為髮飾，身披綠袍，凡人每天敬奉成堆新鮮椰子、綠香蕉和花籃以答謝得到的財富和避開的災難。在正式的十二位死後成神的神祇中，她不是資歷最深的一個，也不是生氣時最可怕或最凶的一個。或許因為如此，蜜亞南奴兒（Mya Nan Nwe）最特別的地方是，每天晚上九點到黎明之間，她的手腕會神祕上銬。

分析家和命相師流傳這種說法：她出現在丹瑞大將——他或他妻子——的夢中，手銬是壓制她的方法，防止她根據星相預測會因軍政府鎮壓僧侶的不敬行為施加懲罰。丹瑞可能把她當作真正的女士，也就是阿姨的化身。不論是哪一種，她二〇〇九年初以來每天晚上被上銬的時機來得恰好。阿偉則認為，手銬其實是囚犯家屬或朋友掛上去的，他們每天晚上到那裡求神，或純粹去表達抗議。尼哲傾向於贊成此一看法。如果是真的，這是狡猾的計謀。蜜亞南奴兒散發足夠的神力，可嚇唬地方當局不敢採取報復性處罰措施。丹瑞夫妻相信鬼神和法術是出了名的。只要僧伽繼續拒絕接受他們，他們也不願意觸怒神祇。

可是，今晚……

「她上哪兒去了？」尼哲問。

佛塔對面的亭子有數百名赤腳的善男信女，他們打坐或祈禱，在正中心點蠟燭，顯然不在意對面空了一塊——翡翠宮娘娘通常坐在那裡，前面擺滿水果和鮮花，如今卻不見蹤影。

「或許我們應該組一個單位，保障神祇的權利？」

他們笑起來，一人先笑，接著另一人也笑，笑聲越來越大、無法控制，最後混雜在一起，像幾個人同時爆出笑聲。在這樣的時刻，他們幾乎無法否認他們之間具有堅定、兄弟般的情感。

阿偉透過律師和阿姨對話之後不久，關係緊繃幾個月的尼哲和阿偉，再度恢復合作關係。阿偉和阿姨的對話比較像單向指示，阿偉透露自己在辦公室之外努力後，她說他應該專注於選舉監票。其實，她要阿偉回去黨內。阿偉自認讓她掌握最新情況是他的主要任務，成功說服她相信，他比以往更加投入。不過，在黨的周邊運作——甚至在街頭作業——成效一向比較好。

有天晚上，喝了幾罐阿偉掏錢買的啤酒，配上自己做的辣味涼拌木瓜之後，尼哲說出類似構想的細節——成立一個目標明確的組織，引導年輕人的活力，那些年輕人和辦公室裡的他們沒兩樣，可能因為黨的態度消極而灰心。他希望他的袈裟世代，或是他在學生中發現的新人才，有個目標。

阿偉看到機會，欣然同意，他很高興自己要把不定形的理念導向具體行動，而且這些行動終於符合黨的迫切需要。他終於承認他的十秒鐘組織行不通。最後一根稻草是「藍色運動」，在六個城鎮發起的聲援爺爺運動；溫丁二〇〇九年九月在《華盛頓郵報》專欄向美國民眾解釋，剛訪問緬甸的維吉尼亞州參議員韋柏（Jim Webb）判斷錯誤而試圖說服全民聯參與選舉，因而遭到短期監禁。阿偉事後可證實，兩三個民運分子發動了幾秒鐘的藍色運動。除此之外，要協調行動是不可能的，要展現這些行動的性質更困難，更糟的是，他沒辦法評估成效。

尼哲方面，他說他的最新計畫不是自己想出來的，而是出自阿姨，而她的話向來舉足輕重。接下來，他們賣力工作，因為新的相輔相成關係而更加投入，合作時地位平起平坐：一個公開運作，是社區裡受人敬重的臉孔，同事和地方當局都認識他；另一個穿梭在政治人物之間，或是變化多端地化身為各種身分，進入未接觸過的社會層級。

私底下，尼哲承認——向他自己和妻子——阿偉非常慷慨。二〇〇八年二月湄索之行後，他們幾乎沒講話，但阿偉聽到尼哲那年六月被抓後，立刻設法確保琴桑達溫衣食無虞，而且有求必應，不在意尼哲會關多久還是無限期拘禁。尼哲夫妻能有個健康的兒子，得要感謝他。

尼哲從翁德別監獄獲釋的日期，經過仔細盤算：二〇〇九年八月十四日，阿姨的審判宣判後的下一個星期，當天美國參議員韋柏預定抵達奈比多，交涉釋放美國男子葉陶的事宜；葉陶因為游泳闖入阿姨家，面臨七年牢獄之災。這是拙劣的伎倆。按照傳統，尼哲出獄後要直接到辦公室通報他的動態——當局很清楚。當局釋放一個民運分子表示善意的消息，會傳到參議員韋柏耳中，可能是透過美國大使館。關了兩個月後，尼哲終於自由，但氣憤難平。軍政府把他當棋子。一星期後，琴桑達溫生下哭聲洪亮的兒子。

尼哲從未想到，阿偉本身會在大約同一期間遇到麻煩。阿偉覺得根本沒有必要提起這件事。首先，守住他逃亡初期的祕密細節，越少圈內人知道越安全。至於幫助同志，不論自己處境多困難，對他而言是責任，就這麼簡單。能讓他們全部生存下去的條件，唯有分享一切——一碗湯、一本課本、意外之財。

他剛加入全民聯頭幾個月，曾度過這樣的日子：他和亞瑟、愛吃吃笑的素萌（Su Mon），或是他們全民聯青年黨部十個人的緊密小圈子中其他任何人，身上的錢加起來只夠買一杯茶——來自撣邦高山的熱烏龍茶，添加少許香濃煉乳。他從未喝過這麼香的茶。

阿偉電話響起打斷他們的時候，他們仍捧腹大笑。「請說。」來電者是一個朋友，全民聯青年成員。「什麼？在哪裡？什麼時候發生的？誰？還有——再說一遍……收訊不太好……一群什麼？」

有封電子郵件在網路上流傳。內容殺傷力很大。

阿偉以憂慮眼神看著尼哲。聽聽看這個。

他必須打幾通電話。如果可以，他會拜訪叔叔們。寫那封電子郵件的人明白指控，中央執行委員會成員是全民聯腐敗和操控大局的「四人幫」，阿偉跟他們每個人都很熟。首先是律師奈溫，當初讓阿偉進入新聞委員會的剛好是他；接著是韓達明（Han Thar Myint）。

可是，今晚已經來不及了。眼神溫和但從事法律攻防時充滿活力的奈溫，或許只會搖搖頭，他的頭會下垂一點，但不失哲學看法。韓達明會摘下眼鏡，皺皺小臉上的眉頭，揉一揉印堂的深溝，然後說些俏皮話，伴隨簡短笑聲。不過，他會在明天之前想出對策，絕對巧妙且令人意外的計畫，就像他一直以來在幕後運作那樣，不張揚，除了叔叔們、阿姨和阿偉，很少人知道他這麼重要。至於翁吉愛（Ohn Kyaing），「四人幫」中的第三個，阿偉也很親近，雖然態度比較正式。阿偉一向尊敬這位資深記者，他是爺爺以前在報社的同事，雖然年紀低一輩。一年前，阿偉被特務緊跟的時候，曾短暫躲在韓達明的編輯部。

受到最嚴重攻擊的是爺爺。他是領導人物中的頭頭——電子郵件指控——「收受外國巨額資金，但未交給黨部」。溫丁爺爺是夜貓子，他的精力似乎永遠用不完。也許阿偉應該趕去揚金。

然而，傷害如今已經成定局；他們遭到抹黑，全民聯的分歧曝光，黨對五月六日之後的不完整計畫破裂，像摔壞的手錶那樣亂扔，這些傷害已經夠大。況且，阿偉和龐克族約好午夜見面。他們是一群七個年輕人，出身中產階級，態度平和，急於尋找表達自我的方法，目前似乎主要透過髮型探索表達方式。他幾星期前在網咖結識其中一人，連哄帶騙地讓對方經常和他對話，最後吸引到整群網咖遊戲玩家，變成每星期討論的非正式團體。他們在十九街的燒烤攤聚會，待到凌晨兩三點，然後轉往三十五街附近仍然和老鼠搶地盤營業的茶館。他會先談論「死亡金屬」樂團緩和氣氛，接著慢慢轉到發展和經濟的議題。其實，他讓他們想到什麼就問什麼。接著，他回答問題，耐心地糾正似是而非的觀念，並補充說明他們欠缺的知識，直到他們主動察覺自己更廣泛的社會挫折感本質。他們的年齡可上大學。沒有任何一人註冊成為大學生，但不是每個人都缺乏被埋沒的求知欲。他們已經把阿偉當成老師，渴望學習、思考的機會，雖然他們從未反問他尖銳的問題。他們還在起步階段——「當局不是把國防部長的職位給翁山蘇姬嗎？」他們當中一人昨晚才這麼問。他們還需要很多再教育。不過，至少他們願意直接提問，主動提到女士的名字，代表情況有進展。他們的能力有點虛擲，但本性善良。他非常希望，他們當中反應最熱烈的三人，能變成認真的民運分子。

接著，他展開日常工作──超越午夜和一般行程的限制。全民聯也是如此。阿偉的方法和黨的方法似乎終於殊途同歸。

要是那封電郵揭露的丁點事實，未妨礙這種可能性就好了。

## 二〇一〇年三月三十一日

晨曦化為粉紅色，籠罩被太陽曬得褪色的阿穆拉布拉（Amarapura）古蹟時，索民茂醫生──Z醫生──從仰光出發的紅眼班車下車，將近十名支持者組成的群眾相迎。群眾夾雜在公車站常見的流汗叫賣花生小販和輕型機車司機之間，搶位置迎接剛搖搖晃晃從深夜公車下車的乘客。「如果你投票贊成參選，就不必回來了」，他的一名支持者幾天前私下說。他指的是全民聯登記參與選舉的投票。「直接留在仰光」。

這不完全是空洞的威脅。沒有人能說，瓦城附近中央乾燥地區的公民很少被判刑。阿穆拉布拉位於瓦城南方幾公里。它雖然是個偏遠小地方，泥路上沿途看得到馬車和販賣小東西的攤販，沙土會吹進季節性乾涸的湖泊，這個「不朽之城」曾經擔任王都七十年。當地居民生活周遭有許多往日光輝的遺跡。看得到的例子包括舊城門；巴吉陶王（King Bagyidaw）的帕亞朵吉（Pahtodawgyi）佛塔的巨大白色拱門，這座佛塔位於山丘頂端，可眺望曾經是龐大王國一小部分的遼闊原野；烏坪橋（U Bein Bridge），它的一端消失在遙遠的乾枯湖床另一頭的地平線，耕牛如今在那裡漫步拉著犁。烏坪橋是緬甸奇景中的奇景，世界最長的柚木人行橋，它的一千零六十根橋墩回收自敏東王（King Mindon）的宮殿，他在一八五七年遷往北方十公里的瓦城。在新都，敏東的繼承人錫袍王（King Thibaw）一八八五年在第三次、也是最後一次英緬戰爭中戰敗，被人趕出城堡，以牛車送到印度，再也無法歸國。這個恥辱——最早的創傷，以及後來的傷痕都可追溯至此——在後來的世世代代留下痕跡，助長以緬甸石獅為象徵的共同國家自尊，在戀棧權位者和投機主義者早已化為塵土後，怪異的民族理念將會且必須獲得勝利。

高溫在這裡也有作用。又乾又熱、乾枯的環境擴大情緒起伏，讓人火氣變大，使得木各具北方的敏建監獄變成最惡劣的監獄，氣得面紅耳赤的罪犯痛毆政治犯，監獄管理員笑著袖手旁觀。因此，任何有政治投降意味的舉動就是背叛，而叛徒應該斷絕關係。

不過，Z醫師履行承諾。消息傳得比他回到阿穆拉布拉還快。因此，他們出來歡迎他，男女都有，笑容滿面，豎起拇指，擠過普通工人組成的群眾，輕捏他的手臂或拍他的背。他們已經無法以更大的聲音表態。他們默默表達支持，引領他從車站回到他的診所。只有願意思考的人，方能從一名醫生在車站受到的歡迎，看到民心望治的持久活力。他們不認同評論家的全球歷史短視觀點：全民聯其實剛採取自殺行為。

Z醫師還不能適應阿穆拉布拉中心區房子前面大馬路的交通噪音，因為用路人沒有紅綠燈或標誌，而喋喋不休怒罵，或是從甲地到乙地沿途按喇叭，純粹是為了打招呼。他反而比較能忍受站在馬路對面，從打開的窗戶以六十度角偷窺的人；他坐在窗邊的沙發上，和川流不息的訪客交談。緬甸並未比他上次在一九九〇年看到這個國家時自由一丁點。他出獄不到兩星期重新涉入政治，已有遭到監視的心理準備。可是，遭到監禁十八年又三個月的所有效應中——例如，和女兒共進晚餐的尷尬，他當年被捕時，她還不會叫爸爸，如今已成為即將自大學畢業的堅強女子——他從未料到，自己偶爾會懷念牢房中的寂靜。

不過，從仰光回家的夜車上不會如此。他睡得很熟。車身輕微搖晃和冷氣出風口在乾熱仲夏夜發出的低鳴聲，對他具有解脫般的催眠效果；或者說，因為任務完成而鬆了一口氣。

他剛參與三月二十九日在黨部舉行的中央委員會會議。

過去十二個月裡，全民聯幹部能夠兩度集會。上一次是二〇〇九年四月，黨舉行兩天代表大會後通過〈大金塔宣言〉——黨對選舉的初步立場。Z醫師兩次會議都參加。辦公室向來不是豪華場所，過去幾天因為將近一百五十位黨員齊聚而更顯擁擠，幾乎無法容納所有與會者。那是一場歡樂的團聚，如果說聚會因為他們受到考驗的個人信念而升溫。四輛鎮暴卡車開到外頭，情報人員從小屋湧到馬路上，拍照、做筆記，顯然對全民聯突然活躍起來而和該黨黨員一般欣喜。他們未遇到其他干擾。就這個場合而言，軍政府如果否定一個合法政黨決定如何在選舉遊戲規則內玩的權利，會等於自打耳光。

一九九六年，數百人每個週末齊聚阿姨宅邸大門前，聽她和當時的黨主席丁吳、吉蒙輪流演說，在這之前，他們未能如此大規模集會。即便當年，他們也會遇到零星的干擾，來賓遭到騷擾，附近設路障，聯邦鞏固與發展協會強硬分子將手帕綁在手腕當作識別標記，持棍棒站在障礙物前管制通行，有一次更準備不少過熟的番茄而讓人印象深刻。活動過程被照相，來賓被跟蹤到他們住的村里。另一方面，舉辦全國各地幹部策略會議的計畫和紀念一九九〇年選舉週年的活動一直遭到阻撓。光是一九九六年，就有兩百五十八人被捕。他們為了因應挑戰，將一小時的紀念活動計畫延長為三天的黨代表大會。大會日程安排和翁山蘇姬宅邸前的另一次週末集會重疊；她宣稱，當時參與的人數破紀錄，還說群眾「無懼惡劣天氣」還是來了，她或許暗指壓迫的氣氛，也可能真的指滂沱季節雨。

一九九八年六月，她下最後通牒：軍政府在六十天內召開一九九〇年選出的國會。期限到之前，全民聯有八百八十四人被捕，包括國會議員當選人和黨工。她的座車四度被包圍，就發生在那個夏天。他們照計畫進行，召開十人的精簡國會，稱之為人民議會代表委員會（Committee Representing the People's Parliament）。

那時候，《緬甸新光報》臚列偏遠鄉鎮發生的全民聯成員投效他黨和退黨案例，已成家常便飯，這種報導是虛構和事實的大雜燴，因為黨員受不了精神壓力、生意機會流失、房屋被查扣，或必須保護自己和家人免於露骨的威脅。一九九〇年當選的三百九十二位全民聯候選人之中，已有一百一十二人不再「活躍」，或逃到國外。由於成員剩下十一人左右，中央委員會於一九九一年廢除。中委會甫於二月再度成立，主要推手是欽貌瑞和爺爺，他們兩人都認為，黨迫切需要重新注入活力，以無限期生存。在實務上，他們希望舉行選舉。然而，無法造勢或自由開會，一直妨礙黨內的民主運作。黨中央主管從地方黨部提名的人選當中挑選一百零八位新的中委會成員，此舉主要作用是讓人數為外界所知。

所以說，Z醫師四十八小時前聊天、拍背的對象，是一群打死不退的硬漢。他們當中包括他在短暫但脆弱低潮時期認為永遠無法再見到的同志。他因為坐牢，對其他人的名字或臉孔比較熟——他曾經由瓦城轉運中心送到永盛或密支那。太多人年事已高，可以帶著內心的光榮印記退隱到寺院，或者過起較舒適的生活或無聊的生活。不過，失敗有何光榮？他們集結成群，因為他們受到相同強烈志願激勵——達成尚未實踐的承諾。

滿座人士穿著樸素粉色或赭色比尼（Pinni）薄外套，也就是反殖民民族主義者的服裝，第二排有個人獨樹一格穿藍色，搭配印著斗大全民聯字樣的猩紅背袋，他不是別人，正是溫丁老師。Z醫師比他晚一年進永盛，經由參與共同行動委員會的有限接觸，了解彼此的投入程度。他們寫給聯合國的信被發現，導致行動失敗；Z醫師運氣不好，當時信在他身上。這封信讓他原本六年的刑期增加十二年，其中兩年半是獨自拘禁，他後來移監到北方大約七百四十英里動盪的克欽邦遙遠首都的監獄，度過其餘刑期。

好人欽貌瑞也在那裡，他因為類似罪名從永盛移監過去。Z醫師在創黨初期就認識他，翁山蘇姬遭到軟禁那天，指派這位地質學者接替溫丁和其他第一線知識分子的空缺。

這次能和丁吳，也就是T爺爺在一起，讓他大感欣慰；這位副主席剛在二月十三日結束軟禁。穿著比尼薄外套的他坐在溫丁後面一排，像翼豆般瘦高，頭髮密長，具有禪坐經驗豐富人士的專注力。他有如變色龍，一九八八年前的生活展現不怕改造的作風，曾經是尼溫將軍門徒的他，兼具和藹可親與嚴格自律，因而成為黨內退休軍官和知識分子之間少見的橋梁。翁山蘇姬尚未自由之前，他是帶領黨回到正軌的適當人選。

就丁吳而言，慢性胃病在密支那惡化，以致他只能喝最稀的稀飯，這個情況過去至今還不滿一年。他的妻子懷疑是胃癌；他因為缺乏醫療，接近飢餓的狀態進入第二個月時，透過廣泛地下網絡，從泰國密切追蹤情況的政治犯扶助協會批評當局。結果，他幾星期後獲釋。隨著年紀增加，他更堅強、更有韌性。不過，他未失去任何青春活力，有很多雀斑。這或許是因為他擁有新的目的，或是他在家鄉全民聯同情者身上感受到激情，而他們從未想過他有放棄政治活動的理由。

每個人都很辛苦，局面很明顯。有些因素似乎和全球衰退有關聯，可是，把民眾的經濟和社會窘況歸因於政府瀆職，是錯誤的想法。他的老友兼密支那獄友凱文（Kelvin）常說，「每個問題到頭來都出自政治」，他自己也很清楚——他一向較注重經濟發展和救貧扶弱，不像大部分民主運動人士把民權和政治權視為首要。二〇〇八年二月二十二日，Z醫師出獄後第一天聽到的抱怨是老調重彈，讓他感到驚訝。從一大早到晚上九點左右，朋友們和認識的人絡繹上門向他致敬；他們上一次看到他時，他三十八歲，現在看到如今五十六歲的他散發隨和的同理心，立刻感到安心。一名英雄長期離鄉後回歸，必定有某種特殊之處，讓他人得到一次機會以敘舊名義宣洩感情。如果他抱持任何懷疑，認為一切努力可能徒勞無功，他現在應該退出政治，將長期冷落的家庭當成第一要務，他對行醫的感覺猛烈反彈。

他的妻子只點頭一次，就解決這個問題。她本身也是醫師，獨力經營診所、養大兩個兒子和一個女兒；面對犯人家屬受到的微妙些許排斥，以及不論他被移監到哪個角落，奔波一整天以把握每三個月探監十五分鐘的機會，她都抬頭挺胸。當局好像發現地圖上最遠的兩個點，因為阿穆拉布拉距離永盛和密支那一樣遠。和許多因為親戚關係而親近，或因為知名度吸引人氣的人一樣，她也成為涓滴資訊進出監獄的重要管道。所以——現在呢？他們應付得了。他不必放棄他們很久以前就重定人生方向的志業。

Z醫師是全民聯一九九〇年數十位候選人之一，他從事民選公職的唯一資格，是教育程度較高，以及行醫帶來的地位。他曾擔任醫院主任幾年，而擁有管理經驗。不過，個人失敗最後導致他踏入政治。念醫學院時，他對社會議題興趣盎然，但他從來不敢和同學一起參加定期的學生抗爭活動，原因之一是他對父親有較大責任；他父親是醫學系教授，身為政府一員，會受到牽連。因此，聯合國祕書長吳丹（U Thant）一九七四年葬禮前後發生動亂時，他眼睜睜看著兩名好友遭到毆打、逮捕，當時難過到反胃，但兩腿發軟。隨著時間過去，他越來越自責。每次爆發新的全國不滿抗爭，他都缺席，雖然他看到病人因生活匱乏生病，越來越難取得資源妥善照顧病患，目睹更多一黨專政造成不公和貧困的證據。

到了一九八八年，他參加遊行，還成為瓦城醫師協會代表。受到申誡後，他要求瓦城的醫學院開除他，並償還尚未完成的生物化學學位全額獎學金，然後加入全民聯。他在家鄉阿穆拉布拉參選。一九九〇年五月二十七日，他以兩萬一千一百一十九票當選，得票率六六%。

同年十二月，他從仰光搭火車回家途中被捕，以叛國罪起訴並判刑六年。他的罪行是和其他當選人在仰光甘地廳集會。他們在七月二十八日呼籲軍政府召開人民議會（Pyithu Hluttaw），他們自認為當選代表的組織。甘地廳宣言是針對一九九〇年第一號公告而發；國家恢復法律和秩序委員會一天前發布公告，距離選舉整整一個月。公告說，那次選舉用意本來就不是選出國會。新的憲法制定之前，統治權不會移交給文人政府。在那之前，國家恢復法律和秩序委員會在低階機構輔助下，仍將是唯一的行政、立法、司法當局。

局勢發展很荒謬，雖然和前一年九月奪權、以武力掃蕩街頭，同時舉行全國投票的軍事委員會作風相符。委員會逮捕全民聯重要領導人物，阻止他們在瓦城召開臨時國會。此舉促使仍為自由身的國會當選人，支持在委員會無法統治的邊界地區成立平行政府——緬甸聯邦全國團結政府（National Coalition Government of the Union of Burma）。翁山蘇姬的堂哥盛溫（Sein Win）獲任命為總理。

一九九〇年九月十八日，在克倫邦麥那博成立團結政府總部的罪名，落在Z醫師頭上，雖然罪名不是由他獨自扛。十五年後，麥那博被緬甸國防軍攻占，團結政府總部遷到美國華府，雖然華府總部從未妄稱自己不只是真實總部的象徵，被懷疑和它聯絡的人，會遭到軍政府以全套懲罰措施伺候。

雖然經歷一番折磨，Z醫師不後悔。全民聯有充分理由同甘苦共患難。現在，大家根據實際情況辯論參與程度。到了一九九〇年五月二十七日，全民聯主管除了四個人之外，全部身繫囹圄。當局已實施戒嚴法。新的軍政府移交權力的條件從未事先公布，全民聯曾試圖針對這項爭議向國家恢復法律和秩序委員會交涉。毫無疑問，未來充滿不確定。即便是最明顯的理想主義者，也很難認為選舉會自由、公平。

不過，一九九〇年的選舉法規全面開放選舉戰場；二百三十個大小政黨登記，有的具備真正政治意圖，其他則比較想得到電話線路和較多汽油配給的好處。英國人將緬甸人分為一百三十五個族群以來，少數民族首度擁有個別地位。他們推出候選人，冒風險提出和村落毀於烽火的戰區比起來較不暴力的政綱。最可觀之處在於，未來出現舞弊的可能性，似乎被一九八八年三月以來展現的數百萬民意壓過。這是緬甸歷來最偉大的公民組織全民聯的任務：實現堅持到底的精神，引導自然發生、隨心所欲的求變衝動，經過罷工委員會和計畫行動的有組織階段，進入慢慢建設機構、民主程序的境界。

Z醫師能夠走訪選區內全部九十九個村莊不受限制。群眾湧現，聽他演說。沒有人干擾，民眾未受威脅。

但是，即將來臨的選舉，讓他覺得完全不公道。

他認為應該妥協。他認為有必要對話。他在牢裡有許多時間思考國家的需求，知道問題遠比政治新人初期要求的「改變」複雜。

在乾燥的上緬甸，一如全國所有鄉下地區，越來越多外交官和外國分析家這麼說——全民聯是阻礙進步的石頭，選舉是唯一的辦法，翁山蘇姬本身已失去重要性，她太「頑固」、太堅持道德——這種說法引起頗大迴響。要緊的是小需求，乾旱、強制徵收土地的問題，沒有任何事物變好、沒有任何事物會改變的鐵錚錚事實，而過錯不能歸咎全民聯，而是要怪關閉它們的政權，因為它們設於店面或住家的分會自二〇〇三年起關閉，紅色標誌已經腐朽。即便是他身邊最基層、教育程度最低的人，也會毫不猶豫地將生計每況愈下歸因於統治者的腐敗。

瓦城有三十個區，每個區可能有十五名活躍黨員。這意謂大約有五百名現成支持者。他們永遠有辦法彼此互動：在婚禮、佛塔慶典或出家儀式上交談。地方青年甚至膽敢投票。而Z醫師再度行醫，得以和病人深入對談。要評量大眾的決心不難。

任何人都很難想像，國家和平與發展委員會將信守承諾，在權力巔峰之時單方面啟動解散自己的程序，讓位給新的立法機構：根據二〇〇八年憲法，包括上議院、下議院和十四個地區議會。多年來的謊言和食言而肥，導致民眾對將領們的信任受到最大傷害。懷疑他們，不但是常識，也是免於再度失望的保單。白衫軍，也就是軍政府一九九三年成立、聯邦鞏固與發展協會（USDA）名稱較為人所知的龐大社會組織，很久之前就設定為要變成政黨。過去一年，它加強公益活動，成立醫療診所、農業貸款計畫，以及其他幾乎未掩飾的公關活動。它的兩千六百萬名成員大多是被誘迫加入的，因為他們是公務員、教師和高中生。其他人被額外福利吸引，像是不必被徵召為地方工程貢獻勞力。不過，聯邦鞏固與發展協會，無疑是高層軍官脫下制服後轉型為政治人物的大本營。奈比多盛傳，緬甸第一號人物丹瑞、聯邦鞏固與發展協會的非正式撐腰者，即將任命第四號人物、總理登盛接任協會主席。

流亡媒體引述匿名的政府消息人士指出，許多現任高級軍官是強迫退伍的人選。他們脫掉制服後，就可以在新的文人政府擔任要職；當局的算盤這麼打：除了憲法明定保留給現役軍官的二五%國會席次，他們可占據其他所有職務。人選包括第三號人物杜拉瑞曼（Thura Shwe Mann）將軍，以及現在擔任聯邦鞏固與發展協會祕書長、農業及灌溉部長的鐵吳（Htay Oo）少將。

因此，民眾為何要抱持幻想，認為這些選舉會帶來真正的改變？老實說，買非法的三位數樂透還比較有希望，到街角茶館看曼聯隊和任何隊伍的最近一場比賽轉播，也比較有娛樂效果。

接著，選舉法規於三月八日宣布。這些規定似乎特意設計來一舉擊垮全民聯。《政黨登記法》（*The Political Parties Registration Law*）禁止任何判刑坐過牢的人投票、競選公職、組織或加入政黨。在任何其他國家或環境，這代表限制領導職務資格的條款。在緬甸，這意謂大約四百三十個被監禁的全民聯成員和翁山蘇姬遭強制退黨；公認的民運領袖翁山蘇姬因為收留葉陶，在二〇〇九年八月被判延長軟禁十八個月。還有，Z醫師認識的數百位手握未來希望火把的堅決民運分子怎麼辦？從一九八八年的聰明策略家，到關在Z醫師待過的密支那監獄牢房中的幽默高手薩嘎納，Z醫師無法想像這麼多人要被遺棄。

此外，參與登記意謂全國同流合汙，宣告一九九〇年的選舉無效。二〇〇八年的憲法會在選後生效，接下來再也無法逆轉。所有政黨必須具結遵守、保護憲法並遵循選舉法規。

在前往仰光的公車上，他仔細閱讀已經翻爛的厚重憲法。他會背民主派人士最不滿的條款。去年四月，他的黨內同志一致表決支持〈大金塔宣言〉，他也投贊成票；宣言載明，軍政府要先修改憲法，該黨才會考慮參選。再度翻閱憲法，他有新的發現而冒冷汗。第十章第四〇九條說：「人民議會將實施涉及政黨的必要法案。」Z醫師不是律師，但就他理解，這表示，即便全民聯登記參選並獲勝，也被允許擁有國會席次——已經夠天方夜譚了——荒唐國會的成員只要高興，有權力查禁全民聯。

他的結論是，全民聯沒有選擇。

全民聯公開宣示的宗旨是，終結緬甸的軍事統治。屈從軍政府選舉法規的桎梏，同意遵守瑕疵憲法的條文，相信他們隨性的、言語無禮的合法性，等於全面放棄。此事關係重大。原則最重要——人民只剩這個。經過這些年，全民聯被削減到剩下本質，也就是自由的希望——對有些人而言是唐吉訶德精神，但對其他所有人來說是燈塔。

如果不能堅守原則，他們等於認命，好像只配擁有這種政府。已經有太多人逃避，對政治反感，帶著恐懼逃開，選擇透過眾人參與的新標節（Shinbyu）出家儀式尋找些許快樂，或是透過全心打坐這種小乘佛教做法擺脫俗世煩惱。

然而，在同樣的佛教觀念中，達成解脫，不論是在政治上或在精神上，是一生努力的目標。基本上，佛教以個人為本；佛陀本身建議不要執著於法。唯有透過認識自己才能發現真理，看透，迷惘後靠禪坐再度看透。只有透過修八正道（The Eightfold Noble Path）才能永遠脫離痛苦，達到自我覺醒。

這些基本信念瀰漫空氣中。有一段時間，它們在社會主義中完全展現。然而，社會主義政府模式徹底失敗，應該快速發展成區域現代化典範的國家因此窮困後，民眾轉而大聲疾呼要求自由民主制度的解脫，即便——一如一九八八年的Z醫師，一如當年的眾多學生——他們不完全了解民主的真諦。

不過，對民主價值的渴望絕非外來觀念。緬甸並非中國，後者被迫無中生有發明一個意識型態，將它施加於未曾有意識型態的文化。在這裡，民主在建國神話、在共同歷史、在文學、在宣傳小冊子當中都存在。民眾只消回顧他們自己的議會時期的紛爭。

民主是數百萬名民眾大舉加入全民聯或一九九〇年投票給該黨的基礎。翁山蘇姬在這個主題上辯才無礙，反覆解釋，軍方當局駁斥為西方舶來品的普世標準，其實在緬甸文化中就看得到。丹瑞大將、國家和平與發展委員會的將領們宣稱，他們和御駕親征的古代君王有關聯，但完全無法履行君王的理念；這些理念總結為佛陀的十王法（Ten Duties of Kingship），任何念過寺廟學校的兒童大概都能背誦——道德、自我犧牲、慈善，甚至服從人民的意志——這些責任和民選政府的普世正當性並非截然不同。就這方面來說，渴求政府公正的理念深植文化，就像辣味魚漿。

Z醫師前往仰光的中央委員會會議，對於如何投票毫無猶豫。每個邦和省的兩名成員發言。沒有半個人支持重新登記。接著，一百名男女委員投票。否決。全民聯不重新登記。

他們為少數民族的前途、民眾的前途、國家的前途做決定。這是團結的美妙展現。翁山蘇姬本身贊成這項決定。幾天前，奈溫向媒體宣讀聲明，傳達她在兩人上次會面時的想法。她表示，由黨員決定，但她個人不會按照不公平的法規參與。

如今，他們只剩三十六天。

他們清楚可能的後果。沒有什麼可以阻擋當局突襲掃蕩，多年來首度獲准重開，而於過去兩星期開張的地方黨部會再度關閉。雖然他們一向名正言順以合法身分挺立，如今他們連這種脆弱的保障也沒得依靠。

如果他們當中有人打算登記為獨立候選人參選，Z醫師會支持他們。他尊重他們的理由。不過，全民聯對民眾肩負的那種責任，大於任何小我的總和。

今天，Z醫師因鄉親熱烈支持而再度充滿拚勁，不輸電器插上插頭。

**二〇一〇年四月十日，星期五**

他們剩下二十六天。

阿偉知道可能的後果。三月二十九日做成決定幾天後，副主席T爺爺宣布召集十七人委員會，籌備清空辦公室所有資料和家具。瓦城當局已經向地方黨部的房東施壓，逼他們搬遷。

爺爺公開警告，鎮壓行動即將來臨。這未阻止他翌日針對全民聯的決定，撰寫措辭強硬的專欄投給《華盛頓郵報》，這是他連續第二年譴責選舉。向國內讀者表示意見時，他更不客氣。他那週稍早接受《伊洛瓦底》雜誌訪問時，將軍政府比喻為政治強暴犯。「他們想要剝奪我們一九九〇年選舉的勝利，讓我們變成赤裸裸、光溜溜的二十歲女子。我們不能任由自己被人強姦。」

全民聯的決定受到不少人反對，主要是未曾經歷緬甸歷史的分析家和外國使節。他們偏好妥協的方式，對阿偉而言，這代表接受嗟來食，不論軍政府給什麼。

他們太好騙了。國會中添幾個獨立派，或許有些價值。不過，他不認為他們的努力會有太大成果，即便是五年後。

他願意被相反意見說服。叔叔們要他蒐集民意，他因而舉行民調——就統計上而言，人數不多，雖然他盡力了。民調依賴一群精挑細選的新成員，他們被訓練對適當的人問適當問題，意謂先決條件是他們有膽量提問；具備敏感度，能克服民眾不願意受訪的心態；還有，夠機靈，能夠察覺告密者，或避免引起他人懷疑他們可能為政治組織工作。他和其餘全民聯青年已經設法蒐集到五百三十份問卷，訪調對象包括黨員和全國各地城鎮的普通民眾。

除了這個，他覺得全民聯破壞自己合法地位的行動，比起軍政府迄今任何單一動作更能削減選舉的可信度。

執行委員會星期一舉行另一場重要會議。他們傳閱幾份文件，其中包含因為他們的決定向民眾道歉的三頁聲明。這份文件既承認全民聯未能達成目標的過錯，同時也說明失敗的歷史緣由，詳細解釋他們一九九〇年以來堅持至今，「是為了促成民主與全國和解，這段時期他們遭到當局逮捕、處罰、恐嚇、干擾和各種限制。然而，由於當局一面倒的打壓和攻擊，這些努力徒勞無功。我們要為白費力氣的嘗試，向緬甸民眾誠摯、懇切地道歉。」

不過，聲明解釋，選舉法規「不公正、不民主、不符法律的基本特徵。」此外，「強迫政黨承諾接受、遵守二〇〇八年的憲法，違背民主和人權。聯合國祕書長和國際社會要求舉行包含所有政黨的選舉，這些法規對此要求置若罔聞。」

聲明內容最後是一項承諾。全民聯絕對不會背棄民眾。該黨會繼續「在翁山蘇姬女士帶領下，透過和平、非暴力途徑達成民主目標。」

叔叔們在會議的第二份文件中，探討可能的做法。阿偉知道自己扮演一定角色而有點驕傲，因為他曾把構想告訴韓達明叔叔。他們預訂週末過後舉行後續會議。基於安全，他們必須小心避免洩漏詳情，奈溫也如此告訴記者。「我們將堅守決定」，奈溫星期三告訴法新社，傳達了翁山蘇姬支持全民聯決定的立場。「我們有未來的任務。但因為國家局勢，我們目前無法透露。」

僅此而已。

阿偉剛剛從龍神廟外聽說一個不幸的消息，一封電子郵件的作者揭露，祕密文件當中「提到取消垂直／層級架構，改為網絡或水平架構，但溫和派認為這是地下活動的幌子而反對。他們認為這樣做會讓人覺得已獲總部認可。他們表示，反正全民聯五月六日以後不存在，如果提案人無法承擔責任，他們可以按照自己的辦法做。」

那個晚上，阿偉後來選擇比約定時間晚到華埠和龐克族見面，先在途中到網咖。他的消息來源把完整電郵轉寄給他。電郵寫於四月七日，內容描述作者和黨內「溫和派」之間的長時間私下討論；溫和派指三名不滿的全民聯執行委員會成員，包括欽貌瑞，大家都知道這位前地質學者贊成登記。

電郵還說：「在全民聯轉為從事社會工作方面，我們認為不明智。這會對所有相關人員造成負面影響，包括真正從事社會工作的非政府組織，以及受服務的目標族群。」

簡單來說，電郵顯示全民聯——或至少該黨的「四人幫」——即將從事非法行動，也就是以「社會工作」名義掩護阿偉、尼哲和其他活動分子多年來嘗試發展的蔓延式、根莖狀的地下網絡。

電郵其他內容是思慮縝密甚至高明的評論。阿偉不否認內部有歧見。他甚至不認識電郵作者。這就是問題所在——作者顯然是寫給少數人私下看的。他是個民主分子，以出色文筆探討民主派人士的問題，分析一個無法以民主方式行事的民主運動的核心問題。可是，在充斥特務、監控的世界，完全沒有民主或私密可言。阿偉從年輕的消息來源接到轉寄的電郵，而後者的電郵也是別人轉寄來的。

不過，真正讓人痛心的是，這封郵件作者讓人覺得，他最有意見的人士都怠忽責任。所有人。包括阿姨。

電郵說：「他們認為，她太消極面對自己的軟禁局面。情況有如暗示，『把我關在屋子裡，我可以透過奈溫工作。』她未尋找並運用機會，反而讓自己被奈溫操縱。她知道自己即將重獲自由。可是，她卻讓葉陶事件發生。她這樣做，顯示她沒有為緬甸民眾著想。」

阿姨被指控自己製造烈士境遇，一點也不新鮮。這種說法大錯特錯。對阿偉來說，這是沒有管道直接接觸她、不贊同她透過律師奈溫所發表言論的人的惡毒指控。

一九九八年後在辦公室成年，讓他在十幾次小事件中耳濡目染，向資深叔叔們學到事實：不論他們內部有何歧見，除了共同志業，他們什麼也不能洩露。有朝一日，他們可發表不同意見，承認阿偉已經第一手知道的事：阿姨只是眾多同志的一員，他們能、也曾經和她在閉門會議中開玩笑、協商、辯論、意見相左。但不是現在。時候未到。只要奮鬥尚未告一段落。面對一個無所不用其極的敵人而不是對手，除了團結別無他法。

團結的責任，為了達成民主不可或缺的責任，是他們任何人最不會怠忽的一個義務。

## 二〇一〇年四月二十九日

地質學者出身的欽貌瑞覺得痛心。他不完全清楚局面為何走到這步田地，但在關鍵時刻，一切土崩瓦解。他們討論的一切，他們承諾、尚未完成的一切——沒指望了。煙消雲散。變成什麼？變成——奈溫當天早上怎麼告訴《快照》的？——「撿塑膠垃圾的」組織。就是這樣。

「要知道，這種政黨是從抗爭起家的。我們永遠無法從頭來過。解散一個黨很容易。可是，要在這種情況下建立一個黨很難。」民眾會開始想，還有誰能信賴。

他在仰光一家比較高級的飯店裡的空盪餐廳一角，接受美國記者訪問。他提前抵達，在大理石大廳的寬闊扶手椅邊緣，直挺挺坐著等對方，將一張寫著名字的紙舉在胸前。這不是他習慣光顧的地方；這裡屬於中國或新加坡商人、少數西方人，他們在走廊尾端漆器店兑幣處拿出的現金金額，緬甸人無法想像。

況且，他不會想當然爾認為，如果沒有紙名牌，那個記者能夠認出他。七十六歲的他故作年輕、態度溫和、目的單純，因此未顯老態。在敏建監獄和他關在同一牢房的年輕人把他當父親崇拜，部分原因在此。不過，他身穿漿燙過的襯衫和墨綠色龍吉，濃密頭髮整齊分開，體態輕巧、結實，向他人傳達訊息：他是個有地位的人，至少見多識廣，知道所有東西被人剝奪時，你只剩下尊嚴。

但他的名聲毀於一旦。不過幾天前，他會嘗試掩飾黨的裂痕。他至少會隱藏個人的痛心；現在，痛心浮現在他比平時更緊繃的紅潤臉頰，或展現在更有力的咬字。開始受訪後不久，他以手指撫摸翻過來直立的水杯杯口，將叉子和西餐刀的位置對調。咖啡擺在他手肘旁未沾一口，已經冷掉。服務生端著一壺熱騰騰的補充咖啡流連左右，近得沒有必要，近得讓人不自在。有人靠近的時候，欽貌瑞並未像平時降低音量到輕聲細語，況且，話題現在觸及禁忌——歷史、全民聯、翁山蘇姬、民主。那名外國記者有點不安。她不希望被人發現她在採訪、討論政治。這樣做可能遭到遣返、列入簽證黑名單；對於坐在對面的資深政治人物，懲罰更重。

在那當下，欽貌瑞不怎麼在乎。他的情況已經不會更糟。

三月二十九日的中央委員會會議上，他未獲准發言。最近幾星期和他站在同一邊，說登記比較好，剩下的唯一真正機會是在新國會裡奮鬥的少數同志，也沒有任何一人能發言。他們必須對一九九〇年投票給他們的數百萬名民眾交代。

他們身負責任。他要運用剩餘生命的每一口氣，這是他達成目標的唯一辦法。他知道，要說服想杯葛選舉的人很困難，但他們還是嘗試，包括他、丹年（Than Nyein）和主席翁瑞。他二〇〇八年九月二十三日和溫丁一同出獄後，兩人讓執委會開會次數增加。他們會討論，經常激烈爭辯——但持續討論。這不是他們竭力爭取，以求能夠交流意見的多元化的定義嗎？

他們的努力開始產生效果。生怕全民聯分裂的流亡媒體，甚至有一度意見傾向他，因為媒體期望該黨最優先的考量是生存。

因此，他不發一語，完全出乎大家意料。他從未這樣，也沒有徵兆。會議開始幾分鐘，主席翁瑞把二十人的執委會叫到二樓會議室。他告訴他們，要管住舌頭。規矩清清楚楚：只有每個邦或省的兩名中央委員會成員有權利發言。欽貌瑞感到疑惑，什麼也沒說。但事情非常不對勁。

中央委員會一百個成員當時沒有半個人出聲反對登記，看起來幾乎像他們事先說好了。接著，他們投票。他知道，全國各地局勢混沌，他自己和仰光的同志，絕非唯一考慮過兩個壞選項的長期投入民主運動人士。不是每個人都像溫丁那樣，對專制體制瞭若指掌。

不過，律師奈溫選擇在會議舉行前幾天，公開傳達翁山蘇姬的最新意見；她說，不論委員會如何決定，她都會支持，但若她能做主，她不願意、也不能在不公平的法規下參選。

沒有人會想和她唱反調，黨內每個高層人士都很清楚。即便在接近完全與世隔絕狀態下，她的話語也有那種力量。他們心知肚明，因此中央委員會會議前數日，執委會三月二十二日開會時達成共識，翁山蘇姬不希望正反意見都有的決議，而投票結果要等到四月一日過後再告知她。到時候，她才會做明確決定。

他要是有機會能和她見面就好了。她已經得知的情況必定是片面的——而且不客觀。習慣堅持簡單原則、能自由主張卻不用面對後果的流亡媒體口徑一致，同聲反對參選。只有極少數媒體報導傳統思維之外的意見，而且不是每篇都說好話。這些報導說，他們是屈指可數的死硬獨立派，被貼上「第三勢力」標籤。

他們之中有幾人是朋友。他們有錢或有軍方人脈及護照，意謂他們相對上能自由出國，一個大部分人無緣享受的權利。這使得他們總是啟人疑竇。他們有點像為某種理念辯護的人士。實則，他們的理念並不完全相同，而且細節各有千秋，但他們的共同點是，願意盡力突破限制，把新的聲音、做法注入兩個楚河漢界的陣營之間。因為這個緣故，他們其中一人凱文，欽貌瑞的老友兼永盛監獄牢友，喜歡稱呼他們是「休戚與共者」。

至少，欽貌瑞可以向翁山蘇姬女士解釋，在國會取得立足之地，是唯一的合理舉動。他會告訴她，民眾需要真正的民主選項，任何低於民主的選項，是將不計其數的人民棄於絕望困境。他會提出意見說，杯葛選舉就是自絕於非預料中後果的可能性，也等於否定，經過二十年僵局後成立的國會制度，不論有多少缺陷或舞弊，按照部分休戚與共者的說法，是「城裡唯一的遊戲」。脫下制服，被迫每天和民間代表進行例行互動，國會有多少退役軍人會開始轉變，誰說得準？

他會特地強調，假設將領們會突然洗心革面的想法不論多天真，有個更大的地緣政治遊戲正在進行。不可否認，他們渴望緬甸成為東南亞國協的正式會員，和印度、亞洲其他國家以更平等地位交流重建和世界的經濟關係。更迫切的是，他們想削減中國盛氣凌人的影響力。這些無法阻擋的經濟變化加起來，或許能撬開政治對立當著他們面前甩上的大門。

信任建立是如此脆弱的舉動，對話的機會如此稍縱即逝。但這是唯一的辦法。以溫丁出獄後提供給媒體的那種火爆言論和將領們為敵，效果適得其反。

欽貌瑞在傳遞給翁山蘇姬的單一口信中，只能設法表達這一點。她的簡短回答讓他心情沉重：她強調，妥協的同時必須施加壓力。

然而，他們能施壓的方式是僵持。現在應該採取不同戰術，意謂傾聽微妙的訊號。這或許對他有利：欽貌瑞已經失聰好幾年了。他藉由從另一角度傾聽來因應。

不過，他對翁山蘇姬的因應能力信心十足。最近幾個月，她費盡苦心設法和將領們接觸。她九月間致函丹瑞大將，表達和當局合作的意願，並建議他們共同努力擺脫經濟制裁。這是她還使得上重大影響力的議題。軍政府一向喜歡把國家的問題歸咎於制裁，知道唯有她首肯，西方才會解除制裁。

她的信奏效，至少暫時邁進一步。軍政府勉為其難地讓她和聯絡部長見面兩次，每次半小時到四十五分鐘。兩人是否達成實質共識，連叔叔們也被蒙在鼓裡。她不願正式表示意見，直到雙方同意發表新聞稿。

她十一月又寄了一封信，重申解除制裁的提議，並再度要求和丹瑞大將見面。她也要求允許她探望三位老病的全民聯看守領袖致敬。軍政府同意這一點，因此她得以跪在他們面前，以乾女兒的敬愛和真心尊崇，奉上水果和熱茶。但軍政府拒絕她另一項請求——和全民聯執委會所有成員見面。

軍政府對全民聯和翁山蘇姬似乎較敏感、略施小惠再奪走的做法並不新鮮。欽紐將軍特別擅長玩這個把戲。但軍政府每次放鬆箝制後，都值得趁機嘗試爭取更大的自由。地方法院多次駁回全民聯針對她被軟禁提出的訴訟後，最高法院十二月甚至同意受理最後上訴。

接著，翁山蘇姬兩封信其中一封洩漏給流亡媒體——一個令人遺憾的失誤，問題出在一名黨員看到信躺在辦公室影印機附近。

國家喉舌媒體專欄利用外洩資訊嘲諷那些信「沒誠意」、「不老實」，指控翁山蘇姬的解除制裁提議，不過是聽從美國行事的哄人伎倆，而好巧不巧，歐巴馬總統領導的美國，最近態度從全面冷凍軍政府改成嘗試交往。有人指控，翁山蘇姬自己外洩信函。擔任全民聯發言人的欽貌瑞淡化處理這項指控。他說信函內容不一定代表正式立場。他一向很小心。出任新聞委員會主管幾個月以來，他仔細斟酌自己談話的可能效應，堅守黨的立場，但也知道不論流亡媒體選擇引述哪些話，都是傳達訊息給將領們的唯一管道。

他對翁山蘇姬的忠誠沒有界限，植基於理性，與時俱進。她獲得邊疆少數民族信任，而且反應快、聰明，他一九八八年八月第一次見到她時，就被她的人格折服。她當時警告：「如果你加入我們，會辛苦一輩子。你永遠無法升官或擔任重要職務。」

假如他實話實說，從事公職的機會一直唾手可得。尼溫將軍政變後，他目睹軍隊鎮壓、打死比兒童大不了多少的學生。畫面從未離開他的腦海。後來，他擔任國有緬甸石油公司資深探勘地質專家，必須應付貧窮的不公義。雖然他們汗流浹背辛苦工作，他底下的工人幾乎賺不到錢吃像樣的一餐。他一九八八年成為石油工人工會祕書。他們工會的罷工是造成最嚴重癱瘓的其中一起。消息傳到翁山蘇姬耳中，因此她把他叫到仰光。

他回到油田，要求公司把他開除，然後加入全民聯。他加入執委會的時候年僅四十五歲，是最年輕的成員。一九九〇年，他在仰光三橋（Sanchaung）區參選，以七七％得票率當選。

事後回顧，他看到他們犯了錯。

他們在選舉大勝。他們應該運用優勢地位，主動接觸國家恢復法律和秩序委員會。

然而，全民聯的退伍軍官只懂得共產主義、社會主義、無用的理論和軍隊價值觀。他們以為，軍政府會轉移權力。他有科學家的務實態度，以及市井小民的常識。他覺得，國家恢復法律和秩序委員會似乎不會退讓，除非全民聯採取主動。他曾提出建議。但不是他太溫順，就是沒有人想聽他的意見。接著，他被送進監獄。

可是，他坐牢和國家情勢發展似乎關係不大。他對關他的人沒有熾熱敵意——他不渴求正義，不準備為更崇高的目標犧牲。他並非民粹主義者。其實，因為他的決定吃最多苦頭的人是他妻子。

他不在的那些年，她保持堅強，可是惴惴不安，擔心有新的壞消息、他再度獨自監禁，或舟車勞頓幾天到北方探監十五分鐘，卻發現他無法會客，或移監到沒聽過的地方。他關在懲戒房，生活在瘧疾傳播的環境但沒有蚊帳，也沒有小便斗或基本衛生設備，幾個月下來，導致他出現胸痛、高血壓、痔瘡、臉部和腳部水腫及心臟病。他連續好幾天頭上罩著布袋。他頭部重複遭到打擊的後遺症，從未適當治療。

從一九九〇到一九九二年，以及一九九四年到二〇〇八年，他的妻子在全國各地追著他跑。他在未獲通知情況下越移越北邊，從永盛移監到敏建，再從敏建移到額博（Oh-Bo），又從額博移到臘戌。他們用公車押解，上腳鐐、蒙眼的他坐在公車後端，周圍有四名配槍警衛看守，好像他企圖拿鵝卵石扔他們似的。在臘戌，他每個月可會客兩次，每次十五分鐘。監獄離家六百英里，要搭十二小時火車，再包車開七小時才能到。她只有能力負擔探監兩次的支出。如今，他終於重獲自由，她的憂傷消散。有好幾個月，她根本沒有力氣下床。

他把一切貢獻給黨。沒有人比他更相信黨必須團結、嚴守紀律。二〇〇九年四月通過〈大金塔宣言〉的第一次黨會議，三十名黨員公開發表信函，要求黨主席翁瑞和吳倫辭職。欽貌瑞雖然覺得翁瑞擔任黨的領袖有缺失，他告訴美國大使館，他認為這封信「荒謬」。不論內部有何歧見，他們有更大的目標，有時候會出現抱怨，有時候要有共識。

他們必須忠誠。已經九十二歲的翁瑞來日無多。他應該受到尊重。這種眾目睽睽之下展現的缺乏紀律情況，不只讓人為難，此舉時機不當，非常危險。二〇〇九年一月，流亡媒體《彌斯馬》宣稱取得高階軍官會議的紀錄，裡面提到，北方軍區司令告訴同袍，全民聯會分裂：一派支持參選，一派反對，那個黨會完蛋。

他不是作家，不像溫丁那樣擅長強烈的修辭，他也不是薩嘎納那種只會製造笑料的喜劇人物，而是逐漸累積讚美和獎賞，宛如大家的意見比較有分量，比較適合轉換為重建國家的艱鉅、複雜任務。他只是個政治人物，而且沒有知名度，所以欠缺門徒數以百計的優勢，無法成為奉承者的注意焦點。不過，如果真正的犧牲是勇於隱身幕後，採取服從的立場，抗拒追求以承諾為基礎的進步、短暫的英雄主義光輝，會如何？如果，採取溫和派的較軟弱立場，比強硬派能理解的更堅強，又會如何？

他已經夢想很久了。他們全部都夢想很久了。

一九八八年的時候，他一度和溫丁理念相同。他也認為，通往自由的途徑決於人民力量。他們在全民聯的時間重疊四個月，但幾乎不認識對方，因為他們在混亂局勢中經常涉入不同的專業人士圈子和不同區域。後來在永盛監獄，他把名字和囚犯編號寫在他們隱藏在塑膠桶握把中傳遞的文件。他對連署文件的努力所知有限——從可以離開牢房的片刻掌握到的零碎資訊。他知道那是溫丁的構想。可是，他們的努力土崩瓦解的速度多快啊！在監獄中，情況可能一眨眼就改變。

國家的情況不然。他待過不同牢房後了解到，要達成突破，光依賴迅速一擊的大規模抗議還不夠。國際紅十字會探訪各監獄之後，他拿到幾本《經濟學人》（*The Economist*）和《時代》雜誌。他猛K少量讓他可以想像的新聞——想像自由是經濟發展的附加效益，而不是毀滅街頭抗議學生的惡性循環。

因此，這個決定是錯誤的。造成嚴重失敗。他們沒有五月六日過後的計畫。每週的執委會會議未討論這個議題。將全民聯轉變為人道組織的說法——奈溫在一九九〇年選舉獲勝二十週年向《快照》暗示，他們要將任務改成環境清潔，撿垃圾——不啻於背叛民眾。

「我覺得丟臉，」他告訴美國記者。他將西餐刀和叉子對調位置。叉子回到湯匙旁邊的原位。「因為我們組成全民聯是要成立政黨……以孔雀標誌，以一九八八年八月以來喪生的所有學生為背景。如今，他們把那個標誌用於清掃街道……撿塑膠垃圾的工作。我為全民聯汗顏。」

最後，他和幾個全民聯同志見面。他們討論局勢現狀。他們探討接下來往哪走。他們五月六日之前不去辦公室，而是在他們其中一人的家悄悄開會。

接下來，他們將宣布自立政黨。翁山蘇姬仍將是他們的領袖，至少是名義上的。他希望她獲得釋放時，她也會實際上加入他們。

每天跟蹤他的特務，已經從固定位置消失。合理解釋只有一個：欽貌瑞已同意按照軍政府的遊戲規則玩。

這是唯一的辦法。

## 二〇一〇年四月二十五日

阿偉咒罵自己大白天拜訪爺爺。

他那天晚上和最好的朋友亞瑟有約，要在仰光遙遠的另一端見面，但職責為重。黨只剩下十三天。到亞瑟位於市區的公寓沖冷水澡的美夢——至少，在權充浴室的水槽旁潑個水——不必再想了。天氣炎熱，他和諾布揚過去三小時擠公車，前往或許能便宜修理另一成員手機的手機行。他們的身體又黏又髒。四十二街附近前一天開始停水，即使奇蹟使那一帶的自來水突然恢復供應，亞瑟到遙遠的蘭達雅郊區看媽媽，而阿偉沒有他公寓的鑰匙。

況且，他們沒有理由認為，爺爺位於揚金的住家附近不論有什麼特務，看到他們的服裝後會把他們當成全民聯青年黨員。拜訪長者的年輕人很少穿龐克裝，不甩服裝禮儀：諾布揚穿牛仔褲，阿偉則穿招牌工作褲、搖滾樂團T恤，而且——造型最特別的是——剛剪了不對稱髮型，朋友形容他的髮型像「同志」，讓他不高興。

不過幾天前，盾迭傳來消息說，兩名誰也不認得的男子在他母親住處附近徘徊，打聽他的下落。後來，他照鏡子端詳自己。鏡中人的顴骨比他記得的更突出，眼眶凹陷、眼球充滿血絲。他的下巴有一道輕微疤痕。擋住陽光不曬到頸背的馬尾一撮撮垂掛，油膩膩的。也許，遊民式生活型態終究還是造成影響。過去一年來，他主要依賴尼古丁和壓力荷爾蒙過日子。睡覺是死人做的事。他看起來邋遢、憔悴，皮膚不再光滑，雖然他每天洗澡後仔細擦檀娜卡霜。他變醜陋。沒有別的形容詞。

其實，他已坦然面對容貌黯淡的現實。他偶爾會被說成嘎拉（kalar），一個汙辱顯然有印度血統人士的貶意詞，或被指為穆斯林羅興雅人或更廣義的穆斯林。剛組成全民聯十名年輕人小組時，這個緊密小圈圈的成員就以嘎拉當作他的綽號，就像感情好的手足間互相挖苦般嘲笑；他們每個人都難逃被取綽號嘲弄的待遇。最近，他的黯沉膚色已經變成優勢，讓他更容易混入不同的少數民族群體。即便在全民有共同目標、在都市內和平共存的時期，信奉少數民族宗教的人，尤其是穆斯林，對於占多數的佛教徒的隱藏敵意異常敏感。

當局在他家鄉打探他的消息，可能只是例行的騷擾行動。他最好不要對警告掉以輕心，因為他身負叔叔委託的重任。當局調查他，連同他每星期換兩次衣服的消息傳給波波。阿偉知道，她像活動天線一樣吸引告密者。不過，她受到跟蹤的可能性一直存在。因此，他強迫自己剪髮，走進奧林匹克大樓一家美髮店；裡面的美髮師剛好擅長把濃黑長髮打造成摩霍克（mohawk）和死亡金屬風格造型。

他只說：「我要新造型。」接著閉上眼睛，假裝沉思。

他喜歡自己的頭髮，而且喜歡留長。他在母親鼓勵下留到長髮披肩，剛好可以彌補五官。他一年前把頭髮染紅，當時他回到仰光，為了躲避追查，不得不改變外型，他早就不喜歡受損的髮質。現在，他的長髮全部、或者應該說部分落地，其餘用大量髮膠固定成向左彎。在稜角分明的五官襯托下，新髮型造成的效果不太文雅。即便他自己也覺得有點搖滾小子的味道。但至少這會讓他拉近和華埠開發的那群龐克族的距離。

阿偉和諾布揚當天前往爺爺家途中，兩人的一切散發有錢龐克族的味道：白天虛耗在電玩店，天黑之後到夜店，滿腦子是卡拉OK伴唱女孩和四號的威力；四號指海洛因，不是軍政府第四號人物——總理登盛。

他們轉彎經過花店，進入爺爺住的那條街，看見三輛摩托車。在仰光，摩托車向來是機動國家特務的象徵。三名特務紋風不動，但諾布揚可以發誓，他和阿偉轉九十度進入爺爺宅邸時，其中一名特務往前跳。

結果證明，走這趟值得。「我們必須把水壩堵起來，」爺爺表示，他並解釋，必須阻止黨的裂縫擴大。阿偉和諾布揚剛告訴爺爺他們最新的小組活動，說他們的才能和責任分布在沒有領袖的核心內，包括波波和她姐妹、尼哲以及阿偉剛發現的一位聰明年輕文學教授。很好，很好，爺爺點頭說。繼續努力。

溫丁老師認為局勢是：欽貌瑞和夥伴正忙著挑選全民聯原有黨員，加入必定會分裂出去的新政黨。對於其他人而言，要把進行中的事完成。他們暫時繼續朝轉型為社會運動邁進，成立各種創意十足的計畫或委員會，從不同角度加強施壓當局。

在公開場合，他們除了繼續說會投入有益社會的措施，例如環境整頓，其他不多說。在此同時，他和其餘叔叔們將利用所剩無幾的時間，走訪四、五十個城鎮，挑選最適當人選，以領導策略協調的小組、杯葛運動、法律扶助、政治犯家屬協助工作、愛滋病防治工作部門，以及其他任何似乎適合取代軍方主導的政府、以社會為考量的選項。有些議題很久前就受到全民聯黨員關注。但是，他們現在能以半地下組織的方式處理議題。要訣是保持足夠聯繫，但沒有層級組織架構和總部綁手綁腳；總部或許就像霓虹燈，會為當局指引他們比較隱匿的政治目的。

這個構想呼應一位名叫伊凡（Ivan）的波蘭策略家，在十二月底寄給叔叔們的策略文件。阿偉剛接到伊凡的後續郵件。信中內容長篇大論，評論全民聯五月六日解散後的選項。伊凡指出，全民聯的情況和波蘭實施戒嚴後、反共產政權的團結工聯被迫解散的情況非常類似。伊凡寫道，團結工聯找到轉型模式，更深入社會，成員人數一度多達波蘭全體勞工的三分之一。他們有些計畫是公開、透明的，但有更多是祕密進行。伊凡在信中說：「我知道，有人建議轉型為人權組織，申請合法註冊。這不切實際，而且綠衣幫——國防軍——不會同意。」他的建議極富創意，而且合適得出人意表。

因此，阿偉和諾布揚向爺爺自告奮勇組成青年委員會，專長是運用科技。他們擅長搜尋。在沒有領袖或中央辦公室的情況下工作，正是成功展開地下工作的祕訣。他們肩負重任的時候會來臨。爺爺認同，他們最後會舉足輕重。

相信溫丁老師會跳脫框架思考。計畫似乎正是國家需要的——震撼體制。兩名年輕人欣喜若狂，跪下來叩首敬重地向老人家告別。到蘭達雅和行動自由的小組榮譽成員亞瑟商量的時候到了；諾布揚的父母幾年前發現他加入全民聯，而把他掃地出門，剛好由亞瑟的母親收容。

阿偉和諾布揚奉命把溫丁最新的處方藥單印出來，準備離開的時候，翁吉愛叔叔走了進來，他是全民聯執委會和所謂「四人幫」成員。他後面跟了兩名年輕人，他們穿著全民聯制服，也就是克欽族龍吉和漿燙過的襯衫。很難想像，重要政治人物突然出現在溫丁家，不會讓機動特務警覺他們在開正式會議。翁吉愛在某些圈子幾乎和爺爺一樣，長相被很多人認得。他獨自行動時必定被跟蹤。

沒關係。宅邸有道側門。

他們推開門。

一名男子等在那裡，照相機早準備好。

——閃光燈一閃——

阿偉迅速舉手遮住眼睛。諾布揚剛好眨眼。他的大頭照已經被記錄下來，走出全民聯資深軍師的家時拍到的。

他們壓低頭，不發一語，快速沿著街道跑，經過茶館，經過花店，跑向揚金岔路口。後面傳來摩托車催油門的聲音。第一輛超越他們的摩托車急轉彎停下，擋住他們的去路。一台相機舉起來。那名男子把相機對準阿偉遮住的臉。

「你幹嘛要拍我？」

「因為這是我的工作。」

「亂講，這裡不是你拍我照片的地方。這裡是公共場所。因此，你要拍我的話，必須得到我的同意。我可沒同意讓你拍。」

他不等對方回答。他舉手遮著臉，繞過摩托車，繼續奔跑，諾布揚同樣快跑。危急場面促使他們變百米衝刺。他們跑到了路口。左邊有一輛計程車緩緩駛向他們。他們舉手招呼，計程車靠路邊減速，他們擠了上去。

「揚金中心！」阿偉大聲告訴司機。他們在後座放低身體。心跳加速。七、八輛摩托車鑽車緊跟在後。計程車開過一個轉角。

他發簡訊給一個朋友。

「正在跑路。」

計程車開進購物中心旁的車道。他們跳下車，飛奔上階梯到購物中心入口，在金屬偵測門和警衛前面停下來；警衛檢查顧客手提包，並揮動偵測棒掃描他們可能沒有能力發現的炸彈。

他們右側是超市，左側是麵包店；前方不遠處是電扶梯，擠滿要上二樓的客人。在眼花撩亂的專櫃和走廊之中，必定有別的出口。他們往前跑，硬擠上電扶梯，進去一家商店，走過一排排鞋子、皮包和T恤。

媽的。

死路一條。

他們轉過身，衝回購物中心主要走廊交叉口，夾腳拖在人造大理石地板上發出尖銳摩擦聲。他們的目光掃向電扶梯上方，再回到平面，繞過密集成群手牽手的女孩，跑進一家咖啡店。諾布揚指著他看到的洗手間，在正右方的書店和韓國餐廳之間。他們急忙衝過去，找到樓梯，飛奔連下兩層樓，用力推開的門在他們後方開開闔闔；他們在另一道沒有窗戶的厚重鐵門前暫停，用力壓下把手，走出室外，站在購物中心旁的街道。

毫無動靜。水溝裡有成排的垃圾。一名駝背老人推著貼滿彩券的推車。

這不是城裡的新開幕購物中心之一首度讓他們上演失蹤戲碼。現代化有它的好處。

他們喘得像狗——兩人都是菸槍——沿著路跑，祈禱能再遇到一輛免費計程車。有輛計程車停下來，他們手忙腳亂地上車，要司機開到公車站。

阿偉又傳了一則簡訊。

「還在逃。」

朋友的回覆提到隨時待命。我會盡力幫忙。

「謝謝，我可能用得上。」

他們接近車站時，把車資丟給司機，然後跳上下一班公車。沒有看到半輛摩托車。

他再度發簡訊：「我們上公車了。」

諾布揚轉向阿偉。他現在也必須考慮改變自己的外型。

**二〇一〇年五月六日**

全民聯身為合法政黨的最後一天，韓達明叔叔掏出一串鑰匙，拿到眼前，找到正確那支，然後打開辦公室的鐵捲門，正如他每天早上那樣。他並不心煩意亂。有什麼好大驚小怪，好像他們之中有任何人要放棄。

人們在九、十點之前開始湧入。人數增加到一百、一百五十。有人哭了起來。其他人開始唱歌。

地球永遠不會改變
我們不會忘記你的奉獻
這是歷史，用我們的鮮血撰寫
革命，為民主戰爭犧牲的人們

啊，英雄們
烈士們居住的國度
翁山先生，歷史如此無禮
啊，我的爺爺

那是一首陳年革命歌曲。

紀念某人某事、遭到重創的時候，辦公室裡的人總是會唱歌。二〇〇〇年，當局在仰光火車站掃蕩為阿姨送行的群眾之後，阿偉也唱過。他被塞進警用卡車的後面，可是他隨即跳下車，緊抓著一個朋友的手。他們跳下橋，在跳車處附近的鐵軌過夜，最後成功穿越市區回到辦公室。他們發現另一個漏網之魚，對方正在突襲行動中留下的混亂場地和散落資料中翻找。他們全部可能立即遭到逮捕，唯一的選擇是流落街頭——孤獨無靠。在這個時期，除了唱歌，還有什麼選擇？

韓達明叔叔最近希望彙整全民聯黨史。他尋找二〇〇三年之前的檔案，可是一無所獲。資料保存最完整的黨員已經往生。韓達明追查到他在新加坡的兒子，可是資料已經不見了。

爺爺忙著在他的監獄回憶錄上簽名。全民聯合法存在的最後一天，他只打算親自見證歷史。然而，民眾絡繹不絕地拿著筆和盜版的回憶錄找他簽名。《那是什麼？人間地獄》記錄他在獄中的七千零二十個日子，走私給湄索的政治犯扶助協會，在不到兩個月前他八十大壽當天出版。這本書已利用老辦法在國內流傳，民眾用白紙或包裝紙將影印本包起來傳閱。最令人驚喜的是，民眾也找到法子避過網路檢查，從網路下載。

不過，今天是全民聯及其歷史的大日子。溫丁一九八八年寫了一本日記。他把日記託付給一位好友，但對方擔心自己即將被捕或遭到搜索，認為最好把日記藏在最安全的地方——翁山蘇姬的家。因此，她的財物後來遭到搜索時，爺爺的日記也消失了。

到頭來，把歷史大事記在腦海裡比較合適。韓達明本身的記憶被故意打亂，好像甚至他的腦袋也曾遭到突襲搜索。他只短暫待在政治犯拘留中心，但後果一樣。他是知名共產黨員的兒子，一九九〇年告訴妻子，他對民主政治和民主奮鬥本身的新興趣只會持續三年左右。接下來，他會重返工程領域。

如今，過了二十年，他在這裡見證一個結束，同時在他認識的年輕民運分子身上培育另一個開始。

沒有人能夠斷言，接下來會如何發展。選舉過後，軍方會繼續統治。不過，統治方式會改變。韓達明預見，由於權力分散給二〇一〇年選舉後出現的新國會，局面將會混亂，指揮系統不復見。這意謂在互相競爭的新勢力島嶼之間，會有一些政治空間。這是人的本質，是權力的本質。正如爺爺告訴每個人的說法，他們會找到辦法。

他們已經整理好資料準備清空。但最後一天來臨時，T爺爺丁吳發表長篇演說，顯示有不同的策略。他說，總部會繼續每天開門。歡迎大家進來坐，毫無限制。在政府拿槍逼他們關門之前，他們不會離開，不會拆招牌。

因此，沒有半張海報從牆上撕下來，沒有半個老舊熱水瓶移走。牛棚從未如此受到熱愛。

即使是凌亂的場地也保持原狀。

The Rebel of Rangoon

# 諸王之城 City of Kings

他們不能對外承認他們是全民聯的外圍組織，更不能承認他們和阿姨有直接聯繫。阿偉把這個地方叫做「奈比多」，意思是「諸王之城」。他很喜歡這個代號，而且用新首都的名字來命名公寓，還有混淆視聽的效果，讓竊聽的人摸不著頭腦。外界以為緬甸在蛻變中。但持續抗爭的真正壕溝位於貧民窟、窮鄉僻壤，在草根，在窮到不敢賭上一切、太匱乏而不知如何抵抗的民眾……

## 二〇一一年五月

有人忘了關好前門。

雖然只開了一條縫隙，但外面電梯井的穿堂風還是把門吹開，電梯口另一側的鄰居、上下樓層的人都可以聽到屋裡人聲吵雜。

其他人都在說說笑笑，邊把飯盒裡的飯粒扒乾淨。有個男生撥弄麥納斯（Minus）的吉他。其他人好像都漫不經心，更糟糕的是，根本沒有人注意到大門沒關緊。

波波俐落地起身，從房間另一頭走去把門關好，為了保險起見，連鎖鏈也扣上，還不放心地從貓眼觀察門外情況。確定沒事後，她才鬆了一口氣，走回房間那頭原來的角落坐下。她把下巴架在曲起的膝蓋，重新研讀她的筆記，但馬上又抬起頭來，眼光冒火地狠狠瞪了最後進來的年輕男子一眼，對方卻渾然不覺。

他們都太掉以輕心了。熱情有餘，真心奉獻，卻沒有意識到小小的疏忽，就可能釀成嚴重後果。不知道提醒過他們多少次，抵達和離開的時候都要錯開時間，每次搭電梯最多只能兩、三個人一起。至少他們還能夠理解，不能讓任何人懷疑他們經常聚會。他們隸屬於一個地下監選團體的延伸網路，去年剛剛成立。他們不能招惹任何人的注意，就算是門口那個除了起身到水溝邊尿尿，屁股總是黏在藤墊上、滿口檳榔汁的老警衛，也不能讓他起疑。

她一定得提醒阿偉。

他在客廳和臥室間踱步，一手拿著手機講電話，另一手夾著香菸。他是好老師，以自己的標準嚴守紀律，而且反應敏捷，有如蠑螈。波波從小就敬佩他，但他有時候太縱容大家了。他有太多事情要煩，有時難免發火，有違他的一貫作風。她大概猜得出來，他的壓力和隨時不離身的黑色電腦包有關。隨著日子過去，他越來越少講話，儘管他越來越仰賴她和其他「乾姐妹」——她姐妹阿佳、白雪——的意見。

其他人都這麼年輕，但說實在，只比她小個四、五歲。絕對不會比白雪年紀小，也不會比白雪備受呵護，但她光用左腳小拇趾思考，就強過這些人。阿姨終於解除軟禁，他們已經出現似乎生在不同年代的差異。他們當中的晶晶（Zin Zin）最近剛把頭髮挑染成紅色，害得念工科的她被停學，她正比手畫腳地不知道在說什麼，逗得傻丫頭安吉麗（Angelay）咯咯傻笑，有時擔任電腦老師的「韓國妞」也嗤嗤笑個不停；韓國妞並非韓國人，是因為皮膚白皙而有此綽號。

有個年輕人長相異常蒼老，臉部線條有稜有角，因而獲得「教授」稱號，讀書會結束後，窩在唯一一把扶手椅上，有時清醒有時打盹。

諾貝兒（Nobelle）正在筆記本上振筆疾書，她的裝扮一向前衛，今天走的是「洋妞」都會酷風。她是全民聯區域主管的女兒，比其他二線成員來得嚴肅，不喜歡跟其他人坐在一起。阿偉對她的培訓特別用心，喜歡開玩笑說她是辦公室的小跟班，會爬的時候就跟在叔叔們的腳跟後汪汪叫。她的小名「諾貝兒」是父母取的，因為生於一九九一年，適逢阿姨獲得諾貝爾和平獎。波波有時候覺得，光是背負這個名字，可能就讓她比一般人更不敢造次。

波波也對麥納斯期望較高。他六個月前奉派到馬來西亞學習網路加密技術，當時距離全國大選只有幾天，一週後阿姨獲釋。學成回來，麥納斯有如抗爭老手較穩重沉默，並帶回加密設備，讓他們的敏感資料受到保護。雖然他標新立異地留著及腰長髮，打扮像地下搖滾樂手，又瘦又扁的身材像條口香糖，麥納斯卻和阿佳一樣，有本事融入背景，讓人忘了他的存在。他有一項攸關安全的特長，像扁蝨一樣閃得快。

忘了關門的罪魁禍首是翁都亞樸（Aung Thura Phyu），他才十六歲左右，把頭靠在牆上，抱著麥納斯的吉他撥弄，嘴角掛著微笑，渾然不知自己犯了大忌。他怎麼會不知道忘了關大門可能造成的危險？他真的不了解隱匿行蹤的必要性，以及粗心大意可能帶來的後果嗎？

難道沒有人了解嚴重性嗎？

想到這裡就讓人忐忑不安。奇怪的是，她也想起最好的朋友多多——那麼堅強、那麼投入。但她已消失。波波盡力不去批判他們。大家都是來這裡學習的，他們十來個「第二線」成員。阿偉和尼哲為他們設計的課程，包括一般的讀書討論及緬甸文課程，研究傳統的正式文言文。此外還有單堂講座，由阿偉安排阿姨和辦公室的貴賓主講。自從阿姨獲釋以來，外國人紛紛湧至緬甸拜會她。

第二線成員的任務，是把學到的知識擴散到地方社區，傳授知識的同時，宣導非暴力不合作主義的觀念。至於如何執行，就各憑本事。有些人組織讀書會，有些人教授基礎英語和基礎電腦知識，「教授」發起清掃佛塔服務，另外還有人組成協助孤兒院的義工團。他們鼓勵民眾捐血，妥善分配用水。社會工作本來就是善事，更是從事政治顛覆活動的最佳掩護。

他們不能對外承認他們是全民聯的外圍組織，更不能承認他們和阿姨有直接聯繫。現在她的一舉一動都受到世界矚目，所以當局暫時不能動她分毫，但對全民聯就不會如此投鼠忌器。自從決定抵制二〇一〇年選舉，全民聯就遊走在法律邊緣。

他們未來都要到全民聯辦的免費學校授課。在阿姨加持下，市內各區八所免費學校的學生人數，在短短數週內由五十人暴增到八百人。其中包括阿偉和父母為北歐格拉貝兒童經營多年的學校。

波波一向抱著以天下興亡為己任的胸懷，看事情總是帶著些許悲觀的眼光。她不輕易展露笑容，也不像其他女孩那樣努力培養女性魅力。她推想，阿偉和尼哲把每個人納入麾下，自有他們所看重的個人特質。

不過，大家如此漫不經心，不但讓他們的目標顯得更加遙不可及，更辜負了前輩的犧牲。

多多現在應該已經二十三歲了，她被判刑二十七年，身繫囹圄才剛滿半年。父母發現她是全民聯活躍分子後，在國營報紙登報宣布和她斷絕親子關係，有段時間她仰賴朋友接濟，一個又一個。王宮也派上用場，他們長久以來的安全藏匿所，就在相隔一條街的地方。她四處打探不用放棄理念的工作，最後因為阿偉牽線進入《緬甸民主之聲》。她對報導工作如魚得水。誰不想看到自己的行動立竿見影，而不是像波波以文火慢燉的耐心，等待教育潛移默化的廣泛效果慢慢展現？

後來，多多前往湄索接受《緬甸民主之聲》訓練，回來之後馬上一頭栽入敏感題材。袈裟革命遭到鎮壓兩週年紀念的時候，她到抗議地點木各具。她已改變很多，現在的她天不怕地不怕，接近狂妄。波波不以為然，阿偉也有同感。波波也被阿偉派到湄索接受非暴力策略行動的短期訓練，結果反而讓神經繃得更緊。波波雖然對多多既敬且愛，但她覺得公然拿著錄影器材招搖並非明智之舉。官方二〇〇七年之後的鎮壓越來越心狠手辣，她這樣實在太瞻前不顧後了。

可是，多多很勇敢。波波時常暗自思忖，如果碰到火爆衝突，她自己是否也能屹立不搖。而且多多還這麼年輕！又年輕又勇敢，原本來日方長，卻這樣毀於一旦。

波波忽然一陣心酸，眼淚就要奪眶而出，她馬上躲到廚房，希望今天自來水供應正常，至少讓她有點水能沖沖臉。

「嗨！波波！」阿偉不知道什麼時候來到她背後。

波波深深吸了一口氣，努力眨眼——把眼淚吞回去。臉上沒有一絲淚痕，但心裡卻壓抑不住思念朋友的哀傷。她轉過身，擠出微笑。

阿偉問：「等一下其他人走了，你能不能多留一會？」這句話其實不是詢問，而是指示。「還是你要馬上回盾迭？我有事要告訴你。」

❦

阿偉把菸蒂塞進一個塑膠瓶瓶口，這不知是他今天第八根或第十五根香菸。他從廚房轉身，觀察公寓裡的情況，這裡比王宮寬敞，樓下入口人潮比較熱鬧，是相對理想的藏身地點。他把這個地方叫做「奈比多」，意思是「諸王之城」。

他很喜歡這個代號，而且用新首都的名字來命名公寓，還有混淆視聽的效果，讓竊聽的人摸不著頭腦。

他也喜歡第二線成員在讀書小組活動結束後流連不去，這樣有助他們拉近距離，但結果大家往往說長道短，有失本意。

果不其然，晶晶是主角，占據了舞台右側。阿偉和尼哲看中她的自信滿滿，所以挑選她加入。她活力洋溢，很自然地吸引其他人圍繞在身邊，人氣令人嘆為觀止。不過短短三個月，她就招攬了三名大學生、兩名公司職員、一名公務員加入阿偉的讀書小組——從社會各階層吸引來的新血，可望吸引加入反抗活動。

阿偉和尼哲旗下的第二線成員各有所長，麥納斯忠誠而低調，可以好幾個鐘頭不發一語，然後突然冒出一串連珠砲，顯示他的腦子像電路板跑個不停。而且他是穆斯林，帶來不同觀點，可把觸角伸向僅占四%的少數人口；以佛教徒為主的全民聯，被批評未適當代表穆斯林意見，阿偉覺得並非無的放矢。而且他還能教人彈吉他，這是好事，因為阿偉的吉他只能閒置在那裡蒙灰，他沒事時會調弄琴弦，如果能把噪音變得悅耳些就太好了。

從尼哲英文班挖來的諾貝兒顯然是人才。她認真勤奮，不怕發問，而且很有見地。她剛從大學畢業，學歷在這個圈子裡是鳳毛麟角，更難得的是成績優異。相貌平凡不惹人注意固然好，但美貌只會更加分。阿偉喜歡自我安慰地說，諾貝兒相貌神似他移民澳洲的表妹。諾貝兒絕對能讓男人心跳暫停。

另外，當然就是波波了。多半時候她都能忍辱負重，她靠自修成功，忠誠負責任，不難想見她可以成為組織的第二號指揮官。他們家三姐妹：波波、阿佳和白雪，從小就精明聰慧。她們的父母是盾迭兢兢業業的公務員，幾乎把養育她們的事都丟給一位有愛心的鄰居。她們不像在仰光招募的青年那麼好命，那些人多半是專業人士的子女，而且往往是備受呵護的獨生子。除了偷偷溜出去參加政治活動，她們的空閒時間每分每秒都待在盾迭，乖乖地幫忙經營家裡的麵店，不然就忙著照顧親戚的年幼子女和祖父母。她們甚至代替阿偉盡孝道，幫阿偉四兄弟照顧母親。

鄉下女孩的命運就是這樣，阿偉也無能為力，但他對她們總是傾囊相授。年紀和阿偉最接近的阿佳，幾年前瞞著自己的阿姨，假裝通車念大學。其實，她是拿辦公室獎學金到美國中心上課。白雪即將從法學院畢業。阿偉有時候奉爺爺之命，從事風險較高的活動時，常靠白雪掩護，一方面因為白雪反應機敏，但主要是因為她長得像中國人。在當局的偏狹觀念裡，這代表有錢有勢，所以得罪不得。她實習時展現法律天分，也引起全民聯律師奈溫叔叔的注意。

在家排行老二的波波，已經拿到經濟學學位，她每天清晨五點半起床，搭兩個鐘頭的車到衛星大學上課；軍政府成立衛星大學的目的，是要讓學生分散各處，防止他們結黨結派。波波喜歡開玩笑說，她的學士學位其實是諷刺文學，因為她的教科書是典型的政府樣板文宣，一本正經地寫些讓人啼笑皆非的話，例如：「制裁打開經濟局面」，她由盜版光碟學到的東西，還比正規課本來得多。

為了讓她了解什麼是真正的教育，阿偉帶她到美國中心，跟著他最愛的老師艾莉絲學英文。波波沉默寡歡，艾莉絲從來沒辦法了解她真正想些什麼。但這個女孩吸收了全部的上課內容。阿偉最近把第二線成員的文章呈給阿姨看，以證明他們的教育成果。阿姨對其他文章都是一掃而過，但看到一篇文意順暢且鞭辟入裡的文章，停下來問道，這篇用粗鉛筆寫的文章「是誰寫的？」

阿偉回答：「波波。」語調難掩得意之情。

阿偉為旗下網路招募新血全憑直覺。他會跑到尼哲課堂上，坐在最後一排假裝聽課，然後突然發出驚人之語，觀察哪個學生會接招。阿偉和尼哲兩個人四隻眼睛合作，他們覺得這樣的挑選方式比較民主。

阿偉喜歡把他的小組想像成全民聯的祕密青年網絡，只是沒有確定的名稱。目前還是保持機動比較安全。隱姓埋名有它的道理，揚名立萬也有原因。最近的最佳範例是「浪潮世代」。這個組織由四個朋友在袈裟革命之後創辦，成員限定三十五歲以下，在當地活動分子的心目中分量舉足輕重。二〇〇八年二月，他們在仰光各地展開一場塗鴉和貼海報運動，強打「換新政」（Change New Government）的三字口號。沒有人會把簡寫CNG誤認為是「國家壓縮天然氣公司」（Compressed National Gas）。「浪潮世代」成員決定以後的活動——實際上有好幾次——打出他們的標誌：模板印刷的紅色拳頭圖案。他們師法塞爾維亞學生運動組織「Otpor！」，即推翻塞國獨裁者米洛塞維奇（Slobodan Milosevic）的組織。

紅拳標誌讓他們醒目好辨識，非常容易模仿，而且不必仰賴單一領袖，只須有人挺身上前。換新政運動是民運分子最大膽的正面攻擊，手法高明，讓他們成為流亡媒體的寵兒。不過短短一個月，這個團體就被滲透，成員家裡遭到突襲搜索，將近半數的成員被捕，包括兩位創辦人。反抗分子推測，他們行藏敗露要歸咎於一隻手機。

阿偉和尼哲先前組織網絡時刻意保密，避免組織集中，部分原因就是為了避免這種缺點。但最新的組織需要基地，而且經費需求越來越大。這意謂他們必須有明確定位才能吸引捐款人慷慨解囊。波波建議，何不明為社會組織、暗為政治團體，定名「同舟會」（Togetherness）。

對阿偉來說，同舟會又變成另一份全職工作，他的其他全職工作，包括為至少兩位叔叔、一位爺爺處理大小事務，現在又加上阿姨的事。他的主要工作包括處理數起突發的小糾紛；護送女孩，也就是要和女孩們的家長溝通；或者督促男孩，因為他們做事老是容易心不在焉。他比較喜歡女孩，她們做事勤奮，服從命令，不會口頭上說「是」，實際上卻對他說的話大打折扣。

她們也受到傳統的桎梏，下午五點就得回家，結婚前得跟父母同住。昨天他就花了一個下午的時間，再三向「韓國妞」的媽媽保證，她的女兒不會跟人私奔。晚上又大費唇舌說服安吉麗過幾天蹺課一天（只要一天就好），以陪伴她年邁的祖母。她祖母打電話給阿偉說，她要從安達曼海邊的勃生進城來，阿偉老師是不是能讓她放個假，祖孫在巴士站見個面？

安吉麗卻不肯。阿偉和尼哲當晚在「金烏鴉」酒吧喝啤酒時忍不住抱怨，「她也未免太極端了」，酒吧擠滿了買醉的男人。他的黑色電腦包穩穩地放在腳下，「她來仰光一整年了，除了上課就是教書。缺一堂課有什麼關係？我們可以找人代課。再怎麼說，家人還是很重要的。」

尼哲搖搖頭，心裡琢磨更重要的問題，而不是某個年輕女性耍個性。他重視責任感，但覺得應該從大處著眼。他順口回答說：「個人生活不應該和政治攪在一起。」

他的回答有些刺耳，好像另有所指。他意圖試探什麼。

五杯啤酒下肚的阿偉，已經坐在位子上昏昏欲睡，不想理會他的話。

⁂

阿偉現在很少有時間獨處。一年前單打獨鬥的「個體戶」式抗爭，有如一場怪誕的夢境。

事後回想起來，當時他有思考的空間，可以鑽牛角尖。有時候，他甚至會懷疑到底所為何來。

現在有自己的床墊可以睡，有屋頂可以遮風避雨很好，但他很少有時間能一次連續睡四個小時。

二〇〇九年五月逃出盾迭後，他有好幾個月的時間流浪街頭。實在抵不住睡神的呼喚時，就跑到網咖小憩。有一段時間，他和某家網咖的老闆講好，只要他不連續兩晚過夜，就可以在凌晨二點打烊後留下來，有時甚至可以待到天亮。可惜網咖老闆後來搬到城市的另一邊。阿偉從此由一家網咖流浪到另一家網咖，最多只允許自己坐著打一兩個小時的瞌睡。他絕對不趴倒在桌子上，至於是否每次都做得到就很難說了。只有脖子的感覺能告訴他，枕頭到底是椅子還是鍵盤。

只靠幾根香菸和一罐中國進口的Dragon汽泡飲料，他有時能在網上漫遊到天亮。只是，不一定每次都有這種能量飲料可喝，因為一罐要三、四千緬幣，相當於四美元。網咖雖非旅館，但至少有電力供應。午夜過後，軍政府的官僚下班，他可以放心地進行他的工作，不受打擾，大展一心多用的功夫。

流亡人士如果不是遠在另一時區正在書桌前努力，不然就是在邊界的另一側，往往也和他一樣有失眠的問題。他一面構思文章草稿，一面打開六個Gchat視窗以一對六對話。他旗下有幾位成員就是這樣招募來的，例如安吉麗原本是他廣發電子郵件亂槍打鳥的對象之一。她落入好奇的陷阱回信，因此上鈎。每當聊到重要關鍵，他就會寄上一本電子書給新朋友，通常是以印度貧民窟為背景的短篇故事。如果對方看了書，並參與討論書中的貧窮和不公義情況，他就知道可能找到新成員。

因為間諜軟體可能攔截到傳輸中的訊息，有時他會和少數特定人士分享電子郵件帳號密碼，透過「草稿」資料匣交換最敏感的訊息。他保留了一個信箱，做為和高階政治人物、聯合國官員、外國「朋友」通訊之用，或是不能透過info@黨信箱正規管道提出的要求。

網咖打烊後他轉往茶室。他其實只需要一張小小的塑膠椅。這樣的生活讓他結交到夜生活社會，有心懷不滿的青年，也有夢想成為搖滾樂手的明日之星，彈奏著絕對無法通過政府審查的地下歌曲。

孤獨一人、又想睡覺，他試過去夜總會，心想也許可以找一個陰暗的角落，塞住耳朵不受音樂打擾打個盹。但夜總會裡的人從事曖昧交易，讓他的道德感激烈震盪。他討厭看到女性被迫犧牲尊嚴，換取遠超過工廠和其他非技術工作所能獲得的酬勞。他更看不慣上夜總會的年輕男子。如果換做比較安靜的場合，他也許會嘗試吸收他們為國家效力。但這些家境富裕的新生代或都市族群，絲毫沒有公民意識和責任感，甚至根本麻木不仁，這才真正讓他火冒三丈。

他並不怪他們。這種現象徹底顯示，他和同志們太失敗了。他從來沒有感受過如此失落，對自己的無能感到難以言傳的坐立難安。他們有什麼成績可以示人？如果永遠無法成功怎麼辦？夜復一夜，他只能告訴自己，這種感覺終究會過去的，就像世間所有的現象。所謂的自我，在佛教徒的信念裡是無我，個人成敗頓時微不足道，苦難（dukkha）本是人生常態。

他不斷告訴自己，要放下。因為他個人的真正感受有何緊要？

他常常用一位叔叔說的老故事來安慰自己，這位叔叔有一次和他一樣情緒低落，就講述了這個海星的故事。有一個人致力拯救退潮時困在沙灘上的海星，他不斷把海星撿起來丟回大海，海浪又不斷地把牠們沖上沙灘。可是，這個人站在海邊不斷地把海星丟回去，他並沒有發瘋，而是認為每一隻海星的生命都值得拯救。

亞瑟了解無力回天的感覺。

流浪街頭的歲月後期，每當天色微明，小販開始在街頭擺攤時，阿偉就前往四十一街好朋友亞瑟的公寓。

亞瑟十一歲那年遭逢丕變，他和永盛區的鄰居接到通知，限期三天內搬遷，只能帶著拿得動的隨身物品，被軍方卡車強制送到一處泥濘野地，也就是後來的蘭達雅。他眼看母親失去一切：他們的家園，以及賴以為生的小雜貨店，父母離異、父親接著亡故後，全家就靠這間小店餬口。野地裡沒有學校、沒有診所、當然更沒有電力供應。每一戶人家分配到一小塊土地落腳，各家都在自家土地邊插旗做為標誌，以免天黑的時候，由河對岸下班或放學回來時找不到自己的家。他姊姊是早期的全民聯成員，亞瑟一九九〇年代年紀還小時，常為姊姊跑腿傳遞祕密訊息，十分恐懼但也對冒險行動著迷。一九九六年的短暫學生抗議活動中，他曾和一群高中同學在戶外廁所寫標語，這種行為刺激，但起不了什麼作用。

經過九〇年代中期的掃蕩後，全民聯在一九九八年到他的家鄉招募青年，他戰戰兢兢地第一次來到辦公室。此後，亞瑟是阿偉唯一能完全信任的人。但自從亞瑟決定結婚以後，兩人沒有說過半句話。對阿偉而言，亞瑟是最頂尖、最聰明的人，比他自己更重要。阿姨十分疼愛亞瑟，他們經常一起在阿姨的住處守夜，可說是一起在阿姨的呵護下長大。

但婚姻讓他偏離抗爭之路。

經過幾個月的流浪街頭歲月，阿偉盼望再和亞瑟談一談，也希望有水能盥洗，因此放棄不和他說話的想法。

說實話，兩人約定不談情說愛時，亞瑟和阿偉一樣認真，但生命難料，愛情更不可測。他終於熬到大學畢業，長大成熟。他很快就看穿阿偉一再來借浴室，其實只是藉口。於是亞瑟告訴阿偉，家門永遠為他敞開。阿偉衷心感激，對摯友俯首稱謝。

有時候心血來潮，阿偉也會幻想自己找到真愛。他幻想床單半掩的玲瓏曲線，兩人可以一起偷得浮生半日閒、共度黃金歲月，他可以停歇腳步、放下一切。當雨季來臨時，他會爬上紫檀木為她摘下新年的第一朵鮮花，而她會把鮮花插在髮際，就像阿姨那樣。

但是愛一個女孩，他知道自己應該這麼做，必須能保護她的安全。要保護她，就必須娶她。他要拿什麼來養活妻小？就算她是同道中人，同樣出身黨內，依然問題重重。如果他被捕下獄，誰來幫他送牢飯？這樣的問題未免太無聊，他會啞然失笑地把這些念頭拋諸腦後，好像身上的小傷疤般不值一顧。他已經選擇了自己要走的道路。

投靠亞瑟，他一定等到清晨六點以後才會登門，一方面是預防官方臨檢，另一方面是和一對新婚夫婦共處狹小的空間，必須慎防造成彼此尷尬。他像飛蛾一樣悄無聲息地進門，脫下夾腳拖鞋，掃光小圓桌上昨晚的剩菜剩飯，然後把桌子推到牆邊，在客廳塵埃滿布的塑膠地板上打地鋪，攤平數個小時。在電話鈴聲開始響起之前，他大概可以小睡一兩個鐘頭，一旦天色微明，全國各地十來位組織網成員，就會根據他的命令打電話來報告。

在奈比多，現在情況更糟糕。他的聯絡人變成五倍，負擔等比成長。阿姨獲釋以來，一切都在加速進行。每次接電話，他都想叫對方別來煩他，去做伏地挺身也好，等過了十點鐘再打電話來。他每次都忍下這樣的衝動，但最近有一次差點按捺不住。清晨五點終於能夠倒下來休息一下，不到幾分鐘就被咪咪（Mi Mi）的電話吵醒，她說身體不舒服，當天不能來上課。他要她打電話告訴波波，十分鐘後，波波打電話來報告咪咪生病了。他剛再度睡著，又有人打電話來，阿偉叫他打電話給波波，十分鐘之後波波又打電話來報告這件事。同樣的情況一而再再而三，他幾乎忍不住想把電話扔出陽台。

回顧過去一年，他已過著多多少少綁手綁腳的日子。甚至食物也變成朋友失和的原因。首先，亞瑟的妻子是穆斯林，不准廚房出現豬肉。接著，基於宗教因素，他們哥倆三不五時小酌緬甸威士忌的樂趣也被禁止。最後，亞瑟的妻子決定不再為阿偉煮食。亞瑟被迫轉達妻子的意思，起初幾天避不見面，最後逼不得已出面說明妻子的想法，心虛地道歉，內疚不已，因為不得不說醜話，而覺得慚愧不安。

阿偉給亞瑟的錢足夠支付三人的伙食費，在餐桌上共處的時光通常笑聲不斷、笑語連連。他越來越欣賞亞瑟的妻子，也仰賴她下廚。但這對年輕夫婦每況愈下，蘋果臉的新娘子原本笑臉迎人，卻因穿梭在市場和廚房之間、鎮日洗切燉煮忙個不停，變得不耐煩。亞瑟已經一年沒有工作，他和國際非營利組織有關熱帶氣旋納吉斯的工作合約已經告終，她也丟掉工作，亞瑟已經到了必須放下足球電玩去找工作的時候。向阿偉下逐客令的時間也到了。

阿偉不好意思賴著不走，於是離開這個溫暖的避風港，重拾街頭生涯。至少這回他有夠多資源，因為他哥哥透過波波、白雪或阿佳轉交現金和一套衣服，可換洗撐過一週，或直到下次包裹送到。現在他可以選擇自己想吃的東西，但錢得省著用。有時他會靠尼古丁止飢，挨到下午餓得手腳發軟才去吃飯。這時他會聞香去找美味的螃蟹咖哩。一手拿著手機，一手扒下一隻蟹螯，這樣吃了一個星期，他終於覺得應該去學煮飯。理論上他應該每天更換不同的餐館，因為吃飯的這一兩個鐘頭，餐館就是他的辦公室，連續光顧同一家店會有風險。

這樣的生活其實不算太淒慘。他早就嘗過飢餓的滋味。二〇〇〇年全民聯支持者到火車站為阿姨送行後，遭到大規模掃蕩，阿偉跳下一座橋，在鐵軌旁露宿一夜，隨後好幾天四處流浪。當時他還年輕，心裡害怕，也不好意思回家，或拖累可能願意伸出援手的朋友。辦公室瀰漫著逮捕的肅殺之氣。他身上原本就只剩下幾張緬幣紙鈔，很快也就花完了，落得在華埠的街頭和流浪漢為伍。如今他幾乎已能把這些記憶摒除在腦海之外，那時整整有四天粒米未進，只能偶爾在街角的水壺喝幾口水解渴。他後來靠好心的小販給他一小碗殘羹剩飯，或是只漂著幾根麵條的稀湯裹腹。最嚴重的一次是靠好心廚子的一碗薄湯才度過。那次他在街頭巧遇一位全民聯舊識，對方也和他一樣瘦骨嶙峋、衣衫襤褸、不知所措。兩人身上的錢加起來還不夠買一碗白飯。他們把困境告訴街角茶館的一位媽媽，等她從後門廚房端出一碗熱騰騰的肉湯，兩人從來不曾如此感激老天爺。

他現在可能要仰賴亞瑟妻子的好心。她並不反對為民主奮鬥，更不反對直接聽命於她最崇拜的翁山蘇姬。他們的公寓到處有翁山蘇姬的大頭照和迷你照片，放在鏡子一角，或在書架後面夾在疊好的龍吉間，或放在面霜罐和檀娜卡檀香木樹皮間。她會把樹皮錘打磨碎，加幾滴水和茉莉花瓣製成面霜。

可是，對準備養兒育女的年輕夫婦來說，生活的考驗就已經夠沉重了，不需要政治工作來火上加油。他們好不容易才克服彼此親戚的種族偏見。亞瑟是佛教徒，他勉強假裝信仰伊斯蘭教，矇混過她家的婚前盤問，她則告訴亞瑟的母親她是佛教徒。現在，她的父母不斷催促他們申請護照移民。他們從德國新家頻繁來信擾人，信中並附上沙發和附近房子的照片，不斷保證在德國的生活比較容易、也比較健康，而且有自來水！有工作機會！有電力供應！

亞瑟盡量抗拒物質自由的吸引力。為了愛妻，為了有收入，為了將來養兒育女，他離開全民聯，但怎樣也無法棄國家和同胞的痛苦於不顧。他知道，如果流亡海外，會讓他有如行屍走肉。

至於政治，只要他的朋友繼續隱密地進出他們的公寓，他仍能間接保持參與。阿偉盡量讓他的存在只是夜晚的模糊身影，但亞瑟知道足夠的內情，每當阿偉接到電話，含糊地答應幾聲後，只說他必須出去，穿上夾腳拖就奪門而出，或是答應要買咖哩回來吃，卻遲到好幾個小時，咖哩表面的油都凝結了。碰到這種情況，亞瑟知道，阿偉多半是和受到監視的高階重要人士碰面。

他們一起把爺爺的獄中回憶錄打字成文稿，「在這個人間地獄，陰森恐怖的漩渦裡，我們痛苦掙扎，有時力爭上游，有時隨波逐流。」過去從未有人發表過這樣的文章，如此震撼人心，鉅細靡遺地描述黑暗世界。很多人知道監獄中的情況，但需要過人的文采和激昂熾烈的熱情，才能跳脫粉飾，把真實慘境呈現出來。

可是，對於阿偉和亞瑟的活動，亞瑟的太太知道的很少，能夠猜到的更少，因為他們盡可能把她蒙在鼓裡。除了她願意包庇政治逃犯這一點，為了保障她的安全，他們一切細節都不告訴她，但主要原因是，她不久之前才勉強接受的事實：後來成為夫婿的大學同學，永遠無法完全拋開政治。如果告訴她比較重要的事，可能讓她才剛平復的恐懼又升起來。

不過，以上種種都發生在季節從炎熱步入雨季、再變得涼爽之前，在所有人、所有事都需要阿偉同時關注之前。

二〇一〇年七月，Google Chat，對話人阿偉（化名Nwe）在仰光網咖，「索」（Soe）則流亡某處：

偉：ＮＥＬＣ教育中心位於波翁覺街的ＢＡＫ大樓。

教育中心老闆的子女為我們的網絡工作，不是很活躍。

大樓十二層都是他們家的。

其中一層有八個房間。

我們可以租四個房間。

但要討價還價。

四個房間每月房租通常要緬幣二十五萬元。

索：首先，我擔心安全問題。

偉：可是這裡供電沒問題。

也比較安全，ＢＡＫ大樓有四個出口。

第一個在波翁爵街。

第二個在中央市場。

第三個在四十街。

第四個在一樓。

二樓有咖啡館、市場、網路中心，所以隨時都有人潮。

索：NELC中心是什麼？會議中心是否出租供開會和研討課程？

偉：不是，不是。它是教育公司，送緬甸學生出國留學。

索：他們有托福班？

偉：有，還有很多其他的，很多訓練。我們只是租……

索：如果安全沒問題，你們可以租下來。

⁂

阿偉和尼哲最後終於找到的公寓，就是奈比多。

二〇一〇年五月，阿姨首肯成立監選網絡，這時全民聯依法論法剛失去政黨資格，阿偉匆匆忙忙趕到亞瑟的公寓。他剛和奈溫叔叔見過面，這位黨籍律師能以阿姨的唯一聯絡人拜訪她。阿姨提供他們一筆現金，足夠支付六個月的課程所需，他迫不及待地想分享好消息。

尼哲也在那裡，分享亞瑟和阿偉無緣參加的辦公室活動，包括全民聯叔叔們慶祝四月中旬緬甸新年的照片，有師父講經、在佛塔旁池塘放生魚的照片。

三人都心情振奮，總算有機會能有所進展了。有了這筆錢，他們可以買紙筆、食物，甚至可提供二線新成員車資。他們可以到較遠的地方吸收新成員，在全國各地尋找參與反抗運動的人。他們需要各個地方、各行各業的人，能夠涵蓋各投票所和社會階層。

在網路上，阿偉求助於有力的流亡人士，提供新訊息並請教他們的意見，也嘗試找到更多金援。房東要求預付六個月房租，這會吃掉阿姨給他們的所有現款。他們也得找個不引人注目的名字來租房子。考慮過所有值得信賴的熟人之後，最後決定由阿偉的母親出面承租。

阿偉上次看到母親是數週前。那是他前一年逃離盾迭後母子第一次見面。她從不來仰光。排行第三的兒子變成通緝犯，任何人到訪一定會引起鄰居線民和地方當局的疑心，她的一舉一動都受到監視。只能每晚長跪神龕前，雙手緊捏佛珠、緊壓額頭和胸口，為阿偉祈禱。

我已經當作沒這個兒子。請保佑他不要步上父親的後塵。

但不論母親、兒子或父親，他們永遠把公民的責任擺在第一位。剛好她的眼睛需要動手術。

他們安排在診所小聚幾個鐘頭。波波和白雪負責把風，如果沒有問題，他接到訊號後從後門溜進去。前往診所的途中，手機響了。母親說，「計畫有變」，改在一位資深政治人物的家中會面，此人是老朋友。見面不到三十秒鐘，阿偉依傳統禮俗行跪拜之禮，還不來不及起身，母親馬上說出此行用意：阿偉必須在二〇一〇年選舉中支持這位以獨立候選人身分競選的朋友。

告辭之後，阿偉左右為難。完蛋了。不論對母親或對阿姨，他都無法說不。但全民聯決定抵制選舉，如果他支持獨立候選人，勢將背負叛逆之名。

她的來訪同樣驚險，他們必須找藉口讓她能夠在公寓過夜，假裝是新房客。屋裡家具寥寥無幾，只有一塊破泡棉權充床墊、一張大搖椅、一張沙發。只要能湊合著用就好。她身體虛弱，雙腿在暑熱中顫抖，大樓又停電了，牙齒被檳榔汁染色的警衛，在紋風不動的電梯旁太認真看守，所以阿偉和尼哲合力把她扛起來，蹣跚地從悶熱樓梯爬上九樓。

晚上阿偉終於吃到久違一年多的家常咖哩。這是媽媽特別打包帶來的，他多麼懷念媽媽做的咖哩味道。他以前不懂得珍惜。媽媽煮一鍋咖哩可以吃上一個禮拜，午餐、晚餐一熱再熱端上桌，讓他倒足胃口。但最近到處覓食之際，他多麼渴望一嘗媽媽煮的海鮮，泡在油亮的薑和辣椒裡。他渴望一盤螃蟹咖哩，其實是懷念過去的時光。

母親離去後，阿偉把公寓當成家，如果他能隱藏行跡，午夜過後偷偷溜進來，他可以正式宣告脫離街頭生涯。如果其他民運分子因為通勤回家太累了，臨時需要地方過夜，他們會在晚上六點過後深鎖大門，以免鄰居質疑他們違反禁止訪客過夜的規定。

奈比多地方寬敞，有廚房，客廳足夠容納三十人盤腿而坐，擠一點的話甚至可以坐到五十人。從陽台看出去是繁華的街道，隨時人來人往，他們進出時可以混入人潮。更理想的是，前門有兩個出入口，大樓其他公寓還有其他幾家私人補習班。

這裡也比王宮適合叔叔們舉行祕密會議，尤其辦公室的合法性現在處於模糊地帶。

他們的課程慢慢展開，包括基礎電腦訓練和英文課。每堂課都以一個問題為主軸。關於市場經濟：「你對緬甸經濟有何看法？你認為緬甸經濟和自由市場經濟有何不同？」有關死亡的問題則由不同的宗教角度來探討：「死亡的意義何在？死之前你想要完成的生命目標是什麼？」

上課三、四個星期後，學生熱身到一定程度，他們進入真正的教學。他們請某個叔叔來講課，包括韓達明、翁吉愛，或其他願意參與的全民聯資深人物。開宗明義先表決：是否要監督選舉、是否要支持全民聯之外少數已登記民主黨派的候選人，或是否應全面抵制選舉。

大約同一時段，軍政府也開始緊鑼密鼓地動起來。

二〇一〇年八月，政府終於宣布選舉日期訂在十一月七日。《緬甸新光報》警告，任何人倡言抵制而「破壞選舉過程」，可能判刑二十年。叔叔們當時奔走全國各地，正是為了鼓吹抵制選舉。

《新光報》九月間在後續的專欄中譴責，響應抵制選舉的人，是「不負責任的投機分子」。

逮捕行動接著登場。九月下旬，政府特務抓了幾名仰光的學生，他們被控從事抵制選舉活動，包括散發傳單，以及在橋梁噴寫政治標語的罕見犯罪。一週後，一位佛教僧侶因為筆記型電腦上存有反選舉傳單的底稿，依《電子傳送法》判刑十年，並依《印刷和出版登記法》判刑十年，此外再依據緬甸最後一位國王錫袍王遭放逐之前的刑法附加條款五〇五—B條，判處一年徒刑。這樣的處罰非常嚴苛，但這位僧侶刑不逢時，不巧在鎮壓袈裟革命三週年紀念日宣判。

叔叔們希望阿偉和尼哲教授的班級每班至少七十人。時間只剩下數星期，局勢非常急迫。但安全考量迫使他們削減各班人數，一次只能容納五人。

十月某一天破曉時分，一位年輕同學被拖走。走狗拷問他整整二十四小時。獲釋之後，他帶著顫抖不已的身軀，還沒有回家就先打電話給阿偉。他說，他一再一再地告訴走狗，他們只是在上英文課。不過——他泣不成聲地說——他最後承受不住壓力，洩漏了奈比多的地址。

過去從來沒有人肯承認在壓力下崩潰。這位年輕人有勇氣承認，而且很快。阿偉由衷感激。當晚他走到防波堤看著漆黑的夜色，苦思對策。

剩幾個小時，走狗就會循線而來？他們會抓走其他年輕學生，還一知半解、不了解政治全貌的新手嗎？現在沒有時間去找別的公寓。而且也沒有錢，阿姨給的錢已經花掉了。

距離二十年來首次選舉只剩一個月時間，距離阿姨最後一次軟禁結束也只有一個月又一星期。如果軍政府有膽子，的確會釋放她。但有哪個傻瓜會笨到以為阿姨能得到真正的自由？

他們停止作業，準備迎接當局的突襲。

但突襲始終沒有發生。

慢慢地、悄悄地、小心翼翼地，他們重新開始。

⁂

二〇一〇年十一月七日，沒有炸彈警報，也沒有大規模罷投。

從清晨六點到天黑，選民三三兩兩默默去投票。多年來、數十年來的洗腦獲得成果。選舉過程和平而秩序井然。宣傳車和街頭電線桿上的擴音器不斷廣播，把大家從家裡和田裡趕到投票所去蓋選票。

聰明人會把票投給地方選區頭頭的口袋人選，因為地方頭頭大權在握，可以讓你日子苦不堪言。最近有什麼跡象，可讓人期望其他發展？女士或許可為他們帶來一絲希望，但她仍然在軟禁之中。

官方結果兩週後出爐。政府宣布，投票率達到七〇%，最大贏家是聯邦鞏固與發展黨。此政黨由軍政府第四號人物登盛領導，他是總理，如今以准將退休。聯邦鞏固與發展黨，從一九九三年到數週前一直稱為聯邦鞏固與發展協會，這個大規模社會組織，向來由第一號人物丹瑞大將撐腰。

在國會上議院，鞏發黨囊括七五％席次，在緬族為主的選區獲得壓倒性大勝，少數族群地區也有六五％得票率。鞏發黨在下議院拿到八〇％席次。兩院合計，包括全國和十四個地方選區，鞏發黨在一千一百五十七席中占了八百七十五席。

加上按照憲法保留給軍方的二五％席位，鞏發黨的勝利，讓國會成為軍政府囊中之物。

沒有人會被這種假象所欺騙。

所有非官方陣營紛紛報導普遍的選舉違規和大規模作票。計票過程不讓民眾觀看。恐嚇威脅當天層出不窮。最主要的作票工具是事先投票，一個又一個票匭塞滿了數千張未計算的選票。有些反對派候選人在地方選舉獲勝，卻因為臨時送來的票匭而翻盤。

地質學家出身的欽貌瑞，帶領脫黨獨立的全國民主力量黨（National Democratic Force）一躍成為最大的親民主反對陣營。他們推出一百六十一位候選人。每人分配到五百美元經費，由於時間緊迫，籌款不及，他們只能提供如此小額經費。之前數週，全國民主力量黨的創辦人被抹黑為叛徒，被指為支持軍政府和為人詬病的憲法，他們無法取得受訪的機會，就算接受訪問也遭到禁播。該黨共同創辦人丹年，被誣指濫用公款，引發黨內紛爭。丹年曾經是全民聯的國會議員當選人，也是政治犯，他被指控在出訪新加坡時接受非法獻金，其實他當時是到曼谷求醫，治療坐牢十一年留下的沉痾和末期肝癌。欽貌瑞本身則在最後關頭遭取消候選資格。他一本外交辭令，表示需要多花時間陪伴家人才退選，因為他的妻子患有憂鬱症。這樣的說法也無可厚非。其實，他是因為曾以叛國罪名判刑，被當局抓到把柄，根據選舉法規迫使他退出選戰。

不過，在願意按照良心投票的民眾心目中，如果必須投票，欽貌瑞的全國民主力量黨代表他們最大的國會希望。

最後他們只拿下十六席。

他們和五個比較小的親民主和少數民族政黨結盟，準備循法律路徑挑戰選舉結果，即使敗訴下獄也在所不惜。

選舉結果讓最樂觀的人也覺得上當。

有人甚至因此送命。

奈溫蒙（Nay Win Maung）是「第三勢力」知識分子、出版家兼企業家，在少數具備國際影響力的「休戚與共者」當中是核心人物。過去數個月來，他一直在旗下週刊《言論》（*The Voice*）的專欄大力鼓吹選舉，呼籲選民參與投票。他的非營利組織「緬甸出路」（Egress）引起極大爭議，但他相應不理；許多人認為，該組織能自由運作，和一般地方組織遭到諸多限制有天壤之別。外國外交人士和學術界對他言聽計從。他透過國際人脈從歐盟取得一百萬歐元資金，拿得心安理得。「緬甸出路」在仰光市中心的塔瑪達飯店（Thamada Hotel）二樓開設有關公共行政和公民社會的課程，培養了數以百計的年輕男女，他們反對民主運動的舊式革命方法，主張開創未來的途徑是經濟發展，而非公民和政治權利。他的目標是讓成千上萬的畢業生擁抱同樣願景，至少也要有足夠的知識來闡述這個論調。

對於親民主運動成員來說，奈溫蒙有如魔笛手，吹著高調引誘新生代跳入與軍事統治妥協的遙遠地獄。他從小在軍事精英之間長大，最要好的朋友是垮台的情報頭子欽紐將軍的兒子。多年來，他仰賴軍方的人脈，取得打造王國的執照和必要資源：「繽紛媒體」（Living Color Media）、《言論》和「緬甸出路」；而他底下所有主管同樣在商界和軍方都左右逢源。

但他真心熱愛國家，勇敢擺脫傳統制約，嘗試用他的特權另尋出路。隨著選舉腳步接近，他夜不成眠。他依賴香菸和即溶黑咖啡提神，神經極度緊繃，滿懷興奮地期待目睹偉大改革。

二〇一〇年十一月十日，也就是選後三天，大規模選舉舞弊讓他的憧憬幻滅，他用筆名翁圖（Aung Htut）在《言論》上道歉：

> 我們明知竹竿無比滑溜，仍然奮力向上爬。我並不認為我們做錯了。只是，我以為第一

次爬就能爬很高。這個想法是錯誤的。我願意接受責備……願意因為給讀者帶來希望而道歉，在此致上誠摯的歉意。

隨後幾個月，他的肚子和眼袋開始浮腫，但他未放棄希望，至少當下還沒有。緬甸前第四號人物、前總理、退役准將登盛二〇一一年三月首次以新總統身分發表演講時，聽眾發覺確實出現差別——在氛圍方面，即使不是實質上。這是有記憶以來，緬甸高官首次承認「鄉村貧窮」和「貪腐」。

演說內容呼應奈溫蒙一週前在《言論》上的專欄內容。他的語詞、他的影響力已滲入總統演講稿。所以，仍有希望。只是，進展會很緩慢。

二〇一二年元旦，奈溫蒙心臟病發去世，得年四十九歲。有些人認為他是因為誤判二〇一〇年選舉而抑鬱以終。國家終究未出現真正改革的跡象。也有人說，他是傷心而死。這些務實派豪賭，不求軍事統治迅速轉變為議會式民主，而是期待漸進式的長期轉型。結果，他們被騙了。

但比較不這麼天真樂觀的人，抱持較冷靜的務實主義。

二〇一〇年十一月七日，波波天一亮就坐在盾迭的管制中心——自家麵店樓上一個灰塵滿布的房間，她草草記錄安排在貧困家鄉各戰略要地的朋友傳來的報告。這些朋友數週前接受訓練，負責注意選舉舞弊情事，他們向適當的人提出一針見血的問題，站在最有利的位置。

她把結果傳遞給坐在仰光管制中心「奈比多」的阿偉。阿偉彙整數十個地方管制中心的報告，當天晚上向國外聯絡人發出七十份新聞稿，每一份都詳列地方選務違規情形。《伊洛瓦底》、《《彌斯馬》》的現場記者和獨立公民監選人也發出數十份報導，他們從全國各地蒐集證據，並且立即告知密切關注的全世界。選舉違規的證據確鑿。除了中國以外，全球各國同聲譴責。

但一週之內，另一條新聞爆出，把選舉舞弊的消息都擠到第二十七版的後面版。被尊稱為阿姨、女士的翁山蘇姬，不斷遭到監禁的諾貝爾和平獎得主，終於在二〇一〇年十一月十三日解除軟禁。

過去二十一年當中，她有十五年處於軟禁，最近六年更與外界完全斷絕音訊。她獲釋的時機真是精挑細選。全世界一時之間忘了軍政府大規模操弄選舉的行徑。一廂情願的觀察家以為，她的獲釋是軍政府將領明確示好，準備解散國家和平與發展委員會，為成立新政府鋪路。

對其他人來說，這項行動只是老調重彈。她的軟禁時間因為美國男子游泳潛入事件而延長十八個月，早就預定好在這一天結束。軍政府一向有自己的法律劇本，只是照章行事而已。

十一月十三日終於來到，只有少數人沒有湧向大學路五十四號，阿偉是其中之一。他做的第一件事，是把旗下民運分子集合起來，告誡他們不要興奮過頭。

他語氣慎重，全身緊繃地提醒大家「提高警覺」，「因為現在軍政府隱身暗處，說不準何時會出手」。

阿姨據傳將獲釋的時刻逐漸接近，他們散布在她宅邸附近。阿偉在附近的路口等待，手機已經準備好，試圖估算在場人數。

他並不需要估計阿姨受歡迎的程度。他從不做這種事，會這樣做的人主要是外國分析家，因為他們揣測，她長期未能公開露面，也許魅力已失。他只想知道群眾的大概人數，以衡量民眾的恐懼程度。到底有多少人無懼便衣警察、被照相存證，甘冒以後當局按圖逮人的危險？

結果有數千人不怕死。其中許多是年輕人，他們高舉照相手機、擺動卡位搶拍，翁山蘇姬趁機鼓勵他們未來多參與民運。就像袈裟革命激起新一代的政治意識，阿偉利用阿姨獲釋引燃年輕人火山爆發般的熱情，挑選吸收新血的人選。

他希望這些人之中，至少有一人能比得上麥納斯一半好。

他在龐克樂圈子結識年僅二十二歲的麥納斯，麥納斯天生像吸血鬼般蒼白，家人希望他把花在玩吉他的時間投入家族電器行的工作，但他抗拒。因為不想上大學，麥納斯故意把高中畢業考考砸。他看不出念大學有什麼意義。兩人可說一拍即合，等到阿偉認為時機成熟，可以把自己的身分、工作內容、為什麼這樣做告訴麥納斯，麥納斯已經成為他的拜把兄弟。

阿姨獲釋沒幾天，他們卻失和。

麥納斯已準備前往馬來西亞接受網路安全訓練，他非常緊張。警察國家的民眾出國原本就很麻煩，別有所圖的民運人士出國，更要冒真正的風險。

預訂搭機出國的前兩天，他去拜見一向十分尊敬的音樂老師。老師告誡他，最好不要去，因為有位全民聯的年輕成員告訴他，阿偉不是好東西，阿偉宣稱和阿姨關係密切，其實根本不是那麼回事，阿姨已經疏遠他。又有傳言說，問題在於阿偉挪用公款。

當天晚上，阿偉打電話給他，電話一撥再撥。麥納斯不接電話，阿偉痛心不已。阿偉的目標是像木偶劇大師一樣隱居幕後操控全局，麥納斯已成他的臂膀，因為麥納斯和他志同道合，等於他身體的延伸。阿偉和麥納斯的相處，與他和尼哲的激烈競爭關係截然不同。麥納斯仍然青澀，但兩人在精神和心靈上都十分投契，誰知道能擦出什麼樣的火花？

阿偉輾轉反側難以成眠，眼看天將破曉，突然響起的電話鈴聲把他由床上驚起。麥納斯哽咽地說：「我有話告訴你。我很難過，真的很抱歉。我睡不著。」

阿偉立刻衝出門和他見面。

麥納斯把原委和盤托出。阿偉回答：「你可以選擇相信他們說的話，但不要放棄你的政治情操。投身政治並不代表只和我做朋友。投身政治，和其他朋友一起，這都不要緊。我不知道是誰告訴你朋友這些故事，可是，不要因為這樣就痛恨政治。你已經身在政治。

你是民運分子，身冒極大風險。和誰一起努力並不重要，你可以和信任的人一起打拚。」

麥納斯回答：「我相信你，可是又不相信。」他的音樂老師一向一言九鼎，而且不會說謊。麥納斯說：「這是我的生命，我願意犧牲，可是我要見母親。」——「母親」是阿姨獲釋後大家給她的新封號。「如果我去馬來西亞之前或回來之後有機會見她，我就相信你。」

阿偉把情形告訴阿姨，阿姨毫不遲疑，答應在麥納斯出發前見他。

會面很快結束，卻值得麥納斯回味一生。

她說：「你必須承擔起青年的責任。」

麥納斯只能連連點頭：「是、是、是、是。」

會面就這樣結束。

翁山蘇姬重獲自由不到一星期，新聞檢查委員會禁止九家國內平面媒體出刊，有的是因為刊登她的照片，有的是報導當天情況。被勒令停刊的有《緬甸新聞週刊》（*Myanmar Newsweek*）、《第一手十一週刊》（*First Eleven Journal*）、《七日新聞》（*7 Days News Journal*）、《金星新聞》（*Venus News*）、《快照》、《緬甸郵報》（*Myanmar Post*）、《人民紀元》（*Pyithu Khit*）、《熱新聞週刊》（*Hot News Journal*），甚至連奈溫蒙的《言論》也被禁。

她在十一月十七日星期三拜訪一家愛滋病診所，除了一家仰光醫院有愛滋病房之外，這裡是緬甸二十四萬名愛滋病患者或帶原者唯一可以接受診斷治療的醫療機構。診所由全民聯知名青年領袖漂漂廷（Phyu Phyu Thin）主持，他巧妙地向國際非營利組織「無國界醫生」（Médicins Sans Frontières）取得抗逆轉錄病毒藥物。過去幾年來，有時候漂漂廷實在忙得不可開交，連阿偉和其他人也得充任愛滋病諮詢人員。

五百多人等在診所外歡迎阿姨，他們揮舞鮮花和表達仰慕的標語。兩天後，地方當局通知診所管理階層，八十名住院患者每個月必須更新的住院許可不再續發。診所必須把這些患者送走。即使寺廟也不能以安寧病患的身分收容他們，這是袈裟革命以來的政策。

一切好像不一樣了。但骨子裡，其實什麼都沒改變。

❦

六個月之後，二〇一一年五月十一日晚上十一點過後不久，阿偉、尼哲和麥納斯在彎曲的華埠十九街喝啤酒，當時阿偉已經沒錢光顧這個他最喜歡的地方。

街頭的鹵素燈照亮巷內幾處殷紅慘綠，照不到的地方則一片暗黑，百葉窗的縫隙曾受鴉片薰染。他們桌子的一邊也籠罩著陰影，他們暫時放下怎樣也不肯明白承認的疲憊和壓力。

尼哲打了一個呵欠。他低頭看著手機裡最近拍的兒子照片。他快兩歲了，已經是個小霸王，琴桑達逕用爸爸的髮膠幫他弄了個怒髮衝冠的髮型，覺得很逗趣。

菜一盤盤地不斷送上來，玉米、炒牛肉片、豬肉串、還有穿在竹籤上嗞嗞作響的白色東西，阿偉用一隻筷子在盤子裡撥來撥去。又一盤菜端上來，拳頭大小的紅色東西躺在柳橙果凍上。他看了半天，起身告訴服務生——有點暗戀他的那位，因為她說話的時候不斷把頭髮繞在手指上，膝蓋扭來扭去——他不想把菜單上的所有菜都點來吃。等一下要拿什麼付帳，他還沒想出辦法。麥納斯根本什麼菜都不碰，如果真的要吃，他吃的東西必須符合伊斯蘭教規。連尼哲好像也沒什麼胃口。阿偉坐回凳子上，挑了一塊炒牛肉入口，然後坐著就睡著了。

麥納斯呢？對麥納斯來說，現在差不多是早餐時間，他腦子裡迴盪著和弦，完全不理會巷子裡烤肉攤消夜人潮的喧鬧聲。他用手機敲桌打拍子，砰，砰砰，砰砰砰。

他們都在等待。除了等待，也沒有其他辦法。

那天很辛苦。尼哲有半天時間花在巴士上，他從陀邦前往北歐格拉貝去上第一堂課，就轉了三趟巴士。有時候他會直接去上課，但他不想讓等在家門外的七名特務日子太安逸，他們三三兩兩地守在老位置。最近幾週監視他的人數加倍，也算是瞧得起他，不過多半是因為免費學校學生人數暴增的關係。他和阿偉及其他全民聯領袖開辦學校已有時日，只是現在多了阿姨的加持。

他寧可現在能待在家裡——三個人都希望能回家——可是有一位可靠的組織網成員通

風報信說，當局計畫掃蕩民運分子的家。掃蕩的原因其實是捕風捉影，只因為現在是二〇一一年五月十一日晚上十一點，當局認為，應該先發制人，防範有人紀念一九九九年九月九日或一九八八年八月八日而進行示威。不過，阿偉他們都沒聽說有任何民運分子計畫類似的行動。

五月、六月、七月、八月，這幾個月的天氣總是烏雲密布，遮天蔽日。上午十點左右，太陽把潮溼大地曬得暑氣蒸騰，到了中午，陽光被累積的水蒸氣遮住，偶爾從縷縷蒸氣之間透出。接著下傾盆大雨。雨珠毫不留情，打得深綠色的濃密樹葉七零八落，激烈程度彷彿混沌初開的情況。這是瘧疾傳播的時節。這段時期，各種紀念日接踵而至，意謂當局要採取行動防患未然。

這對政治人物來說是最糟糕的時期。

尼哲不經意地說：「對了，前幾天父親為我看手相。」

「喔！」

阿偉恢復活力。尼哲的父親只要看著一個人的眼睛，就能未卜先知。他連兒子被捕和獲釋都算得出來，幾乎準到一日不差。尼哲偶爾需要參考意見的時候，會請父親看手相。現在，他的父親說，尼哲會去美國。他必須和妻子隔得遠遠的。

尼哲對父親的手相預言高興不起來。他們夫妻的關係最近確實有些緊張。首先，琴桑達溫一心想重回因婚姻而放棄的民主運動，尼哲則有些心猿意馬，因為漂亮女郎示好，讓他有點沖昏頭。

大約三週前，阿姨在潑水節期間召見阿偉和尼哲小聚。潑水節為期三天，舉國放假，醉漢和小孩可以任意把行人潑得滿身是水；青少年整天在卡車後車斗上跳舞，卡車停在街邊的亭子前，賣票的人用水龍頭對他們猛噴髒兮兮的湖水；頭腦清醒的人都會跑到寺廟裡躲起來。

阿姨告訴兩人，有人提供她兩筆美國文學院的四年獎學金。她要把機會給阿偉和尼哲。她指出，民主是進展緩慢的過程，是一輩子的工作。國家需要有學識、有技術的領袖。她希望他們投注時間念書，然後帶著了解世界的素養和他們被剝奪的高深學問返國。

兩人滿臉笑容，假裝受寵若驚。私底下，他們其實老大不願意。

全國上下都在狂歡，尼哲需要趁這個機會喘口氣，和妻兒好好團聚。阿偉則計畫偷偷潛回盾迭，進行一年一度的新年活動，和老朋友窮詩人一起抽大麻。可是，要拿到獎學金，他們必須參加考試。

考試項目包括英語測驗，並撰寫一篇以「你是誰？」為主題的作文。

阿偉決定破壞自己的機會，文章開宗明義說：「我只是個普通人，只希望國家能夠自由。」接著列舉了一大堆現在不宜遠走國外的理由，說他留在國內能發揮更大作用，還說他手下年輕成員是一群勇敢的「草根」派，甚至沒有機會接受他受過的微薄教育，他們需要他的帶領，因為目前正值特別時期，他們的政治成熟度逐漸發展，而國家進入狀態不穩定的議會制度。

他的策略弄巧成拙。他竭盡所能地運用所有修辭和辯論技巧，適得其反地展現了他對政治、反抗運動、普世爭取自由的熱情和卓越見解。認真審核這篇文章的美國大學招生主管不論是誰，一定暗想，文章是不是出自緬甸下一位諾貝爾和平獎得主，少說也是未來的重量級人物。這所學院給阿姨的回覆大意是：他們什麼時候能入學？

他們無法拒絕，沒有人能對阿姨說「不」。所以他們另謀對策，討價還價地說，兩人可以輪流去，一人去進修，另一人留下來繼續培養全民聯的祕密組織網。況且，尼哲還得督導緬甸民運聯合陣線（United Front of Burmese Activists for Democracy，UFBAD），這是他號召示威老將在二〇一〇年選舉前數週組成的祕密聯盟。

而且，他們還有其他責任，那些不能公開討論，讓他們甘願強忍睡意、唯恐錯失機會的工作。

這不是最理想的解決辦法，他們也不知道阿姨和校方是否會同意，幾乎快到抽籤決定誰去留學的程度。

手相或許能幫他們解惑。

## 二〇一一年五月二十三日

尼哲的計程車司機打破不跟陌生人談政治的禁忌，抱怨個不停：「沒有任何改變。我跟你講，什麼也沒變。」

尼哲不禁暗自好笑，他搭乘計程車到父母親創辦的學校。學校位於北歐格拉貝，是一座用竹子架高在排水溝上的大型開放式茅屋。那裡最近擠得水洩不通。為了表示對阿姨的尊敬，學校現在稱為「母親的學校」。

他們家被納吉斯氣旋吹倒後，家人用廢料搭建這所學校。雨季即將來臨，他們卻還未籌足經費蓋屋頂。從市區坐計程車來雖然所費不貲，但是有兩位可能捐款的人在等他，而且，要擺脫跟蹤他的七名特務，計程車比公車理想。每次尼哲坐計程車的時候，特務都會向他抱怨，好像沒有足夠經費坐車跟著他到處跑是他的問題。有時候，他會因為好玩而坐公車，讓他們好過一點。但現在不是時候。

這名計程車司機的話可說是一針見血。一切沒有任何改變。尼哲比以往任何時候都篤定，現在是行動的好時機，在新國會站穩腳步之前。現在還是初始階段。軍政府已在三月間解散。要重建龐大官僚體系必會造成空檔，現在正是趁虛而入的機會。

他們對抗的體制越來越狡詐。軍政府從過去的失敗中學習、進步，越來越聰明。軍方和民運兩個陣營，對以前的制度都還有回憶。他們過去會把所有民運分子一網打盡。現在，他們只針對領導階層或是任何有組織、管理能力的精英。如果不是這樣，國家為什麼要投注這麼多人力跟監尼哲？

尼哲抵達北歐格拉貝，迎接他的是壞消息。

「母親的學校」不但沒有捐款人，反而處於十萬火急亂象。兩名軍事情報人員和一名聯邦鞏固與發展黨的區域主管，來到距離學校只有一條巷子的茶室，當面告訴他嫂嫂，他們家的學校必須關閉。

他們已找上尼哲的父母，詢問尼哲的國民身分證號碼、住所、外貌特徵等資料。他們要的不是這些基本資訊，因為他們早就掌握了，而且這些只是他們已有資訊的九牛一毛而已。

這是標準的騷擾手段，早在大家意料之中。尼哲聽到消息，只覺得嘴巴泛苦，好像咬到苦瓜。外界以為緬甸在蛻變中。但持續抗爭的真正壕溝位於貧民窟、窮鄉僻壤，在草根，在窮到不敢賭上一切、太匱乏而不知如何抵抗的民眾。觀光客、外國商人永遠不會看到。

他的家人經營這所學校已經多年。最近數月，學校受歡迎的程度直線上升，光是尼哲的英文班就有一百名學生。小學也人滿為患。自從他的雙親更改校名以示尊重母親，自從大家知道翁山蘇姬直接支持這所學校，學校在當地的重要性宛如脫韁之馬。

尼哲的父親站在鄰居的遮陽棚下，雙腳穩穩地站在學校入口的泥地上，毫無懼色地反擊。

他告訴便衣特務：「不對，不對。這裡沒犯到你們。我們只是提供免費教育，與政治無關。你希望我們做什麼，從事教育，還是政治？」他提醒他們，國家理論上已經步入民主，民眾被允許討論政治。「所以，你們選擇那一樣？」

便衣人員越聽越心虛，在他話語的鞭策下退縮。

尼哲不得不佩服父親。碰到危機時，他總是穩如磐石。這可說是家族特點。袈裟革命之後，他們一家九口有七人被列入地方「敏感」人物監控名單。

在過去，這樣的衝突會使鄰居不寒而慄，趕緊躲回家裡，盡量遠離是非之地。現在卻有五、六人在附近徘徊，有人假裝曬衣服、有人假裝丟垃圾，盡量裝出沒在偷聽的樣子。最棒的是，尼哲的學生都擠在校門口，大剌剌目睹整個過程。哈！讓當局嘗試驅趕他們。這樣的勇敢行為是課堂上教不來的。他和全班所有學生一起勇往直前，這些全部來自左鄰右舍的學生，讓他感到非常光榮。

他問他們：「你們感覺如何？」他們回答：「沒問題，我們不害怕！」「我們會努力，我們會努力。」「我們會繼續來上課。」

「你們有勇氣挺身而出嗎？」

同樣的答案：「當然有。」「我們不怕！」

他們不會理會當局，會繼續來上課。大家有志一同造反，投入爭取自由的努力，太痛快了。

現在不僅是他的家人名列地方「政治敏感」人物名單。尼哲在短短五分鐘之內，讓名單暴增了一百人。

但這不是兒戲。不只有這所學校，而是三所學校面臨關閉的命運。阿偉無法說服鎮上另一所學校的房客抗拒當局壓力。阿偉最近並承認，他們馬上要被趕出總部，諸王之城奈比多。

這種情況讓很少動怒的尼哲火冒三丈。阿偉明明財源甚廣，卻突然說他身無分文。前幾天尼哲才看到他在辦公室拿了一大疊鈔票給一名年輕男子，他是另一個組織網的成員。這個情況讓尼哲一頭霧水，但他並未質問阿偉。阿偉根本不知道尼哲目睹這件事。

這證實了尼哲不願相信的懷疑：阿偉不是挪用公款，就是隨心所欲亂花錢。過去的傳聞再度浮現。尼哲知道阿偉心腸好，也很慷慨。有人背後傳言說他陷害多多被捕。這樣的說法並不公平，畢竟多多走投無路的時候，是阿偉幫她找到工作。

但是尼哲也認為，阿偉喜歡藏私，喜歡住有空調的房間，也喜歡有女孩圍繞身邊的傳聞並非空穴來風。阿偉不喜歡分享，喜歡掌控一切。甚至尼哲的電話也是阿偉租給他的。

他們可能失去一切，要如何盡信阿偉。

阿偉趴在組織網總部光禿禿的地板上，不理會房東請來的搬家工人把東西通通清走。白色的皮製扶手椅搬出去了。

十分鐘過去。

他們又回來搬沙發。阿偉一動也不動。現在是午後三點，他動彈不得。沒辦法思考，也不想動腦筋。一切好像在土崩瓦解。

陽光從陽台照進來，照著倚牆而坐的阿佳，她靜靜地看著他，帶著一絲微笑，一語不發，只是安祥地陪伴。

反正家具也不是他們的。沒有家具，他們照樣可以活下去。屬於他們的東西只有書，整整三個書架的書。他們蒐集了五花八門的漫畫、三年前的學術期刊，以及有關曼德拉、歐巴馬、中國的翻譯書，很多書都被翻爛了。他們成立了圖書館制度，任何人要借書，必須有兩個人簽名認可。他們也有很多紙張——潮溼的故事影印本、傳單等，都已經打包裝箱。

接下來該何去何從？他們還有一星期的時間，然後房東就有權把阿偉趕回街頭。六個月的租期已到，阿偉在三月間談妥續租兩個月，但眼看五月底將屆，他已經身無分文。他也沒有錢支付王宮的房租。他的現金早就花得一乾二淨了。

他迫不得已，打電話給大哥的生意夥伴，佯稱哥哥無法工作，叫他來拿一些錢應急。這個做法真是再蠢也不過了，沒多久就東窗事發。大哥一向很支持他，現在卻不再跟他講話。阿偉心想，不知道哪一天大哥會跑來，迎面賞他一拳。

連尼哲也切斷他和緬甸民運聯合陣線的互動。這個機密的龐大聯盟，由各大地下組織領導人組成，包括緬甸全國學生聯盟總會、緬甸發展委員會、全民聯青年組織，以及尼哲搭線的其他身經百戰的認真革命分子。前一年九月袈裟革命紀念日，他們發布新聞稿宣布成立，正好趕上抵制選舉行動。這些人強悍機敏，把危險當成家常便飯。如果革命爆發，他們是登高一呼的年輕領袖。他們年紀在二、三十歲間，但坐牢經驗加起來有二十七年。相形之下，同舟會和娃娃臉的民運分子，簡直就像是小孩扮家家酒。

阿偉安慰自己，至少同舟會有不同的目標。他們擴展後，已建立組織架構，分配各自的任務，並成立教學、財務、資訊等不同委員會。成員紛紛爭取擔任各個職位，並舉行選舉。尼哲當選總領導人，波波和阿佳負責後勤，諾布揚成為傳播主任，阿偉當選財務長。

大家沒有推選他為領袖，讓他有些受傷。他花了一分鐘時間舔傷口，接著把傷拋諸腦後。他們正在大步邁進。這種結果也理所當然。他一向善於管錢，這是大家公認的。他了解金錢的重要性，而在民運陣營或是他的文化裡，很少人能理解這一點。他們從小被灌輸錢是骯髒的觀念，認為金錢會腐蝕人心。阿偉能理解，金錢讓大家心生畏懼。

阿偉也了解，這是他們生平第一次面臨複雜的組織，明白生存和發展不是只靠口袋裡的幾粒花生就能維持。現在，而且只有現在這個時刻，是他們壯大發展的唯一契機，他們有全職的工作人員，而且政治企圖心超越辦公室的藩籬，想像的遠大程度無法限量。

甚至連流亡人士也不盡了解。最近阿偉在Gchat募款，希望募到兩百美元，沒有的話一百美元也好，以幫助一位組織網成員。這位來自省城的媽媽剛剛生下一名無肛症的嬰兒，急需協助。結果一位流亡人士氣憤填膺地說：「我們是政治組織，不是社福團體。」這位婦女為孩子動手術的費用至少需要兩百美元，只有兩所醫院能動這種手術，這個金額還不包括乳膠手套、棉花、藥品、紗布、血漿的費用，這些都是住院病患必須自行負擔的基本醫材。如此回應讓阿偉不禁寒心。

阿偉覺得最悲哀的是，尼哲也一向持這種看法：必須掌握現在的機會，舊政府正在改組，權力中心正在瓦解重整。在這個變動的時候，什麼事都可能發生。

他不能怪尼哲不信任他。一名第二線成員告訴他，尼哲看到他在辦公室把一疊鈔票拿給別人。這個時機實在太不湊巧。阿偉剛剛才向尼哲承認，已經沒錢可供組織網運用。但他卻不能向尼哲解釋清楚。因為他答應要保守祕密，這件事關係太重大。阿偉連創意十足的夥伴也不能透露，他肩上承擔的全國性重任不是一件，而是兩件，而且風險極高。

真相只有叔叔們知道。

他們知道事情的原委，卻不出面為他緩頰。他們不准阿偉保留經費給自己和他的組織網用。叔叔們總攬全局，認為有太多地方需要用錢。

阿偉只能默默低下頭，抓緊他的黑色電腦包。

屋漏偏逢連夜雨，盾迭傳來消息說，他母親的血壓飆高到危險程度。她的身體越來越虛弱。朋友打電話告訴阿偉，她可能撐不過一個月。

當初他們租下奈比多的時候，他對母親健康惡化的情形已經十分心驚，打亂了家人很久以前達成的道義與財務規畫。阿偉當初允諾把一生奉獻給女士，其他三兄弟則扛起家庭責任，必要時提供阿偉財務支援，並負責照顧年邁的母親。孝敬父母、讓父母安養天年是做子女的責任。阿偉感到愧疚，但盡量不去想這個問題。

現在，他潸然淚下。

他對自己的選擇絲毫不覺得光榮。他從事民運的理念是來自同理心。來自家庭和政治人物間的信任，以同心圓慢慢擴散到好友、他的組織網，最後到全國人民。現在他是為保護同胞而戰。

最近他在寫給同志的一篇講稿裡提到：「如果你身上只有六百元緬幣，和三位朋友在一起，每人需要兩百緬幣坐公車回家。這種情況下，你必須是那個一無所有的人。你不能坐車，應該走路回家。這是政治行動，因為他們會認為你很偉大，為他們著想。因此，如果你的群體認為你會為他們犧牲，自然會推崇你……有德有守。這就是政治。如果你做得到這一點，我們可以說『你是從事政治』。你可以先從家庭做起，因為家庭就是你最親密的群體。」

隨著時間流逝和經驗累積，他逐漸形成個人的政治理念，反思官僚體系的冷酷、統治者對民生疾苦視若無睹。但他無力替關係最重要的群體：自己的家人盡心盡力，如何能夠對別人的痛苦感同身受，為他們努力奮鬥，記錄他們受迫害的情形？

遭受刑求、坐牢，多年無法和心愛的家人說話，甚至不能談戀愛——這些都是做異議分子必須承受的後果——陰影在他心裡慢慢發酵，成為侵蝕心靈的毒素，經常讓他覺得抗爭可能無法開花結果，而且看不到盡頭，這期間你可能淪為壞佛教徒、壞兒子、壞人。

連阿姨也面臨這樣的心魔考驗。

她的演說充滿了愛心、情感和政治理想，不僅止於抽象的參與式民主過程，或是西方民主主義不帶情感的個人行動風格。對她和從小接受佛教慈悲思想教育的緬甸青年男女來說，爭取他們的權利，重新打造國家，是一場心靈的奮鬥。這對他們來說並不虛無飄渺在實務上，這代表勇於踏上個人探索的旅程。

但是，要如何做？

大權在握的將軍想把阿姨趕走，因此拒發簽證給她的丈夫亞里斯和兩個兒子；亞里斯是英國公民、牛津大學學者，一九九九年一月發現罹患攝護腺癌末期，而且癌細胞已擴散到脊椎和肺部，軍政府仍狠心不肯讓步。他住在英國家中，阿姨則在十一年前於一九八八年離家回仰光娘家照顧母親。亞里斯數度申請簽證不成，英國外交部出面代為向緬甸當局交涉。緬甸軍政府藉口說他可能造成仰光醫療設施負擔，英國外交部表示願意為亞里斯安排醫療專機，但軍政府還是不為所動。

阿姨的電話從一九九五年以來一直被監聽，每當亞里斯打電話來的時候就斷線。夫妻倆擔心，如果她離開緬甸暫時回到英國，軍政府絕對不會允許她再入境。他們已經吊銷她兒子的緬甸護照。她告訴當時的英國大使，她更擔心的是，如果她不在緬甸，當局會利用機會大舉逮捕民運分子，比以往更肆無忌憚地對付他們。

亞里斯一九九九年三月二十七日清晨不治，和仰光相隔半個地球之遠，離他診斷出癌症不到三個月。他們夫婦上一次相聚是一九九六年，而且只有兩個星期。他們的真愛令人稱頌，「暴政也無法摧毀」。他們二十七年的姻緣建立在彼此的默契上，翁山將軍的女兒有朝一日可能必須扛起父親未竟遺志。到頭來，在面臨個人悲劇時，她選擇國家，付出最大的犧牲。在支持者眼中，這讓她的光環更光芒萬丈。

有些人則詆譭她鐵石心腸，批評者包括政府死忠派、地方的官方傳聲筒，甚至早期的外國傳記作者。

但阿偉明白真相。亞里斯過世後不久，阿偉有一晚在阿姨宅邸擔任警戒工作，看到她從房間出來，面無表情地經過走廊，跪在以粉筆書寫的亞里斯牌位前。她掩面哭泣，身體隨著啜泣前後搖動。

這位肩負同胞希望的女性不能在人前落淚，只能私下悄悄宣洩思夫之情。過沒多久，她擦乾眼淚起身——和阿偉四目相接。第二天她又戴上平靜的面具。面對外界的時候，個人的損失必須不當一回事。

不過，阿偉不覺得自己對阿姨來說有多重要。

他計畫偷偷潛回盾迭探望母親。

但於事無補。儘管他現在做的事是出於母親要求，而且在更深的層面是為了紀念父親。他已經做出選擇，沒辦法和家人共同生活。他是自私的。

❧

同舟會的最後集會——在分裂之前——原本是為了決定誰去捷克實習。分裂的原因是溝通不良、互不信任，還有美女，但追根究柢，是為了錢。錢的問題咬傷所有人，但傷得最深的是阿偉，因為他出手闊綽，而且喜歡用錢耍慷慨。大家都知道他從小就愛錢，曾經偷拿父母的錢大肆請客，鎮上大概有一半的人都嘗過甜頭。

在搬空的公寓裡，距離被掃地出門只剩三天，阿偉站在光溜溜的地板上為波波據理力爭。他指出波波的奉獻精神，以及在短暫巡迴演說中展現的智慧，具備前往布拉格實習的資格。

接下來發言的是晶晶。

她開口就說：「你的立場不中立。」接著指控阿偉和諾貝兒、波波、阿佳、白雪都有曖昧關係。

這實在荒謬。她們對他來說像姐妹一樣。至於女郎們，這樣的指控是莫大羞辱。

現場一片沉默，然後有人飆淚。接著大家散去。

大家再也無話可說。

也許他應該和尼哲說清楚。晶晶和尼哲走得比較近。

真相其實是，一直以來，阿偉光靠家人接濟根本不夠。哥哥有各自的家庭要照顧。家裡的魚池收入有限，向來入不敷出。阿偉已經有好幾個月必須東挪西湊付房租。為了大局著想，他早就學會把拿人手軟的羞愧往肚裡吞。

所以尼哲一直不知道，因為阿偉始終沒把話說明白，有時候像他姐妹的阿佳、白雪和波波，從來不是他的愛人，也不是學生，而是他的債主。

而且內情不止於此。阿偉多麼希望能夠和盤托出，一切透明化，像非營利組織對捐款人、或是企業對股東那樣開誠布公。他多麼希望同舟會能夠成為公開、民主的典範，他們追求的目標。但時機尚未成熟。阿偉也不知道該如何說明。以國內現在的條件，如果透露內情，就算只告訴尼哲，也會構成莫大危險。

事情的原委是：幾個星期之前，爺爺和阿姨先後找上他，分別要他幫忙經手由國外取得的經費，但爺爺不知道阿姨也有同樣的要求。爺爺的錢來自流亡組織，阿姨的錢則來自外國政府的援助單位。

如果在過去，接受外國捐款會讓他們馬上入罪。但按照法律，全民聯已在二〇一〇年五月六日解散。爺爺和阿姨現在都不屬於法律實體，不屬於官方承認的政黨。他們現在有充分權利以個人身分接受捐款。

話雖如此，從國外取得資金仍可能造成送命的風險，仍須完全保密，選擇的經手人也必須能夠完全信賴。因為用來打壓異議分子的諸多法律仍然有效，而且積極執行。

阿偉發誓保密。他既不能告訴尼哲，也不能告訴任何人。

他找到處理的途徑，拿到錢之後放在黑色電腦包裡，然後送到組織網一名住在盾迭的祕密成員手上：這個人從未浮上檯面，也從來沒有引起當局注意。

叔叔們知道內情，每分錢的用途和分配方式都有他們的簽名。

阿偉懇求他們挪出幾百美元，供同舟會和尼哲的民運聯合陣線使用。他懇求他們撥給他一個月房租。新的「祕密青年網絡」如果有機會發展茁壯，成為黨過去所沒有的研究部門，對全民聯有好處。全民聯開始考慮解散的時候，爺爺馬上看出開枝散葉的社會運動攸關重大。阿偉努力說服叔叔們，幫助同舟會等於培養未來。

但現在有太多其他團體。韓達明叔叔和奈溫不願偏袒任何一方。有一天下午在辦公室，他們指示阿偉把一筆錢交給另一個地下組織的年輕人。那就是尼哲目睹的場面，而阿偉幾個小時前才承認，他們的組織網已捉襟見肘。兩所學校和組織總部面臨被驅逐的命運，尼哲卻看到阿偉把錢拿給別人，以致完全冤枉他。

最後一次會議開始不久，晶晶馬上搞得天下大亂，阿偉卻有口難言。

The Rebel of
Rangoon

# 8 奈比多之路
## The Road to Naypyidaw

即使過去八個月來出現一連串改革，似乎開啟了新的政治空間，但兩人還是覺得，國家沒有絲毫改變。全世界大都稱讚，緬甸的轉變代表從極權統治轉型的跡象。但在緬甸國內，根本看不到一個開端的結束，或是一個結束的開端。大家說，我們已能看到隧道口的光線，可是我們仍然在隧道裡……

## 二〇一二年三月四日

深夜十一點左右，在一家冷清的醫院，一位年輕的國會議員候選人一邊把手掌上的血跡擦在牛仔褲上，一邊快步衝到醫院門口。醫院位在幾乎無人居住的大都市郊外，市區裡有巨大建築物，許多豪宅還搭著鷹架尚未完工。

奈敢林，別名「光明國」，也就是尼哲，感嘆地說：「這是我們國家真正的問題所在。」貧民窟出身的他曾在街頭叫賣討生活，後來投身反對運動，再變成政治人物，現在正爭取進入國會。

他雙手插腰，抹著椰子油的濃厚黑髮原本一絲不亂，現在有一撮散落到眉頭，他瞇著眼環視荒腔走板的環境。

軍政府標榜奈比多是未來的城市。他們大撒銀子到處興工，動輒數百萬美元的經費來自出售天然氣、石油、柚木、翡翠和紅寶石的橫財。可是，這座醫院一沒有自來水，二沒有肥皂，甚至連醫生也沒有。有兩名傷患躺在推床上，血流不止，意識昏迷。他們是尼哲和競選團隊四十分鐘前在路邊發現的車禍傷患，用皮卡車載到醫院來的，事故地點是一條八線道的大馬路，但沒有路燈，傷者倒在散落滿地的摩托車零件之間，圍觀群眾七嘴八舌。

三名戴著白帽的護士無精打采地站在推床旁邊，阿偉從她們和傷患身邊衝向尼哲。阿偉說：「她們只想要傷患的住址。」

阿偉無奈地搔頭嘆氣，儘管緬甸的規定多如牛毛，這也未免太離譜了。

這支全民聯競選團隊在醫院大廳跑來跑去，到處找醫生。阿偉衝回護士那裡，他們的皮卡車載著兩名傷患抵達醫院時，護士們像深夜酒吧裡的女郎那樣不在意。阿偉耐著性子跟護士說，先別一味追問傷者的姓名和地址，也別急著追究為什麼全民聯競選團隊代替救護車自行把傷者送到醫院，更別呆呆地瞪著傷患，而是應該考慮先進行基本的呼吸和心跳檢查，然後看傷患身上有沒有嚴重的創傷。阿偉念過半年醫學院，小時候曾待在父親的診所，雖然已是陳年往事，但他懂的比這些護士還多。

在反對陣營十三年，其中三年從事地下工作，阿偉以為什麼事他都見識過。他和尼哲都發下宏願，要打破社會在高壓統治下噤若寒蟬的積習。但每次接觸，每次目睹窮困景象，仍讓他驚心。即使過去八個月來出現一連串改革，似乎開啟了新的政治空間，但兩人還是覺得，國家沒有絲毫改變。全世界大都稱讚，緬甸的轉變代表從極權統治轉型的跡象。但在緬甸國內，根本看不到一個開端的結束，或是一個結束的開端。阿偉告訴蜂擁到辦公室的外國記者：「我們還在草創初始。」除了一九九〇年選舉前一段短暫的開放時間，這是外國記者第一次湧到全民聯總部。阿偉道出所有異議人士的共同心聲，國家鐵鉗驟然放鬆，機會可能稍縱即逝，大家只會比以前更急於推動過去沒有機會推動的改革。

摩托車事故現場，距離奈比多市區壯觀的環狀立體車道有數英里之遙，這裡的公路邊已經又是草木叢生，皮卡車車燈照亮了三十來個圍觀群眾。他們只會急得團團轉，自顧自地大聲嚷嚷，聲音交雜。尼哲耐心地聽他們一個一個說明，然後和自己人商量。阿偉則直搗黃龍，不理會一團混亂，踏過四散的金屬碎片和滿地血跡，走向昏迷的摩托車騎士身邊和處理事故現場的警察；這名警察只管拿著手電筒猛照傷者，叫他們把身分證拿出來。

阿偉說：「我是本區全民聯國會議員候選人奈敢林的工作人員。我們要把傷患送到最近的醫院，如果你有意見，可以打電話給他。」說完把手機湊到警察鼻子前面，亮出尼哲的電話號碼。

說明確一點，阿偉不是為老友工作，而是和他搭檔。技術上而言，他的位階甚至在尼哲之上。四月一日的國會補選，全民聯派出四十八位候選人角逐同額席位，阿偉負責協調全民聯全國競選策略、解決問題。

這次補選席次不到國會總席次的十分之一，是全民聯一九九〇年以來首次參選。尼哲要在軍政府將領地盤的四個選區之一角逐，猶如在太歲頭上動土，希望搶下一席。這四區呈現刻意營造的假都會風，卻是新法西斯主義混合美國居家修繕用品賣場的四不像，玻璃帷幕政府部會大樓聳立在空蕩蕩的八線道高速公路旁，圍繞三層閃爍燈光（路燈、耶誕燈、霓虹燈管），地下卻是北韓設計的碉堡。地下碉堡的資訊是阿偉的線民所提供，後來有逃兵把相關照片和文件洩露給記者，證實消息不假。

阿姨自己在伊洛瓦底三角洲的果牧區競選，這個多屬茅草竹屋的地方，距離盾迭鎮西南方約一小時車程。日前她入住該選區，為大選定調。阿偉先前騎著摩托車四下探訪居民，以了解當地人對於政治的敏感度（聊勝於無），以及當地的基本後勤資源（慘不忍睹）。

不過，和這名警察打交道，阿偉不想打翁山蘇姬牌。搬出本地國會議員候選人而不是女士名號，比較不會觸動公務人員的敏感神經，對尼哲剛起步的政治聲望也較好。阿偉早就學到殺雞不用牛刀的道理。但現在人命關天，個人尊嚴不是重點，重要的是不能讓官僚作風耽誤了兩條無辜人命。這正是他們努力的目標，也是他們甘願自我犧牲的原因：放棄大學教育，放棄愛情，也放棄工作擁有穩定收入的機會。誠如尼哲幾天前和麥納斯的氣呼呼音樂老師辯論尾聲時說的：「這就是我們抗爭追求的！」

皮卡車搖搖晃晃地急駛向醫院，阿偉要尼哲和競選團隊其他成員圍在傷者旁邊，大聲幫他們打氣，說他們會沒事，已有可靠的人在照顧他們，會幫助他們度過難關。其中一名傷患是個身體結實的年輕女子，顯然出身緬甸少數中產階級，另一個男子可能是靠勞力維生的貧苦民眾，一個月也許只吃得起一次或三次肉。他的呼吸帶著濃濃酒氣，臀部、四肢和身體瘦可見骨，衣衫襤褸，髒得發黑的沙龍好像蛋殼般硬邦邦。

在醫院裡，過去數週才追隨尼哲成為全民聯競選團隊的當地反對派人士，紛紛拿出手機，有的打電話給其他三個選區的全民聯成員，有的打電話到處找醫生。不管是什麼醫生，只要能火速趕來就行。

全民聯競選團隊人員亂成一團，第四名護士則站在櫃檯後，拿著木尺不斷敲擊登記簿，她大聲問：「名字？地址？」這名年紀比較大的護士臉色鐵青，似乎在責備他們三更半夜跑來醫院打擾安寧，違反地方當局規定。

在數排塑膠椅組成的候診區，一個臉上塗著亮色檀娜卡的小孩坐在椅子上，雙腳懸空晃動，他本來在吃便當，眼前的騷動讓他看得出神，一湯匙飯挖起來卻沒送進張開的嘴巴。

時間已接近午夜。當天距離四月一日的補選不到一個月。阿偉要趕搭夜間公車，南下兩百五十英里到仰光市，在天亮以前趕回在安達曼海邊發霉的全民聯總部，和現在擔任競選總幹事的奈溫叔叔開會。尼哲得去檢查在附近乾枯田野臨時搭建的競選舞台，因為阿姨明天上午要在這裡發表造勢演說，早就未演先轟動。忙碌之中，他們或許想過晚餐問題。尼哲從天亮忙到現在，而阿偉更從昨天晚上七點到現在都沒閒過。

不過，醫生出現之前，沒有人會離開醫院。

尼哲是僅次於翁山蘇姬的第二號候選人，翁山蘇姬和黨內元老欽點他代表全民聯參加補選。三十四歲的他在所有候選人中第二年輕。他深孚人望，熱情洋溢，朋友、同儕和家人一致稱讚他「誠實不欺」。

阿偉暗自感嘆，他本來也可以成為候選人，只怪自己錯失機會。上次他見到將軍出身的全民聯副主席T爺爺的時候，T爺爺指著他開玩笑說：「嘿！討老婆了嗎？」T爺爺每次見到阿偉都用這個玩笑做開場白，因為阿偉是王老五。T爺爺接著把他拉到一邊，告訴他應該參加真正重要的選舉：二〇一五年全國選舉，屆時國會所有席位都要改選。

但是，阿姨召見阿偉和尼哲時，只有尼哲挺身而出。阿偉明白表示寧可隱身幕後。一方面運籌帷幄才是他所長，另一方面，他想到要穿比尼薄外套就害怕。

阿偉和尼哲原本可能成為最完美的激進搭檔，但命運最後終究分道揚鑣。人生離合難免如此。無論如何，阿偉還有麥納斯。

⁂

在投票前兩天，有記者要翁山蘇姬給緬甸的民主進程打分數，最低一分，最高十分。翁山蘇姬回答：「我們正努力希望達到一分。」她在湖畔別墅舉行記者會，這棟殖民時代的別墅風格優雅，只是灰色油漆早已斑駁。別墅前的草坪現在修剪整齊，熱帶花卉環繞，雜草一度深及腰部的荒廢景況不復見。翁山蘇姬遭軟禁期間，連郵件投遞都曾遭斷絕，她無錢舉炊，被迫變賣家具換現。這些家具光是掛上她家的名號，就足以列入博物館典藏。但今天她面臨的考驗沒有那麼悽慘。她在正午熾熱的驕陽下站了將近兩個鐘頭，面對前所未見雲集在大學路五十四號自宅的記者、外交人士、國際選舉觀察員，妙語如珠、機智得體地應答，直到快要中暑。她在全國各地奔波競選，一直被中暑問題糾纏。

這場盛況空前的記者會，已經代表某種程度的勝利。二十三年前，全民聯獲得壓倒性勝選，如今再度創造歷史性變局。儘管他們不認同憲法的合法性，光是投身選舉這一點，已經把憲法條文的技術性爭議，提升為東南亞近代史上最重大、也最受矚目的政治大戲。為了這場補選，政府特別放寬對外國記者的簽證管制，數百名記者蜂擁而至，就近觀察選舉，或純粹不受阻礙地看到這位纖弱的偶像。二〇一二年四月一日的補選，是否真的能做到自由、公平？軍人和文人共同組成的政府讓人莫測高深，在二〇一一年最後數週到二〇一二年初，政府快馬加鞭地推動改革，舉世驚嘆，但他們是否甘心把少數席位拱手讓給他們一九九〇年代以來一直蠻橫打壓的政黨？翁山蘇姬脫離最後一次軟禁不過十七個月，政府真的會讓女士擁有公職嗎？這場選舉有希望結束緬甸的恥辱，就算不夠資格拍成好萊塢的辛酸血淚史詩電影，至少可以媲美阿姨的精神前輩哈維爾領導的絲絨革命政權轉移。

雖然投票日還沒有到，全民聯已經創下更輝煌的成就，他們左右開弓，一方面激起早對政治感到灰心的人民的熱情，另一方面自己也脫胎換骨，從近二十年來已行將就木的僵化組織，蛻變成民主政府的代名詞，可望實現他們的奮鬥初衷。

時至二〇一二年三月底，在緬甸最酷的行為就是高唱〈醒來吧，緬甸！〉這首用殖民時代革命詩篇改編的饒舌歌，加入全民聯。同樣酷的是力挺全民聯，他們的辦事處深入民間，或設在茅草和竹竿搭建的民宅，或是設在香蕉林間的泥濘小徑，或是設在沒水沒電的村落。想要耍酷，就要像忍者在額頭綁上有全民聯戰鬥金孔雀標誌的紅布條。幾個月前，這個孔雀圖案屬於地下學生組織，綁上去通常等於給自己買了一張直通大牢的單程車票。

二〇一二年三月底，新一代異議分子紛紛浮上檯面，他們有的遭放逐海外，有的曾經下獄，有的從事地下活動，各自磨練出抗爭功夫，現在結成聯合陣線。非正式的民運分子組織網，現在可以在光天化日下活動，因為可公開行動且具有合法性，他們的雄心壯志如虎添翼。

在國家權力洗牌中，這次的變革帶來一線希望。阿偉的頂頭上司奈溫叔叔說：「這是二〇一五年大選的前哨戰。」身形福態，滿臉斑點的奈溫經常法律術語不離口。他長期擔任全民聯發言人，在翁山蘇姬軟禁的最後幾個月並兼任她的發言人，最近變成全民聯競選事務主管。奈溫說：「我們需要有關選舉法規的經驗。法規有諸多限制，我們亟需實務經驗，希望能把情況弄清楚。」

四月一日投票之前，法規的限制和違規情形，對奈溫而言是家常便飯。出現的問題包括選舉名冊錯誤、候選人被取消資格、造勢場地申請被打回票或直接封殺，甚至被分配荒郊野外。全民聯競選海報被破壞，也遭到抹黑，包括老掉牙的指控——翁山蘇姬自甘墮落和外國人（她過世的英國籍丈夫）姦淫。可想而知，當局承諾提供電力、鋪設馬路，以換取整個村莊的選票。如果民眾不投票給軍方支持的聯邦鞏固與發展黨，強制搬遷或逮捕下獄的威脅甚至零星出現。

二〇一〇年五月六日全民聯被迫解散後，奈溫幾乎一肩挑起捍衛黨的法律地位的重擔，現在政府和反對黨之間此起彼落的法律拉鋸戰，正可讓他發揮長才。政府對全民聯讓步最多只到某種程度，讓其他國家認為這是一場公平選舉就行了。全民聯對選舉舞弊十分敏感，同時也深知，要讓緬甸擺脫不受信任的國際形象，取決於全民聯的表現，所以在各方面全力反擊。

二〇一〇年當選的部分議員轉任政府官員，國會六百五十九席空出了四十八席。在看到改革的具體證據後，全民聯決定參選，並且重新登記為政黨。

數十年來首次拼湊上陣的國會迅速打出改革牌。二〇一一年八月國會第二次開議時，不成章法的議事程序，竟能催生針對國內不公義等問題的立法草案。改革提案涵蓋籌組工會的權利、六種國家匯率帶來的嚴重問題，以及二〇一〇年通過的選舉法，該法明訂有犯罪前科者不得參選，意謂翁山蘇姬和所有政治犯都無法參選。

由自立門戶的欽貌瑞領導的全國民主力量黨，拿到寥寥可數的席位，他們一波接一波地提出草案，包括相當重要的土地改革法案，並發現提案受到重視。他們開始為挽救弊端叢生的緬甸經濟問題擬定詳細計畫。

接下來是三個好消息。首先，和少數民族克欽族的糾紛露出曙光，多年來這個種族糾紛一直徘徊在戰爭邊緣，反抗勢力日益壯大，流血抗爭成為知名詩人的血淚詩篇，阿姨也曾口誅筆伐。緬甸總統登盛片面終止和中國合作的三十六億美元水力發電計畫，該計畫會摧毀中緬邊界附近密支那的伊洛瓦底江的豐沛水資源。時隔不過數週，登盛又和克倫族聯盟匆匆簽署劃時代的停火協定，讓緬甸史上最悠久、源頭最不可考的少數民族抗爭暫時歇止。短短一天後，在一月十三日，他下令釋放數百名知名異議人士。翁山蘇姬終於可以自由地和一九九六年、一九九八年、二〇〇七年反抗運動的領導人物，尤其是一九八八年的民運領袖在一起。最後獲釋的是號稱「眾王之王」的明果奈、軍師閣閣吉、鐵奎、吉米，以及八八世代學生團剩餘核心分子，在緬甸人心目中，他們的地位和翁山蘇姬不分軒輊。

全民聯的關鍵時刻，是翁山蘇姬與登盛會面。雙方都強調會談的重要性，翁山蘇姬並告訴T爺爺、奈溫、韓達明等重要副手，她對總統的誠意深具信心。為了對改革表態支持，同時掌握新政治空間的契機，她決定率領全民聯再度投身國會選舉。儘管補選的席位不到國會總席次的十分之一，而且就算全民聯勝選，她也可能被關入國會的鍍金牢籠，讓匯聚的民氣被憲法嚴格箝制的流沙淹沒，但緬甸的民主抗爭已出現不可逆轉的改變。軍政府和全民聯長達二十三年的對峙，現在重回法律領域，將在體制內較勁。

總歸以上因素，雖然僅有區區七%國會議席改選，終於讓全國上下鬆了一口氣。

但有一個人心存疑慮。爺爺溫丁認為全民聯長期遭受打壓，現在體質還太虛弱。雖然突然之間，數以千計的支持者毫無懼色地參加全民聯活動，許多人開著慢吞吞的曳引機前往偏僻集會地點，或擠在屋頂、卡車後車斗看熱鬧，目的只是要看阿姨一眼。當然，他們「用腳投票」，但長遠來看效益不大。溫丁抱持一貫的謙虛態度說，這些人顯然不是衝著他來的。其實這是他的自謙之詞，他位於揚金的住宅訪客絡繹不絕，登記人數達許可的兩三倍。溫丁始終沒有慢下腳步，即便在心臟和髖骨手術之間，他還是拄著拐杖蹣跚前行。

最後，溫丁還是讓步了，再次屈服於阿姨的強大說服力。他掐指一算，阿姨即將滿六十七歲，從事政治的歲月所剩無幾。如果她光明正大地贏得國會席位，也許有一絲希望可在二〇一五年大選角逐總統大位。前提當然是必須修改二〇〇八年憲法——憲法第五十九條f款簡直是為了阻止翁山蘇姬出任總統而量身打造。條文規定，配偶或子女效忠其他國家者不得參選。翁山蘇姬已過世的丈夫和兩個兒子都是英國公民。

四月一日期中選舉對全民聯的另一個效應是，讓老邁領導階層能夠換新血。

三月四日凌晨三點半，阿偉由仰光抵達奈比多。除了背包裡的衣服，他隨身只帶著一只黑色電腦包，在長達七小時的車程中，他不時若有所思地撫摸著電腦包。

電腦包裡有一份阿姨幾天後將在緬甸電視台發表的歷史性演說講稿，這篇講稿的分量可說是字字如黃金，因為發表演說的領袖二十多年來身繫緬甸人民的希望，也代表著對軍事統治最大的威脅。二〇一〇年從第三次軟禁獲釋，她的一言一行受到國內民眾和全球矚目。阿偉把她的筆記整理打字成講稿後，馬上帶著列印稿跳上夜車，準備一早送到聯邦選舉委員會審核。委員會由退役軍官、學者、資深公務員組成，他們對選舉相關事務的宣布內容，過去數週來已成人民衡量政府誠意的指標。

如果委員會成員對演講內容有意見，阿偉得代表阿姨力爭，然後把審查後的版本帶回仰光。阿偉聽說審核過程大概要一兩個小時。委員會不肯立刻批准講稿，毫不意外。推拖拉是他們的新策略。

有人會逐字逐句仔細檢查講稿內容，而這個人的地位在委員會主席之上。委員會主席是退役中將，名列西方政府制裁黑名單，手上戴著四枚粗粗的金戒指，上面鑲的紅、綠寶石足足有指節大小。就算是最樂觀的外部分析家也不敢說，他所領導的機構談得上「獨立」。阿偉委婉表達反對修改講稿的立場，因為不能在奈比多虛耗三天等待委員會答覆，他那天接下來的時間和尼哲待在競選宣傳車的後車斗，不斷用手機聯絡，彙整各地選舉違規和干擾的情形，同時規畫監選員訓練，向坐鎮仰光總部的奈溫報告最新情況。

宣傳車司機嚼著檳榔提神，疾駛在奈比多公路上，載著尼哲一站一站地拜票，拜訪的多是椰子樹、棕櫚樹林，以及大片未完工別墅之間的茅草和竹竿屋。

這天黎明，尼哲舀了一盆井水潑在臉上，仔細地梳理好頭髮。他親一下扭扭捏捏兩歲兒子的臉頰，最後擁抱妻子琴桑達溫消瘦的肩膀，匆匆離開地方競選總部。琴桑達溫現在還沒有找到她的定位，但這只是遲早的問題。目前她是尼哲最可靠的無頭銜參謀。

❦

這一天，三月四日，還不到挨家挨戶拜票、談政見、與選民盤腿喝茶的時候。現在也不宜重新設計車輪、臨機應變改裝，展開根據高深學問策畫的競選策略，或是採取自由發揮、民眾參與的戰術；他和阿偉在不同的民運組織裡早就練就一身功夫。今天他唯一的任務，是準備接待阿姨來訪。

尼哲到處拜票期間，不斷在車上向阿偉強調，不需要阿姨為他站台。他甚至不希望她來。他說：「我認為，此刻是新生代領袖出頭的機會。」他正在琢磨，在向農民拉票時，是否要問他們，如果能自由選擇，真的願意花錢買一頭老牛嗎？有人提醒他，這樣講話顯得十分不敬，他笑說：「我尊敬前輩元老，可是他們犯錯時，我不會盲從。我不會被傳統綁死。我一直告訴他們，雖然必須尊敬長輩，但也要做自己，有自己的信念。我有我的信念。」

尼哲匆匆跑到一家網咖，還去列印大張選舉海報，海報的畫面是這位面帶微笑的年輕候選人，站在笑容滿面的溫丁爺爺後面。接著他趕到一片田野中，他的競選團隊正在趕搭舞台，有人在附近的羅望子樹上掛了一個擴音器，大家在震耳音樂聲中敲敲打打趕工。

這時有位僧侶打手機通風報信說，尼哲的聯邦鞏固與發展黨競選對手的支持者密謀縱火，意圖擾亂阿姨的訪問。密謀者在這位僧侶的寺院中商量詭計，短視地以為出家人會同情，不然也會心存顧忌而不敢聲張。尼哲高興地把消息通報當地執法單位，為反對派突然要求情治單位服務的諷刺性而莞爾。不過短短數週之前，他們的特務還藏身茶室監視他，他每天往返陀邦區住家和講授顛覆政治課程的途中，公車上也有人跟監。

接下來，他回總部拿競選傳單。最後一站是沿著選區一條香蕉林間小徑到村子裡去。村童追著山羊和小雞嬉耍，弄得塵土飛揚。樹葉不堪午後的酷熱，垂頭喪氣地掛在枝頭。唯一有點生氣的是幾輛停在一間高腳竹屋外的摩托車，車上用細旗杆撐起全民聯旗幟。阿偉拿了顆橘子扔給一名瘦巴巴的村童，然後攤平在宣傳車上補眠，以恢復昨天搭夜車的疲勞。尼哲則和八位競選團隊成員在屋裡陰涼處，坐在地上腦力激盪了一小時。

一位皺紋深似核桃的老爺爺坐在竹椅上打瞌睡，一名老奶奶邊輕笑邊攪動炭爐上熱騰騰的咖哩。尼哲的團隊只剩不到二十四小時可以作業，他們必須在期限內把二十七個村落的合格選民名冊呈交給選舉委員會，否則就得接受政府二〇一〇年所編製的不準確名冊。他們忙著翻查厚厚的名冊，裡面錯誤層出不窮：有的人根本不存在，有些選民並未登記在冊，有些選民遷居其他選區，有人數年前已亡故，還有一批外來勞工的戶籍根本在他處。

時間緊迫，摩托車呼嘯而去，驚起雞群四散奔逃。

尼哲的競選總部是一棟空蕩蕩的兩層樓水泥建築，附設戶外廁所和一口水井，由當地一位罐裝氣泡飲料和小飾品製造商提供，做為他們的競選場所。這棟建築坐落在竹竿、鐵皮和水泥拼湊的小屋之間。大大的紅色標誌正對著一棟豪宅的工地，屋主不是別人，正是緬甸權力數一數二的人物——貌埃將軍，他曾任國家和平與發展委員會第二號人物，目前仍位居緬甸國防軍總司令。

⸙

實體對決，可說是緬甸目前局勢的寫照：全民聯是代表人民的政黨，窮得像茅坑裡的老鼠，再度挺身而出，挑戰財大氣粗、深溝壁壘的高階軍官。這些軍方強人五十多年來把持緬甸所有權力，造成緬甸淪為全球最貧窮、最腐敗，也最受壓迫的國家。

現在，全民聯所求不多。經年累月遭到打壓，加上艱困的環境，把他們剝削到只剩下理念。但他們仍然燃燒的希望發出光芒，而希望來自他們奮力想擺脫的貧窮。阿姨最近寫道：「我們奮鬥的目標並不在於用一個政府取代另一個政府，這是反對黨的職志。我們奮鬥的目標也不僅止於促使體制內的某種變革，就像異議人士的應有作為。我們的努力、我們的生命，都是為了實現全民期望的總和，追根究柢，這些期望和世界各地民心並無二致。」

捷克前總統哈維爾曾指出，當年緬甸異議人士在「泯滅人性的政權桎梏下慘遭荼毒」。阿姨的聲望遠超越全民聯，而全民聯只是各路貧窮民運人士湊成的聯盟，他們的範疇是監獄圍牆、國界，現在則擴大到網路。

二〇一一年十二月，全民聯向選委會重新辦理政黨註冊時，捨棄了舊標誌斗笠。就算他們不想換，斗笠和欽貌瑞的全國民主力量黨標誌衝突，因為後者已採用雷同圖案。欽貌瑞再度被指責為叛徒，這位科學家出身的和善政治人物指出，其實斗笠標誌是出於他在一九九〇年的構想，況且緬甸仍有七五％屬於鄉村，斗笠是強而有力的象徵。候選人在稻田或山丘競選時，斗笠的意象鮮明。欽貌瑞說，任何黨員如果不相信他的話，請拿出反證來。全民聯因此決定改用戰鬥孔雀為象徵，那是緬甸全國學生聯盟總會的舊標誌。

⁂

三月五日傍晚，造勢大會上煤灰瀰漫。火紅的夕陽穿透煙塵，映照著新建水泥建築形成的參差天際線。滿身白色灰塵的勞工們乘著卡車從寬闊公路趕來，車子經過公路旁一片零零落落的茅草屋，屋間小巷曬滿衣服。附近一間茶室今晚生意興隆，一群穿著白T恤的年輕人在茶室旁踢足球，他們的衣服上有軍方政黨聯邦鞏固與發展黨的綠獅子標誌。儘管一輛接一輛的卡車和數以百計的摩托車向他們直奔而來，他們毫不在意地繼續踢球，至少表面上好像無動於衷。卡車和摩托車觸目皆是全民聯的代表色紅色，有紅旗、紅色標誌、也有紅色貼紙。大家都綁著紅色頭帶，臉上貼著紅色貼紙，開放式後車斗的卡車和運動休旅車，貼滿大幅鮮豔標誌。在奈比多的天空，全國民主聯盟的旗幟今天迎風飄揚。翁山蘇姬來了，全民聯霎時勢不可擋。

這場晚間造勢大會的人潮不如阿姨下午為尼哲站台時踴躍，當時有數百人隨著全民聯的競選歌曲起舞歡笑。尼哲選區的群眾苦等數個鐘頭，就為了一睹阿姨的車隊到來。他們有的蹲在陽傘下，有的席地坐在鋪著稻草的地上，因為逆光而瞇起眼睛，盡可能搶占最靠近講台的位置。全民聯志工則忙著散發小紙旗。小吃攤和水果攤開始在旁邊做起生意。一位滿面滄桑的老農夫啜飲著甘蔗汁，開始講述阿姨父母親的婚姻軼事。滿載支持者的卡車從仰光和盾迭遠道而來，車上擠滿載歌載舞、拍手歡唱的支持者，有些人從數百英里之外就跟隨著阿姨的車隊，一站接一站地遊走各地選區。支持者一次又一次湧現，因為：

「我還記得一九九〇年。」

「她的演說百聽不厭，絕不會！」

「我們要民主！」

在尼哲支持者連夜趕工搭建的講台上，阿姨的競選團隊左右簇擁把她拉上台，他們圍住她以免被數百雙手抓傷，這些手可是甘願把她捧上天。

「蘇姨！蘇姨！蘇姨！」

髮際插著白玫瑰的阿姨，頂著沙啞的嗓子開講，連日來馬不停蹄的行程和排得密密麻麻的活動，早已讓阿姨的聲帶不堪負荷。但阿姨臉上隨即綻放出笑容，輕聲細語地開始和台下聽眾親切交流，彷彿每個人都是多年老友。一旁的尼哲穿著傳統比尼薄外套，不時對演說的重點頷首稱是，表現恰如晚輩應有的分際。她拍拍尼哲的肩膀，台下響起掌聲；她脫稿談到尼哲選區土地被充公的事，台下吼聲如雷。

整個活動前後不到半小時，阿姨、尼哲、黨內大老及奈比多的其他三位候選人搭車穿過田野離開，他們站在休旅車上，由天窗探身和如痴如醉的群眾擊掌，做出勝利手勢，或是低頭讓支持者套上花環。

競選車隊接下來趕往奈比多的另一選區，為全民聯候選人桑達敏（Sandar Min）站台。桑達敏的場子位在軍政府行政區的中心，不遠處是一座寶石交易市場，附近旅館住滿了買賣翡翠和紅寶石的中國商人。造勢晚會上，全民聯支持者和少數旁觀群眾聚精會神地聆聽，毫不在意嗆喉的煤灰。一名手拿釘錘、肩背布袋的零工停下腳步，在橘子樹下望著數百英尺外的講台，停下腳步看得出神。紅色講台上的綠衣身影有些模糊，但絕對錯不了，就是「母親」，她的委婉話語不時被歡呼聲淹沒。

沒有人——包括叔叔們——期待新首都奈比多四個選區的所有全民聯候選人能夠大獲全勝。這些候選人包括生澀如青芒果的尼哲；四十四歲的桑達敏，這位堅毅不撓的女企業家，擁有的學位比阿偉和尼哲兩人加起來還多，她學生時代就參加民運，一九八八年以來兩度入獄。另一位候選人敏杜（Min Thu）也是一九八八年的學運分子和政治犯，一月十三日才剛剛獲釋，他也是全國唯一遭彈弓攻擊的候選人，他的一名隨扈受傷。所有候選人中最不被看好的則是塞亞多（Zayar Thaw），至少在尼哲和阿偉的非正式民調中如此，這位三十一歲的知名嘻哈歌手和音樂人，是全民聯最年輕的候選人，他共同創辦以拳頭為標誌的青年團體「浪潮世代」跳入政治圈，也因此難逃牢獄之災。

補選的四十八個選區雖然為數不多，但極具代表性，不僅擁有各種地理風貌，也代表了不一而足的緊急狀況，和方興未艾的改革範疇。從中央平原的多數民族緬族重鎮，綿延到中緬邊界喜馬拉雅山區少數民族克欽族反抗軍和緬甸軍隊交戰的地方。根據聯合國統計，二〇一一年六月以來，和克欽族的種族武裝衝突已造成五萬五千人流離失所。補選選區南至匕首狀的泰緬邊界，西至安達曼海濱，當地的熱門議題是義大利、泰國共同斥資數十億美元在「特別經濟區」興建深海港口的計畫。翁山蘇姬計畫出海到紅樹林和珊瑚礁密布的丹老（Myeik）群島拜訪選民，當地政府卻拒絕出借快艇。載她往返島上選區的漁船速度慢，後來擱淺。在熱帶豔陽下漂流了好幾個鐘頭，害阿姨嚴重不適。

其他選區的支持似乎成定局。愛滋鬥士漂漂廷在仰光市明格拉當紐（Mingalar Taunt Nyunt）區競選，這裡喧囂熱鬧，空氣裡瀰漫著小茴香的香氣，以及清真寺傳出的週五祈禱聲，凸顯出緬甸穆斯林受到歧視的艱難處境，以及其他少數宗教團體權利遠不如佛教徒的情況。在靠近泰國邊境的選區，以及英國侵略之前稱為上緬甸的乾涸大陸，反政府的情緒高漲，萬人空巷，從瓦城到機場的車程一般僅需二十分鐘左右，翁山蘇姬的車隊卻足足走了六小時。

在距離家鄉阿穆拉布拉數小時車程的皎勃東（Kyauk Padaung），Z醫師的競選活動聲勢浩大。附近的木各具是袈裟革命的發源地，似乎往事重演。全民聯候選人派克柯（U Pike Co）槓上現在已和聯邦鞏固與發展黨一個鼻孔出氣的當地官員，他指責該官員二〇〇七年九月下令把一名示威抗議的佛教僧侶綁在柱子上痛毆。派克柯是當時加入示威的地方俗家領袖，由於他們的參與，示威迅即蒙上政治色彩。

奈比多的問題則截然不同。

自告奮勇幫尼哲開車、嚼著檳榔在高速公路上奔馳的阿丹（Thant）不只是司機，也是助手。原本是船員的他顴骨突出，是最先堅定支持來自仰光的年輕候選人尼哲的地方居民之一。阿丹非常投入，即使妻子要求暫時分居，他也不為所動。他的妻子說，為了保護自己和孩子的安全，最近一兩個月他們最好分開，至少等到選舉結束，或特調組結束掃蕩再說。

全民聯在全國各地重新打樁，所遭遇的主要障礙包括消弭大家的疑懼。桑達敏的造勢大會吸引的人潮並不如尼哲，那是因為她所屬的選區和敏杜、塞亞多一樣，居民主要是政府官僚，要他們摸著良心投票本來就有困難，加上左鄰右舍多是高階軍官，要搶他們的選票難上加難。許多人雖然暗中支持全民聯的候選人，但別指望他們公開表態，據傳他們如果不投票給鞏發黨，可能遭到打壓甚至被捕。

尼哲估計，他的選民人數在一萬六千九百人左右，主要是農民，但要爭取民心也同樣挑戰不小。尼哲初上陣時，選民並不喜歡他。第一，他沒沒無聞；第二，他不是政治犯。尼哲可以看見選民臉上的不認同。在八週的競選活動中，他從未到奈比多的知名地標拜票，包括巨型水公園、貼著廉價翡翠的烏把達薩迪（Uppatasanti）佛塔，以及矗立著三尊緬甸古代戰士國王銅像的國會下院人民議會大樓。尼哲沒去這些地方，一方面是出於不屑，另一方面主要是他寧可把時間花在拜會選民，傾聽選民心聲。

阿丹開車載著他四處奔波。許多村民訴苦，他們的土地被大企業霸占，這些企業不是屬於軍官，就是屬於軍官們的少數親信。許多人只能靠打零工餬口，工作時有時無，不但工作性質危險，而且賺的錢只夠買一盤最便宜的米飯，想配咖哩都沒辦法。頓失生計的人往往萬念俱灰，有時候好幾天都關在房間裡不肯見人，有些人乾脆仰藥一死了之。尼哲和阿偉半路搭救渾身酒氣的機車事故昏迷傷患，可能也是這種遭遇。

之前幾週，全民聯辦事處紛紛再度出現在全國各地鄉村和城鎮的民宅。民眾的恐懼已經消失，各地程度不一。即便是仰光的酒鬼也知道，全國民眾再度蜂擁加入全民聯，如果警察威脅他們，他們可以把警察趕走。

尼哲和競選團隊發現，他們經常得在各個互不相讓的競爭團體之間滅火，不但新舊派互相較勁，還有第三股勢力躍躍欲試，後者是經年累月隱身暗處的地下活動分子。在盾迭，後起之秀故意把辦事處設在老將的破舊店面對街，擺明要挑戰二十年來毫無作為的前輩。無能！投機分子！膽小如鼠的雙面諜！各派系相互叫罵，怒氣衝天。老傢伙害得黨奄奄一息，年輕人是養尊處優的民運分子，至於第三股勢力——既然他們那麼會搞神祕，誰能保證他們現在不是對手黨的暗樁？

在關鍵戰區果牧，阿姨自己出馬競選，阿偉表面上對一名沉迷於過去豐功偉業的全民聯安全人員唯唯諾諾，轉頭卻和一位律師共謀大計，他覺得這位律師不但人脈比較廣，而且也比較願意跳脫窠臼，在投票日之前教育大眾。

阿姨負責處理特別難纏的人，施展媲美所羅門王的政治智慧。她說，每個人都有權利入黨。現在黨需要的是普通黨員，組織架構問題可以留待將來，等有機會執政時再考慮。

尼哲周旋在互相較勁的派系間左右逢源。在奈比多，要四處活動一定要有汽車，也就是燃料，而且需求遠超過每週固定配額；換句話說，需要鈔票，而且是大把鈔票。正好有兩個派系在爭奪開設全民聯辦事處的權利，兩邊都有好幾位有錢的成員，願意撒錢在越來越激烈的選戰中，幫助己方候選人。尼哲的所有家當連汽車後車廂都裝不滿，他和妻兒能靠奈比多全民聯派系之爭滿足交通的需求。

政黨傳統崩解未嘗不是好事。候選人開始降低依賴阿姨的光環，自己想辦法。在仰光市明格拉當紐區競選的愛滋鬥士漂漂廷，他的競選團隊在鬧市開辦臨時搖滾樂演唱會，樂聲傳遍大街小巷。一九八八年民運分子、永盛監獄聯合行動委員會成員彪明登（Phyo Min Thein）在獄中靠有關越南的書籍滋養心靈，至今仍保持清晨四點即起，前往仰光大金寺靜坐冥思的習慣，他選擇的競選方式是舉行類似里民大會的集會。四月一日之前的五天正好是軍人節，但除了軍方，大家過的是革命紀念日。上千名來自一百多個村落的男女老幼齊聚載歌載舞，並史無前例地為過去革命的犧牲者默哀一分鐘；彪明登和全民聯地方幹部輪番上台宣揚全民聯的選舉宣言：法治、國內和平、修改二〇〇八年憲法，引起台下歡呼聲震天價響。

活動結束數小時之後，汽車、曳引機喇叭聲仍此起彼落，歡樂慶祝的氣氛持久不衰。麥納斯站在路邊，目瞪口呆地看著興高采烈的人群，萬萬沒想到會出現這樣的情況。空軍總部就位在該選區，這裡可能還有北韓援助的祕密飛彈工廠，大家卻忘形地慶祝，彷佛置身另一個星球。

阿偉派他、翁都亞樸和其他幾名活躍分子到投票所實地演練，以確保在選舉日能監督投票。

麥納斯覺得，民氣可用。他很高興能把這個情況報告阿偉知曉。他現在把阿偉奉若魔法大師，身在遠方，卻能操控自如地指揮各城市鄉鎮的競選戲碼，比一般競選策士厲害。

全民聯最大的考驗，幾個小時後即將登場。

四月一日的破曉陽光剛剛照亮仰光市，各地已出現湧向投票所的人潮。在全民聯總部二樓，幾乎占據整層樓的「戰情室」架設了七具電話，清晨六點投票開始前不久到黃昏，鈴聲響個不停。阿偉的手機早就成為全民聯下班後的非正式熱線，他從前一天晚上就電話接不完。投票日早上，他和研究團隊——諾貝兒、白雪、安吉麗和幾位叔叔——把全國各地傳來的消息轉報給奈溫，奈溫則手不停筆地把一封封的正式信函發給選舉委員會。二〇一二年四月一日，是奈溫此生最忙碌的一天。

每次傳來新的選情，阿偉就暗中打電話給他喜歡一同小酌幾杯威士忌的達人死黨敏敏（U Min Min），立刻在臉書上播散消息，成為四千位（而且持續增加的）「朋友」的必讀資訊。這些朋友是跨國的網路政治消息靈通人士。

其他團體也不遑多讓，包括大哥們、浪潮世代、近年來已經建立異議組織名聲的團體，他們守在電話、電腦、臨時民眾叩應中心等候消息。歷經二〇〇八年的作弊公投和二〇一〇年的舞弊選舉，反對黨陣營莫不全面戒備政府再出賤招。

上午十點左右，危機出現。一連串的電話打進來通報，有數百張選票上的全民聯候選人姓名欄位被塗蠟。奈溫立刻提出法律警告，緊急通報奈比多的選委會，但是辦公室裡沒有傳真機，儘管阿偉幾天前就安排好中國觀光客幫忙，但他投宿的飯店沒有一部傳真機功能正常。到處找不到傳真機。

阿偉苦思對策，決定打電話給尼哲。

尼哲正穿梭於各個投票所，他和阿丹馬不停蹄地巡視，指揮兩百多名全民聯監票志工。他說：「什麼？我聽不到，什麼事？我現在很忙耶！」投票前一天，所有志工才齊聚他的競選總部，擠不進去的人只好站在門外和樓梯上，聽取最後的精神講話，以及仰光法律顧問的問題解答。

阿偉吼回去：「你只忙你的選區，我忙的可是全國選情！」他動之以情，總算說動尼哲，趕往附近的網咖列印奈溫的信函，驅車走公路直送選委會。

下午四點投票結束後，立刻開始計票工作，一個票匭接一個票匭開。由於邀請太遲，國際選舉觀察員無法親眼目睹整個競選過程，但他們旋即宣布，選舉「乾淨」、「相當順暢」而且「透明」。他們說，緬甸的基礎建設幾乎停留在十九世紀，機器也差不多是同樣年代的老古董，所以選票和選民名冊有些瑕疵可以理解。但瑕不掩瑜，至少在投票日當天，展現出人意料的自由和公平。

下午四點一到，尼哲趕到地方選委會。他的監票志工由各投票所打電話報票數，他逐條記錄在紙上，然後疊好放進新襯衫的胸前口袋。這件雪白的無領襯衫是他昨天深夜才在當地大賣場買的，就是為了迎接開票結果。

❦

三月三十一日投票日前夕，尼哲雖然心情緊繃，卻裝作老神在在。剛剛有消息傳來，鞏發黨候選人用變壓器賄賂整個村子，而且在當天用緬幣八千元（約八美元）的高薪僱用二十五名年輕男子，尼哲和競選團隊推測，除了當打手，想不出來僱用這些人有什麼作用。尼哲胸有成竹，妻子和父母也都覺得勝券在握，不必緊張兮兮的。再過一天，他的父親將含淚感謝上蒼，讓他能親眼看見兒子實現他們這一代所無法完成的政治理想。母親則含笑看著排行老三的孩子，這個孩子在娘胎裡就曾託夢給她，她深信尼哲必有成就。現在，長大成人的兒子身著白衣，英氣煥發，為人表率。

尼哲需要郵票、便利貼和正式計票作業所需的某種不知名昂貴紙張，於是和家人到大賣場採購。尼哲和家人走過一排又一排亮閃閃的罐頭、胖胖瓶和塑膠膜包裝的各色物品，沒有人認得這位候選人。琳瑯滿目的商品讓他們看了頭昏眼花，從未目睹如此的豐盛。

他的父親在冷藏區拿起一顆飽滿的火龍果說：「這家店簡直土匪！」火龍果的標價足夠讓北歐格拉貝的一家大小好好地吃一頓大餐。他們討論冷凍肉品頗久，最後決定買一小盒木瓜沙拉當晚餐。後來，尼哲經過一個清倉特賣的貨架，上面擺滿龍吉和白襯衫，才想到需要新行頭。他的三條龍吉都已經變舊變髒，和新科國會議員完全不搭調。

不到二十四小時之後，他站在來自仰光的法律顧問旁邊，準備用自己的監票結果比對選委會的官方結果。第一村：三八六票對一九二票，第二村：三一八票對二一七票，第四村：五八〇票對二八一票。他逐步邁向勝利。

在仰光，沒有幾個人敢像尼哲那樣表現得信心滿滿。沒有人，甚至連一九九〇年代的老將，也未曾想像過勝利。

晚間六點不到，黨總部的場景丕變，原本只有少數彬彬有禮的訪客，現在演變為紅潮澎湃的街頭慶祝會。紅色是全民聯的代表色，只見街頭到處竄動著紅頭巾、紅T恤和掛在竹竿上揮舞的紅旗。麥納斯蹲在總部的屋頂上，不斷輸入選情並投射到外國非營利組織借給他們的螢幕，身旁的擴音器傳出震耳的全民聯競選歌曲。翁山蘇姬在果牧區勝選的消息傳來，現場歡呼聲足以震撼仰光市大金塔的塔頂大鐘。到了晚上九點，喧鬧舞動的紅潮蔓延到附近街道，高漲的情緒甚囂塵上，T爺爺特地由總部擠出來向群眾喊話說，翁山蘇姬要求他們不要太激動，要守秩序。到了晚上十一點，數以百計的全民聯支持者仍不斷湧進全民聯總部外的街頭慶祝會，奈溫決定先離開。如果全民聯團隊被冠上煽動脫序集會的罪名，無異授與軍方口實，可以按照老辦法指控他們破壞社會安寧、危害國家安全。選舉結果跌破所有人眼鏡，連全民聯自己的黨員都沒有料到，全民聯幾乎大獲全勝，除了在泰緬邊界的撣族重鎮臘戌。雖然歡天喜地——甚至連被視為軍方鐵票區的奈比多四個選區，都成了全民聯的天下——他們更要小心翼翼，絕對不能觸怒當局，以免重演一九九〇年的惡例。

於是全民聯團隊成員一個個靜悄悄地離開，穿過人群，躲進阿姨謹慎低調的副手韓達明的汽車上。他把他們一一送回家，讓他們午夜前可以倒在草蓆上。他們精疲力盡，受寵若驚，獲得肯定。

一直對緬甸實施外交和金融制裁的美國和西方大部分國家，開始大幅放鬆制裁。許多人認為，有了足夠的外援和投資，緬甸可望加入較大區域經濟發展的陣營。

但異議人士認為，二〇一五年的選舉仍是一條漫漫長路。大哥策士閣閣吉說，人民對補選結果的反應，與其說是摧枯拉朽，不如說是「沉默示威」。一個對示威知之甚詳的人說這種話，頗具爆炸性，連爺爺也大感震撼。投票日當天，他坐鎮瓦城的全民聯管制中心，他說：「真的，我們沒料到會贏這麼多。」因為全民聯人氣和支持度飆升，欽貌瑞的全國民主力量黨的經費和媒體曝光率告急，支持者變心。全國民主力量黨最後全軍覆沒。但欽貌瑞了無遺憾。民主本身獲勝了。

選後數日，獲勝的候選人在仰光集會慶祝，叔叔們開始計畫因應後來未出現的軍方反撲，阿偉則百思不解，自己為何麻木。過去幾週他所達成的目標，遠比過去幾年加起來都多。之前種種充其量只是前奏曲，但他心裡卻有一種不可言喻的淒冷和蒼涼。周圍歡欣鼓舞的氣氛，絲毫不能滲入心裡。

阿姨接獲世界各國領袖的邀約，將出訪奧斯陸、倫敦和數國首都，邀請阿偉同行。上次他申請護照時，當局要求他做內應才肯發給護照。在阿姨即將展開一九八八年以來首次國際飛行之前的幾天，他再度申請護照，特調組不置可否。叔叔們出面緩頰，得到的結果還是一樣模稜兩可。

政治空間的擴展打開了全民抗爭的閘門。審查官員仍然封殺特定議題的報導，例如僧侶、政治上仍然遙遠的北部克欽邦的戰爭、企業大亨的貪腐；大亨和高階將領、亞洲其他企業的暗地交易，箝制了緬甸大部分的資源，解套遙遙無期。

不過，許多記者不理會新聞審查委員會的三令五申，照樣報導不誤。工廠工人從早到晚罷工，要求提高待遇和改善工作條件，他們暗中接受異議團體接濟的食物和酬勞，維持罷工行動。受到伊洛瓦底江水力發電計畫喊停的激勵，反對各種興建水壩、開採石油計畫的活動紛紛出現。

儘管改革新政已上路，但反對者名字仍被記錄，照片仍被拍下，許多嚴刑峻法仍未廢除，例如禁止自由集會，出門時外宿須向地方當局登記，以及禁止與定義不明的「非法團體」往來。

新聞部公共資訊局長耶杜（U Ye Htut）解釋說：「積習難改。」雖然登盛總統的施政計畫落實為改革，政府的想法卻諱莫如深。爺爺告訴訪客：「大家說，我們已能看到隧道口的光線，可是我們仍然在隧道裡。」

⁂

第一個障礙很快出現。為了準備參加下週國會議程，阿姨再次研讀憲法，注意到有個條款規定，新國會議員必須宣誓「捍衛」憲法。對一個競選時提出法治、國內和平、修憲三大保證的政黨來說，接受這個條款必定後患無窮。修憲本非易事，如果遵守這個條款，將來幾乎不可能修憲。

奈溫立刻帶著阿偉趕回奈比多。搭公車緩不濟急，於是他們叫計程車上路。如果登盛總統不讓步，新科國會議員將抵制第一次會議。

這項行動可能是一步高明的險招。登盛總統帶領緬甸重回國際舞台的行動眼看成功在即，阿姨和全民聯怎樣都不會出錯。深具影響力的網路流亡媒體《彌斯馬》的新聞標題說：「全民聯踉蹌起跑！」《彌斯馬》原本在印度新德里營運，但曾參與一九八八年民運的發行人，最近在緬甸國內開設辦事處，成為和解的明確訊號。新的政治僵局造成支持者分裂，部分外國觀察家的心也涼了半截，他們原本對即將取消的制裁垂涎三尺，因為這代表緬甸這塊處女市場可以任由他們大顯神通。他們說，全民聯再次暴露政治短處。

最後，全民聯讓步了。

阿偉說：「我們還在草創初始。」

後記
# 不確定的未來

只有
這塊紅色岩石下有陰影，
（快來躲在這塊紅色岩石的陰影下），
我來指點你有什麼不同，無論是
早晨在你背後闊步的影子
或夜晚起身迎接你的影子；
我會用一抔土告訴你什麼是恐懼。

——艾略特（T. S. Eliot），《荒原》（*The Waste Land*）

天堂在哪裡？應該這幾天就到了呀。

一年前，麥納斯就這麼篤定，當時他蹲在全民聯辦公室的屋頂上，把補選的開票結果輸入到螢幕畫面，播放給那些因為勝利在望而激動瘋狂的群眾觀看。

不過，他卻每晚被母親的尖叫聲硬生生嚇醒。

「哎呀、哎呀！他們來了嗎？來了嗎？」

她指的是那群暴徒，或許就是先前對著全民聯的勝選叫囂咒罵的同一幫人。他們一邊嬉笑、一邊朝著她家投擲汽油彈，打算看著她活活被燒死，連同她的丈夫和兩個兒子。

「他們來了嗎？來了嗎？」

每有碰撞聲或開門的尖銳摩擦聲，或是仰光街頭流浪狗凌晨三點同時哭嚎，都讓她從床上驚醒。又累又直冒汗的她會出現在麥納斯床邊，一個婦人家的身影急急忙忙把一件件衣物堆成堆，連同僅有的金飾、鍋碗瓢盆及小家電和電線，還有所有來得及搶救的物品一塊兒打包，顧不得接下來要搬到哪裡。

他們沒有保險，身無長物。只要朝他們的家，或開在鬧區的電器行，還是過了河五分鐘開在達拉貧民區、現在由麥納斯看顧的木造小店面，丟一根火柴，全部就付之一炬了。

一九六七年，年紀輕輕的她就曾目睹這種景象。當時，他們是衝著華人而來。直到現在，每個夜晚只要看到那些有關村子被洗劫、民眾被活活燒死或痛毆的最新報導，彷彿全國的人命都賤如糞土，早已睡眠不足的她，腦海裡又會浮現數十年前的畫面。她會說，就在這條路上，在這裡，原本有兩戶人家，就在這個大都會的中心，他們原本看好這裡可望成為國際重鎮，而在二〇一三年搬回來，暴徒們卻把他們放火燒了，只因為看不慣他們出身不同。

這次，他們是衝著穆斯林而來。

他們一天天逼近。一具具屍體，還有清真寺、商店和住家冒著煙的斷垣殘壁，描繪出一條殺戮的軌跡，從二〇一二年六月的西部若開邦開始，延燒到仰光以北不到五十英里的小鎮奧坎（Oakkan）。

麥納斯不清楚他的家族最早是何時來到緬甸，或許幾代了吧。他們的根就在這兒了。所以問這樣的問題，很明顯就跟認為他的抗爭——長久以來爭取民主、人權、公義及自由的抗爭——不知何故是專屬於緬甸佛教徒的想法一樣牽強。

沒有人願意馳援。警察不會，任何穿制服的人都不會。美國人或東南亞國協的國家也不會。就連翁山蘇姬都令他們失望。如今進入政府的她已成為制度的一部分，就算她提出任何批評，也都是輕聲細語，而且冷酷地堅持中立、雖無意卻又平淡的論調，呼籲遵守「法治」的必要。

一股被層層包圍、就像是暴風雨前死寂的氣氛縈繞不去，夾雜著進口市場大舉開放後，路上成長四倍、甚至五倍，把街道擠得水洩不通的車流排放的塵垢和廢氣。往街區走去，在老舊的多種族區敏格拉當紐，民眾在清真寺和印度教寺廟間展開鄰里守望勤務——佛教、穆斯林及印度教長者參與的「跨宗教」合作，身旁是裝茶的保溫瓶和棍棒，徹夜不眠，以防暴動死灰復燃。就連佛教徒也準備好逃生包。諾貝兒家則是拿逃生包充當枕頭。

一星期前，麥納斯搭了三天的巴士，四處尋找避難所。他在過了北部中緬邊界不遠處找到了：地處邊疆的貧窮小鎮，居民都是在不同文化及國家間討生活的人。那裡沒有未來，連要做個像他在達拉才剛起步的小生意都沒指望。達拉那個老鼠為患的河邊貧民區，至少因為鄰近仰光，近幾個月來每平方英尺的地價飆漲了四十倍，超越曼谷，與舊金山不相上下。因為傳言當地將被夷平，騰出空間來興建會議中心、高爾夫球場及華廈，吸引了一些愛做夢的中產階級遷入。

回到仰光，就算少了他母親噩夢連連這個多餘的藉口，他也難以入眠。午夜過後，他會在蘇雷佛塔路閒逛，到他堂兄弟經營的流動茶室找濃得像泥漿的茶喝，地點可能是在三十五街或商貿街（Merchant Street），或班杜拉大道附近小巷隨便一小塊空地上，或是任何可以躲避取締茶室的巡邏員警的地方就行。

警察現在都開車搬運，你會看到小椅子和桌子被倒放在警用廂型車後面，直接載往茶室監獄。現在要檢查營業執照，至少有些地方如此。土地太珍貴了，這種路邊非法擺攤的生活，對於新政府積極吸引到仰光旅遊的嬌客而言太刺眼。麥納斯、幾位老朋友，再加上阿偉，如果夠幸運的話，晚上聚會時就會目睹這一切，再一起腦力激盪思考可能的下場。

反正他們早晚會負擔不起房價，被迫流落到某個新的不毛之地，和剛失業和破產的人為伍。檳榔攤、市場小販和路邊麵攤——仰光的街頭生活——早已瀕臨絕種。起重機已架好。在殖民時期的老舊建築裡，無論是在掉漆的大廳裡或失修的屋簷下，聚集著從國外繁華首都而來的炒地皮投資客，剛下飛機就圍著這座城市和周邊地區的地圖瓜分地盤，為仰光大重劃布局。

但越過邊境，儘管就像難民流亡，對麥納斯和家人而言，至少可以躲過鄰居一夕變屠夫（génocidaires）的威脅。

⁂

到了二〇一三年五月，緬甸已經歷一次又一次的恐懼，而且一次比一次黑暗，像一處黑色汙漬往外擴散，因為這一切是由人民發動；一大群自告奮勇的農工、店主和家庭主婦，受到「九六九運動」主張的病態佛教極端民族主義及其精神領袖、僧侶阿辛威亞杜（Ashin Wirathu）的危言聳聽所煽動。

倘若外來的威脅確實存在——如果跨國企業和外國觀光客大量湧入，造成緬甸面臨可能失去其國家特色的危險——那麼這在國內引發的焦慮就比較不難理解，但也更讓人擔憂。這種由於不容異己所挑起的仇恨並不新鮮，無論它是如何包裝在藏紅色外袍下，又是如何在瓦城某間即將坍塌的寺院裡受到尊崇。

鎖定穆斯林攻擊，而且下手凶殘，這並不是跟其他國家學的，這是用新的罪行來掩飾古老的種族歧視。每當社會充斥著更嚴重的不公義，而引發更多民怨，使得軍政府在戰略關鍵時刻認為有必要轉移焦點時，穆斯林長期以來都很容易成為他們預謀尋找的代罪羔羊。如今，雖然擺脫了新聞審查委員會，過去一直被禁止的公開對話，也被允許以某種形式存在，社會卻開始自相殘殺。唯一不同的是，這種暴行不僅無遠弗屆，又感覺如此熟悉。每一起個別事件，就像癌細胞擴散到全國，不約而同都是有人莫名其妙就拿起長柄錘砸向別人的房子，或打破別人的頭，或笑著旁觀。到了二〇一三年五月，這種暴力攻擊已經氾濫成災。政府高層不採取一致的行動，亂象根本無望結束。

神采奕奕、身段優雅的威亞杜，在他莊嚴的瑪索殷（Masoyein）寺院的房間裡，談笑風生地接受一家又一家媒體專訪，旁邊牆上貼滿他的自畫像和巨幅照片——數量是佛陀肖像的四倍。他的兩旁各站著一名來自軍情局和特調組的幹員在做筆記；無論他們是來保護他或恫嚇他，其實都無關緊要。他走過一個個城鎮宣講佛法，就算沒有政府授權，他也儼然成為一個新觀念的最佳代言人：緬甸和緬甸意識所受到的威脅，並非來自仍將所有權力保留給軍方的憲法；也非來自政府體制的重大貪腐；或西方資金流入所帶來破壞穩定的力量；或內戰不休，以及為了把對戰的克欽邦與撣邦及其他邊疆民族趕盡殺絕，所採取的鎮暴行動；甚至不是來自那些仍由退役或現役軍官共同經營的企業，不斷進行的土地掠奪；或仍舊不透明的經濟制度；或付之闕如的基礎建設；或殘破的教育及醫療體系；或已喪失的思辨能力，因為已經好幾個世代都被剝奪這樣的權利。

但是，威亞杜的演說卻能從一口舊井中汲取出新的沙文主義，而井中裝的是各種談論穆斯林強暴或用婚姻奴役佛教女信眾的順口溜。他說，這個國家的穆斯林——人數幾乎無人能估算，但根據最近一次在一九八三年進行的人口普查，只占全國的四％——才是國家最大的威脅。他指的是一個佛教國家，屬於信奉佛教的緬族。

這些暴力攻擊最早只發生在若開邦東北部，衝著羅興亞人（Rohingya）而來。羅興亞人是一群普遍遭汙名化的穆斯林少數族群，人口大約八十萬或頂多一百三十萬。這個數字沒人說得準，因為他們從不被認定是一百三十五個「國內民族」之一，而且他們自古以來擁有的公民權利已被一九八二年的《國籍法》（*Citizenship Law*）剝奪。對登盛總統的執政當局而言，羅興亞人屬於「孟加拉人」，意有所指地捏造他們最近才從孟加拉移居緬甸的說法，但其實他們大多數已經在緬甸生活了好幾個世代。對主流民意而言，羅興亞人甚至不配擁有自己的族名，不是這個社會基本結構的一部分。

二〇一二年五月二十八日，若開邦一名佛教女信徒遭到姦殺，據說凶手是三名穆斯林男子。報導一傳開，六月三日，就有一群若開邦村民攔下一輛巴士，殺死車上十名穆斯林。五天後，數千名羅興亞人在北部某個偏遠城鎮糾眾鬧事，洗劫若開邦人的家園。之後，若開邦的佛教暴民展開一連串攻擊，殺害數百名羅興亞人。另外至少十四萬名羅興亞人離鄉逃難，他們被迫擠進臨時收容營，在那裡又被斷絕醫療照顧及援助，生活環境惡劣，被外國人權觀察組織稱為「種族淨化」，當地的安全部隊是幫凶。這樣的暴力攻擊，一度還可能被當成兩個被邊緣化的少數民族相互攻擊的個案來處理。為了延續一個跟他們瞎謅有關羅興亞人的故事一樣荒誕的刻板印象，若開邦人對自己的歷史既傲慢又極力捍衛。他們對羅興亞人的憎恨由來已久，儘管彼此就住在同一片灌木叢林地上。羅興亞人過去獲得國際非營利組織的援助，拒絕分享給同樣一貧如洗、只是受壓迫程度稍微不那麼明顯的若開邦人。這種情況以前在這些土地上、在這些民族間就發生過。

但此後，暴力攻擊卻移往大陸平原，而且明顯擴大到針對所有穆斯林，他們和佛教徒已經共同生活好一段時間。中部的密鐵拉（Meiktila）縣原本以擁有一座清澈的湖泊聞名，還因此傳唱成一首搖籃曲，但當地二〇一三年三月二十至二十二日發生大屠殺後，暴力攻擊竟不可思議地沿著公路往南直線延燒，向仰光進逼。

這些暴力事件的導火線，總是某個有關口角挑釁的報導：一名穆斯林不知為何辱罵了一名佛教徒；在密鐵拉某家穆斯林開的金飾店，有人為了一只黃金別針爆發爭執；在奧坎，一名騎摩托車的穆斯林女子，不知是無心還是有意，撞倒了一名和尚，打破了他的缽，卻拒絕為此事道歉。

不到數小時，住宅遭到襲擊，餐廳被砸毀，帆布帳篷被扯下撕裂，茅屋裡的物品被洗劫扔進泥巴裡。他們總是挑穆斯林的商店和住家攻擊，而且每擊必中，顯示可能有人事先策畫，並在這些地方以紅旗做標記。

幾個星期過去，密鐵拉仍滿布灰燼，一處處社區就像是歷經地毯式轟炸，遍地都是扭曲變形的金屬和瓦礫，以及被砸爛的珠寶店。穆斯林遠離佛教徒空洞的眼神，住進郊外一處棚廠裡的臨時收容營，過著又破又臭的悽慘生活。在那裡，他們用搶救出來的行李在沙地上隔出自己的小空間。他們不得接受外人探訪，也不得離營走動。未經特許，任何人不得進出。種族隔離已成了家常便飯。

從密鐵拉的衛星空拍影像可以看到，一條濫殺無辜、如同納吉斯氣旋一樣的毀滅路徑——八百二十八間房屋被燒得精光、三十五間半毀，四十人喪生，六十一人受傷。在湖岸上，圍觀群眾還為暴徒喝采。翁山蘇姬的私人老助理、前陸軍上尉溫廷，二〇一二年代表全民聯在密鐵拉的選區當選國會議員，目睹這些人冷眼旁觀。那一幕怵目驚心。在沒有安全部隊願意幫助下，他好不容易抵擋凶惡暴徒的第二波攻擊。

日復一日，他得靠藥物，才能減輕蹲了二十年又兩個月的苦窯在他身上留下的六種病痛。他最後一次重回牢籠，距離他前一次剛結束十二年刑期獲釋才不過幾小時。先前看管他的獄卒，是他在國防學院同期畢業的同學，國會最近開議時，還帶著真摯笑容公開和他握手。但這次的情況惡劣到極點。警察向來無能便罷，但密鐵拉處處是軍營，軍官們理應在幾分鐘內就能完成部署，理應知道如何又該往何處調兵遣將。

無論他們是因為無能為力或默許而袖手旁觀，最讓民眾憤怒的是，這批對佛教徒殘暴攻擊穆斯林的行為束手無策或毫無作為的安全部隊，過去鎮壓平民百姓卻毫不手軟。就在最近，緬甸北部才剛有抗議民眾群情激憤要求關閉一處中國人經營的銅礦坑，因為他們擔心這項開發案會危及當地一處神聖佛廟，結果遭到警方暴力驅散。

在奧坎的黎明，兩處農舍地基的木板和餘燼仍在角落不斷悶燒冒煙，一名老人從藏身處爬了出來。他臉上長滿鬍子、兩眼布滿血絲，伸長脖子探過一扇門，望向一條通往他的伊斯蘭學堂後方的羊腸小徑。舉目無人，前一天下午那群恣意施暴的歹徒已不見蹤影，他吃驚地看著晨曦和學堂的殘破景象。那裡像被一群巨人橫掃過。他們如何上到二樓？是拿什麼樣的乾草叉和農具，才能把這棟混凝土建築高處如巨石般大小的水泥塊扯下來？

這所伊斯蘭學校的大門附近，兩間單薄房舍的廢墟旁，有輛亮綠色的兒童三輪車翻倒在泥地上，從一堆塑膠衣架、散落滿地的龍吉和襯衫、破碎的餐盤、一只鍋子、一罐清潔劑，以及一頁頁撕爛的《可蘭經》當中冒出來。

「九六九運動」及威亞杜和黨羽的講經說法影響力，很容易證明。九六九這個數字框在脈輪（chakra）裡面的貼紙，在店面和計程車裡、旗幟和光碟片上處處可見。這些貼紙在街上有人販售、也有人免費贈送；威亞杜和黨羽在全國的城鎮現身時，只要有群眾聚集，就有人發送。他們呼籲民眾抵制穆斯林的企業、商店和攤位，最好只在那些貼有「九六九」貼紙的商家消費。信奉佛教的雇主感受到壓力，不得不解僱穆斯林老員工。面對民眾日益高漲的怒火，實在不值得為了留下穆斯林員工而自找麻煩。

在他們走訪後的幾小時或幾天內，只剩一條路可走：集體迫害。

「九六九」以數字為名，是刻意取其象徵意義。它取自佛教三寶，也就是神聖的「佛法僧」：佛陀的九種德行、佛法的六個特質和僧伽的九種特質。其含意夠深奧且模糊，恰好足以吸引一般的佛教徒。如果膽敢撕下「九六九」貼紙，就得面臨被指控詆毀佛陀名聲的風險。

「九六九」的意識型態，可追溯至一九九〇年代宗教事務部門一名官員的文書。威亞杜認識那個人，也提倡相同的教義，二〇〇三年因為在皎克西（Kyaukse）鎮煽動反穆斯林暴力事件而鋃鐺入獄。

但發明「九六九」的主要用意，擺明是要對抗傳言中「七八六」帶來的威脅。穆斯林時常在店門口貼上「七八六」的標誌，這串數字譯成《可蘭經》文，就是「以至仁、至慈的真主阿拉之名」。依據「九六九」的教義，伊斯蘭教必須被摧毀，因為「七八六」意指要在二十一世紀達成主宰世界目標的陰謀，因為七、八、六相加等於二十一。

對麥納斯而言，這真是欲加之罪。穆斯林在餐廳或商店貼上「七八六」的數字，代表他們供應的餐點符合「清真」（halal）食用品認證。但那些謬論已經成為坊間耳語到處流傳，而這些數字真正的含意和針對的對象，反倒讓他覺得自己成了這片土地上的陌生人。

雖然不是每個人都受騙上當，但也不是每個人都學會反駁妖言惑眾的政客。溫和的多數人，一如往常選擇了無聲的反對。佛教經文中完全沒有威亞杜和黨羽能引經據典的文字，他的巧言雄辯，甚至與佛教完全扯不上邊。

更讓大多數人憂心的是，軍方內部疑有同路人，他們從中作梗破壞登盛總統政府的改革和對全世界開放的措施，因為這樣對他們只有好處，長期獨占的權力不會受到威脅。

兩者的關聯其實有些牽強，但曾幾何時又需要證據了？紙張在熱帶地區容易腐爛。

花錢買囚，每人每天不超過緬幣五千元，以舊匯率換算更只要兩千五百元。民眾議論紛紛說，羌達（Thaung Tha）有個非正規軍的訓練營，而在這個被焦土戰破壞殆盡的城鎮，據說「隼業勛」就設有一個基地。

這種暴力攻擊符合一種演進模式。當地人先是在群眾裡發現一些外來面孔，帶著棍棒和大錘的暴徒搭著皮卡車一車車到來。接著有人說看到假和尚，如假包換的假和尚，他們不僅僧服穿法不對，連真和尚平時掛在嘴邊的問訊用語都說不出口。而且剃光頭並不難，仰光商店的僧服據說被搜刮一空。

但話說回來，僧服被搜刮一空，是發生在緬曆新年前後幾天的事，當地普遍有到佛寺禪修的習俗，順道以相同的僧服做為供品奉獻住持。

人們將矛頭指向老魔頭欽紐，他剛從軟禁中獲釋，正在一間佛寺「洗心革面」。同樣的，人們也懷疑某位將軍的姪子，質疑他可能跟某項中國的輸油管計畫有關。嫌疑最大的是工業部長，他在聯邦鞏固與發展協會成為多數黨之前，就擔任協會主席。羌達是他的家鄉，據說他就是在那裡指揮整個隼業勛——拿錢幫軍政府幹髒活的小混混。二〇〇三年他們在德貝殷攻擊阿姨的車隊，造成至少七十人死亡；另外，二〇〇七年九月示威的血腥鎮壓，也出自他們之手。

謠言就這樣滿天飛。

對阿偉而言，他們是天下烏鴉一般黑。他原本就不期待天堂到來，也不認同軍政府這個殘暴的專政體制就是萬惡根源的觀點，雖然他不可避免地對民眾的看法念茲在茲。

要是能把社會解體歸咎於一隻黑手、神力的無形干預，會有多容易啊？但願一切都這麼簡單。

問題在於，這些破壞分子有龐大的人力來源，可組成惡毒的大軍。人心受到嚴重打擊而破碎，簡化成種族的標籤，從中透露出某種徬徨與幻滅，某種等待著什麼，以及等待著被救贖的恐懼。但它會變成何種型態，本質又究竟是什麼，永遠不得而知。這一切既尋不著簡單的答案，也感覺不到有結束的一天。

緬甸從何而來，又要往哪裡去，這個未解的疑問，如今成為縈繞不去的燃眉之急。國家認同這個長久以來的棘手問題依然未解決，從一九四七年召開彬龍會議後一直如此。數十年來，內戰總圍繞著這個議題打轉。現在，它又成為各界爭論最熾熱的話題，而且在有了公開辯論的權利後，這個問題引爆了夾雜各種情緒的騷動。即使是深受愛戴的「大哥」軍師閣閣吉，拋出一個很有說服力的答案，同樣引發強烈的爭議。這些答案多少都和心中的焦慮密不可分，但焦慮不是因為一個朝代即將結束，而是因為另一個朝代正要開始，眼前是定義不明、完全不確定的未來。

現代化的來臨，間接威脅穿著龍吉的習慣、佛教奉獻的精神，以及對悠久文化的尊重和驕傲；這種尊重和驕傲，把外在世界的道德淪喪隔絕在外，從鄰國泰國開始。翁山蘇姬成功進軍奈比多後，現在已經能夠自由進出緬甸。城市裡充斥著開放、公開對話的氛圍。

但貧窮依舊深刻，飢餓不減折磨。過去的恐懼不再緊迫盯人——意指軍政府冷酷無情的專制暴虐——卻反而讓人感到頓失重心，或突如其來的失落，但又該怪誰？登盛總統本人即便在國內，也被奉為改革者。

法律修改後，潛藏的危害越大。依照新的遊行法規，舊時地下組織網的朋友、浪潮世代的朋友，或是克欽邦不同發展組織的朋友，通通聚集了數十人就走上街頭：要求與少數民族和平共處，要求停止破壞國定古蹟遺址，要求所有如今能據理抗爭的權利。接著，他們就被安上了罪名：每人各十八條，理由是未經事先許可，就跨越了十八個轄區。他們申請了許可，未獲准，但仍放手一搏。結果他們落得只能在狹小空間裡站著開記者會，來譴責這些指控，然後默默跑遍城鎮，到某個地方法院的一間間小木屋裡應訊，七個月內共出庭六十三次。他們都是不懼威權、身經百戰的改革派人士，卻個個無精打采地坐在法庭裡，不是發簡訊，就是拿著新的智慧型手機更新自己的臉書頁面，聆聽臉糾在一起、頭戴粉色絲質撣族帽的法官訊問一名據稱是目擊者的證人。這名證人連當天為什麼被從大街上帶到法院作證都莫名其妙。

他們示威抗議的重點，也是阿偉始終無法釋懷的不滿，在於：

這個國家不自由，還不自由。

然而，最大的危害其實來自於無知，對於以塵害和貧窮當作藉口的無知，對於某個仍被貧富差距和積弊已深的不公不義所犧牲的民族，所被加諸的磨難的無知。在一個高度重視思想無拘無束的自由權利的國度裡，在一個體認到擴張的真義其實可透過內觀禪修、小乘佛教至真理念來達成的社會中，這種矛盾不斷逼近。社會族群稍稍受到挑撥，特別是貧民區裡成千上萬太多精力無處發洩、滿腦子反政府思想的年輕男子，多年來試圖讓普世人權和民主真諦的理念深入鄉間的未竟之業，就會前功盡棄。然後，一切會化為泡影。

受僱的暴徒，在每個街角惡狠狠地盯著。阿偉就跟這群人一起長大。要不是為了參政，要不是因為自己品行端正，說不定他早就成了一丘之貉——他在青少年時期就差點墮入毒品和幫派暴力無法無天的黑暗世界。在那個以十名全民聯年輕成員為緊密核心的朋友圈裡，他是唯一脫離黑暗世界的人。其他人把持不住，一個又一個被拉回到社會的層層束縛之中，因為那個社會帶給他們的不是任何目標，也不是他們因失業和貧窮而絕望時所需要的慰藉，而是毒品、流亡和許許多多的歧途。比起大多數同胞，比起每天從西方國家搭飛機前來、興致勃勃來開公司和找商機的理想主義者，還有哈緬族，阿偉更能察覺到這一切有多容易土崩瓦解。

他們曾為了這些思維模式而奮鬥，如今他們在國會中占有一席之地，能證明這一點。進軍國會是個開始——不只如此，還有一群民運人士在各個戰線不斷前仆後繼——但只想在那裡做個了結，笑著說這樣就結束了，等於被這場可能是軍方迄今最大的勝利給騙了。

軍政府其實是用自己的方式來自廢武功。分析家稱為由上而下、受控制的「轉型」。那些將領們表現得很好，他們只須謹慎做做樣子——瞧！——全世界還有西方國家就放鬆制裁，各界的邀約紛來沓至。

話說回來，萬一這只是場精彩的瞞天大戲，那該如何是好？沒有人曾被要求負起責任，沒有任何一個大人物、沒有任何一名將領曾為了往日的罪行被迫下台。最近，沒有任何民運人士提出這樣的要求，一來他們做不到，二來任何訴求公義的努力——要求究責或真相，可能會壓縮講善意謊言的空間，或得開始解決多年來刑求、監禁及失蹤的問題，並追究顛覆社會的責任——反而會使一切偏離正軌。

目前盡他們所能的努力就足夠了。

寥寥可數的改革，充其量只是「修正措施」，重建國家的大業甚至尚未起步。這是「DNA」說的，他是以湄索叢林為大本營的緬甸全國學生民主陣線前共同領袖，帶著一批死忠幹練的革命分子繼續死守前哨站，以捍衛他們的獨立。在當局邀請下，他們一個個回到國內接受歡迎，同時他們的名字也開始可以刊登在國內一家報紙上。但迎接他們的氣氛，不是熱烈歡迎歸國英雄的氛圍。

他們之中最重要的角色，在適當的時候收到當局的邀請。然而，當他們多年來頭一遭走訪國內各地時，特務監視他們的一舉一動。如此一來，他們不但較不容易接受當局籠絡，當他們看清整個制度的現實，或情勢對他們不利時，他們直言不諱。

DNA回國後，被冠上新羅織的罪名，指控他要為學生一九九〇年代在克欽邦遭處死的事件負責，就算當時他遠在天邊。DNA的回應是：沒問題。就交給司法，只要公正無私，而且一視同仁。波吉（Bo Kyi）蹲完八年多的苦牢後，到泰國湄索創立（緬甸）政治犯扶助協會，之後又加入某個政府委員會，爭取釋放其餘的政治犯。但過沒多久，這個委員會就只會光說不練，他大發雷霆，把訴求公諸於世。他在仰光開設政治犯扶助協會分會，他的夥伴們則成立一個部門，專門協助處理獲釋犯人心理創傷的問題，以及可能伴隨而來的國家人才折損問題。

這就是流亡人士的宿命，這些領袖人物即使身在海外，仍勇於堅持理念，並用創新的方式抗爭，就算遭誤解出賣他人，也逆來順受。翁索（Aung Zaw）創辦了強烈批判當局的《伊洛瓦底》雜誌，並選在泰國清邁設立編輯部。他說，最理想的做法就是身在鄰國，用批判的策略性超然態度遠遠觀察，這是他們唯一可以持久享受的奢侈待遇，也是他們最刁鑽的武器。

他們的資金早就見底。自從中央政府突然表現出如此包容，就沒幾個金主還有理由為邊緣團體或邊境地區提供金援。他們永遠回不了家。他們失去了歸屬，即使他們早已無處可去。緬甸曾經是家，但緬甸已經變成一種理念。流亡成了一種心境，是自我囚禁。他們曾做的就是為了祖國奉獻生命。但看在國內同胞眼裡，他們多數人不過是一心一意、鐵了心遠走他鄉，算什麼奉獻？

他們並非唯一失根的浮萍。其他民運人士也不計毀譽追求更崇高的理想。

同舟會二〇一一年醜陋的最後一場會議結束後數月，阿偉還維持住他小型組織網的殘存勢力，設法讓它轉型為一個研究機構。透過與部分流亡人士協調運作，借助他們出眾的專業知識，他有野心將它打造成一支增援部隊，協助人才持續短缺的全民聯，迎接有史以來最嚴峻的考驗，亦即預定二〇一五年年底舉行的全國選舉。

當權的聯邦鞏固與發展黨，以及登盛領導的政府，擁有全世界關注所帶來的一切優勢。他們擁有資源，和各國也有聯絡管道。國際社會的偏愛總是倒向執政的行政團隊，而非在野的烏合之眾。全民聯只剩下神話，還有精神領袖翁山蘇姬這塊金字招牌。但光是那樣永遠不夠，再也不夠。

二〇一三年三月，有史以來第一場全國黨代表大會中，全民聯終於舉行內部選舉。歷經由草根而上的大規模改組，全民聯已經打開通往民主的大門。候選人到處巡迴演說和競選造勢，也堅守全民聯一直以來所代表的崇高理念，但仍無法克服黨內不容異己的問題。能夠進入黨中央的，還是有偏執和無知的人。結果，多數統治與暴民政治站在一起。

這國家百廢待舉。

在被遺棄的偏遠北部，在外國觀光客和前來探索緬甸未開發新市場的商賈看不見的地方，在中緬漫長邊界一處盛產玉石及柚木的土地上，與基督徒為主的克欽邦之間的戰火持續延燒。

把人剝得一絲不掛，再強迫他們趴在佛寺的冰冷石塊上，就像被釘在十字架上，藉此揶揄他們敬奉的耶穌和上帝；強迫他們彼此做出性愛動作；把人連續倒吊五日；把臉打到不成人形，還動不動往嘴裡塞手榴彈：當地克欽族男子遭到拘捕和監禁的情形尚未止歇。談判過程一波三折。就連中國都因為關切「邊界動盪」而當起調人，打破長期以來的不干涉政策。

在此同時，一九九四年的停火協議在二〇一一年破裂後，武裝直升機和戰機的攻擊，以及此起彼落的戰火，已經迫使十多萬人逃離家園。

在收容國內難民的營地裡，無盡戰火的實況創造出有關戰爭暴行的故事是如此普遍，人們早已司空見慣。如今步入中年的難民，從小就在逃離燒殺擄掠中度過。整體而言，正值役齡的已婚男子消失。但離開難民營出外討生活，例如在路邊賣水牛，就得冒著被逮捕和監禁的風險，直到招供自己打算加入克欽獨立軍為止。

緬甸國防軍唯一可能的做法，就是認定所有人都難脫干係。每個在地人都支持克欽獨立組織（Kachin Independence Organization）及其軍隊，所以每個路過的老百姓，都是它吸收的對象。

這種事不該發生，不該現在發生，不該在登盛總統的改革獲得各國政府讚揚時發生。不該在達沃斯世界經濟論壇（Davos World Economic Forum）的金主抵達奈比多時發生。可口可樂在仰光的明格拉洞（Mingaladon）國際機場豎起了廣告看板，威士（Visa）和萬事達（Mastercard）已安裝第一批自動提款機。觀光客開始蜂擁而至，比前些年還多出數十萬人，多虧了精美的時尚雜誌把緬甸當成年度最迷人旅遊地點來宣傳，而且是千真萬確的！飯店業蓬勃發展，爭先恐後地急起直追。就連最破舊的小旅館，住宿價格也一飛沖天，因為國內飯店一房難求。

往北到了克欽邦的密支那，那裡還是舊時的緬甸。零星的旅客從機場走到一塊失修的小空地，一名海關人員拿著尺和原子筆將旅客的護照號碼抄在厚重冊子內。公車隔日發車，而火車得開二十小時才到得了瓦城，悶熱的車廂內尿騷味四溢，列車一路搖晃南行，所經之處依舊人煙稀少，行駛速度慢到鐵軌旁拎著一籃籃芒果奔跑的頑童都能跳上車。

在克欽邦，看板上是提醒吸毒者處死的警語，網咖因為缺電而關門，教堂則擠滿信徒，一路滿到後門外。一名愛爾蘭修女經營唯一的愛滋病診所，無論是緬族人或克欽族人、官兵和叛軍，年輕母親和失落男子，收治對象一視同仁——他們共同的祕密是染病的途徑，因為他們共用受汙染的針頭注射海洛因和鴉片。這些毒品來自種滿罌粟的山丘，被當成戰爭武器四處散播，下場就是不論什麼背景的人都會上癮。

到頭來，緬甸人該擔心的不是中國人。邊疆少數民族弱小到不堪一擊，又深陷在自己衝突未解的泥沼中。在緬甸大陸平原，社會需要面對的只有自己。

問題多到一輩子都解決不完。

尼哲獨來獨往到無可救藥的地步，卻又始終阮囊羞澀，在二〇一三年的年度潑水節長假結束後，來不及趕回奈比多出席國會的新會期。他困在仰光，只差緬幣四萬元搭公車，折合大約四十美元。

他是第二年輕的國會議員，卻是頭一位在院會開會時站在議場中央，用一個提問打斷會議古板程序的議員。此後，國會開會就多了點喧鬧、少了點沉悶。現在，每個議員動不動就發言打岔。

最近，他剛被貶為副黨鞭，沒有人跟他解釋太多。他懷疑是自己太叛逆又不聽話，連阿姨都被惹毛了。

在他看來，還有更急迫的問題要解決。國家給的薪水固然很好，卻不夠支應選區裡的物資需求：缺水的村落一個接一個，意謂他得鑿井；缺學校，意謂他得蓋小茅屋，再找紙筆和老師。

二○一二年四月一日勝選後沒幾天，他煩惱必須開始兌現競選承諾，於是拜訪一位開葬儀社免費替窮人治喪的前知名電視劇偶像。尼哲請他贊助一小筆錢，大約是辦三張手機晶片卡的費用。這位偶像被這名年輕人的真誠打動，同時也看好全民聯贏得補選後的前景，笑了笑之後給他十倍的金額。尼哲的補選競選助理阿丹，幫他把這一大筆錢記錄在收支簿上；每個月過去，帳上數字因為新增數十筆大金主們的獻金，而變得越來越大。

尼哲把選區裡的新水井和學校拍照存證，正要放滿又一本的相簿裡。那樣不夠，永遠不夠。選區的需求像是無底洞。可怕的反穆斯林暴力攻擊、克欽族人的處境，這些都是需要研究並在國會接下來的會期裡提出的議題。在此同時，他的同胞還面臨更切身的棘手難題，包括土地掠奪和赤貧；貧窮導致選區內、和他在同一條街的兒童長大後成為文盲。成年男子找不到工作，依舊怒氣難消。

為了貼補收入，他在國會休會期回到仰光，幫一群富商教了一個月的課。現在，當這些富商該結清學費時，雙方又客套到令彼此摸不著頭緒。這些富商既不能拿出一份有失體面又微薄的薪水，讓自己怠慢了一位國會議員，反過來說，這位國會議員也不能跟賣力工作的老百姓討工資。

至少他還能多陪兒子和琴桑達溫一晚。她自從被選進陀邦區的全民聯分會後，上班日多半就住在那裡。最終她還是重回政治圈，以他們不敢奢望卻又曾經幻想的方式。

尼哲缺錢搭公車的窘境，反倒給他時間找到阿偉，而且機會相當難得。尼哲總是待在奈比多，所以就算他回到家鄉，要掌握阿偉的行蹤也是難上加難。這個人的腳步沒停過。他穿梭在伯叔們、他經營的組織網和流亡人士之間，現在還出國訪問。各界邀約不斷透過全民聯辦公室傳來——來自美國國務院、歐盟、某位英國維權人士——都是找上這位年輕人，因為他看起來是全民聯最活躍又最有才幹的幕後軍師。

那天晚上，兩人一邊喝著威士忌，一邊聽著阿偉聊他的近況。有人邀請阿偉到菲律賓待上一星期，他不想去，因為事情多如牛毛，每一天都浪費不得。但這樣的接觸往來或許有好處。幾乎就是因為那樣，他終於替「同舟會」向某個外圍組織爭取到金援——為試圖達成合法改變的合法組織，找到合法的資金來源。

但幾天前最令人憂心的事態轉變，阿偉卻不忍心告訴尼哲。有位老友傳來簡訊，那是阿偉願意託付生命的年輕女子。原本阿偉告訴她今後會有一筆薪水可領，她卻回覆說要跟阿偉斷絕一切往來。與其拿他的錢，她寧願去特調組找工作。

阿偉因此寢食難安，百思不得其解。只不過提議給薪，怎麼會如此傷感情，連他的朋友、甚或任何人，會激動到威脅要棄明投暗？為了改變、為了適應和進步而一步一腳印付出的努力，居然敗給了自己堅持的理念時，還如何指望能重建家園？

另一個打擊，是他不能也不願意一頭熱說出口的，就算是和尼哲分享：

他終於戀愛了。女方人漂亮，也是民運人士。她善良又有創意，聰慧又勇敢。雖然小他十歲，但她在許多方面都比他精明。他們一同歡笑，是他這輩子最開心的時刻。有她在身邊，他才找到歡樂。在她身上，在和她共度的日子裡，他擁有了夢寐以求的一切。

在這樣的默契下，就算長輩已經替她和一名年輕多金的船員談好婚事，她也想要悔婚。

但女方的父母反對，因為阿偉沒錢，也沒指望找到一份收入穩定的工作。而阿偉的兄弟們和盾迭所有鄉親也反對，因為他應該和接近乾姊妹的其中一人成親。在這個曾救過他一命的村莊，在鄉下人的道德觀裡，他那段親密的友誼無論如何情同手足，已經讓全村蒙羞了。就算是波波、阿佳或白雪根本不愛他，那都不重要了。

因此，阿偉無法和愛人走入婚姻，事情也就不了了之。

如果是爺爺，他肯定三言兩語就打發這個話題。他們有太多事情要忙。不管怎樣，最好還是培養一個獨身主義的人。

無論阿偉過去是什麼樣的人，未來又會如何，他都讓那一切成為一團謎，隨著國家的動盪起伏而浮沉。那是一段改革的時期，也是一段改革派人士學習參政的時期。

此後長期被賦予一個不同任務的阿偉，將繼續翱翔，隨著緬甸順勢在轉型道路上一同翱翔。

全球視野73

# 緬甸：追求自由民主的反抗者

2016年7月初版 定價：新臺幣450元



著 者 Delphine Schrank
譯 者 高 平 唐
總 編 輯 胡 金 倫
總 經 理 羅 國 俊
發 行 人 林 載 爵

出 版 者 聯經出版事業股份有限公司
地 址 台北市基隆路一段180號4樓
編輯部地址 台北市基隆路一段180號4樓
叢書主編電話 (02)87876242轉223
台北聯經書房 台北市新生南路三段94號
電 話 (02)23620308
台中分公司 台中市北區崇德路一段198號
暨門市電話 (04)22312023
台中電子信箱 e-mail：linking2@ms42.hinet.net
郵政劃撥帳戶第0100559-3號
郵撥電話 (02)23620308
印 刷 者 文聯彩色製版印刷有限公司
總 經 銷 聯合發行股份有限公司
發 行 所 新北市新店區寶橋路235巷6弄6號2樓
電 話 (02)29178022

叢書主編 鄒 恆 月
叢書編輯 王 盈 婷
封面設計 廖 韡
內文排版 林 婕 瀅

行政院新聞局出版事業登記證局版臺業字第0130號

本書如有缺頁，破損，倒裝請寄回台北聯經書房更換。 ISBN 978-957-08-4772-7 (平裝)
聯經網址： www.linkingbooks.com.tw
電子信箱：linking@udngroup.com

國家圖書館出版品預行編目資料

緬甸：追求自由民主的反抗者/ Delphine Schrank著．
高平唐譯．初版．臺北市．聯經．2016年7月（民105年）．
448面．14.8×21公分（全球視野：73）
譯自：The rebel of Rangoon: a tale of defiance and deliverance
in Burma
ISBN 978-957-08-4772-7（平裝）

1.民主政治 2.政治運動 3.緬甸

574.381 105010683